Consumer behavior

消费者行为学

现代工商管理经典教材

谢明慧 ‖ 著

经济管理出版社
ECONOMY & MANAGEMENT PUBLISHING HOUSE

北京市版权局著作权合同登记：图字：01－2014－4239 号

图书在版编目（CIP）数据

消费者行为学/谢明慧著. —北京：经济管理出版社，2016.5
ISBN 978－7－5096－4284－9

Ⅰ.①消… Ⅱ.①谢… Ⅲ.①消费者行为论　Ⅳ.①F713.55

中国版本图书馆 CIP 数据核字（2016）第 051921 号

组稿编辑：陈　力
责任编辑：杨国强　张瑞军
责任印制：黄章平
责任校对：王　淼

出版发行：经济管理出版社
　　　　　（北京市海淀区北蜂窝 8 号中雅大厦 A 座 11 层　100038）
网　　址：www.E－mp.com.cn
电　　话：（010）51915602
印　　刷：北京银祥印刷厂
经　　销：新华书店
开　　本：787mm×1092mm/16
印　　张：22.25
字　　数：364 千字
版　　次：2016 年 5 月第 1 版　　2016 年 5 月第 1 次印刷
书　　号：ISBN 978－7－5096－4284－9
定　　价：68.00 元

序

缘起

　　20世纪50年代开始，当心理学家逐步涉猎管理领域的应用研究时，营销领域也吸引一批学者发展心理研究，此即是消费者行为学派的起源。因此，早在20世纪50年代后期，消费者行为在学术界已然成为一门显学。研究消费者行为的基础学科主要是心理学，然而，由于人类是社会性的动物，发生消费行为的生活实境是消费者个人和所有社会成员所共同建构而成的。研究人员也必须从消费者日常生活中的蛛丝马迹，以及过去的生活体验之中，去剖析消费者的生活实境，并诠释某些消费行为的意义。因此，消费行为学派不仅涉及心理学，同时也包括社会学、文化学以及符号学等基础学科的应用。借由探究消费者在消费前、消费中、消费后所涉及的心理、社会、文化等含义，企业经理人能进一步理解消费者的想法与行为，以制定满足消费者需求的营销策略。

　　迄今为止，消费者行为学派在营销领域已独占鳌头；不管是国内外各大学的营销师资，还是以消费者行为为研究专长的学者占比皆高居第一位。消费者行为学派研究成果丰硕，对营销领域的贡献不容小觑。然而，其实务应用却不及丰硕的学术成果。20世纪60年代的营销大师希奥多利瓦伊特（Theodore Levitt）曾在他的经典论文《营销近视症》中指出，企业经理人往往专注于他们可以了解，而且可以控制的事物，如研发和生产；却忽视市场中的真实事物，最根本的即是消费者。经理人内心深处常想的是"消费者是难以预测的，他们变化无常、愚蠢、短视、固执而且通常很烦人"，这样的思维阻止了顾客导向营销观点的推展。时过境迁，如今欧美的品牌大厂多已将顾客导向奉为圭臬，并且有系统地致力于消费者研究；反观中国台湾，关注消费者且贯彻顾客导向营销观点的企业，却是寥寥可数。

许多怀抱着品牌梦的厂商，从企业本位出发决定品牌的定位、产品设计、沟通的方式等；讽刺的是，他们对于消费者如何看待这个品牌、对产品设计的反应与对沟通信息的诠释等问题，以及背后的成因，却大多一知半解。企业经理人大都明白，品牌定位成功与否，取决于企业是否能依其本身有别于竞争者的资源优势，制定差异化策略。然而，他们却忘了，在发展营销策略时，前提条件是要充分了解消费者。同时，我也观察到另一个现象，厂商花很多精力进行所谓的产业分析；殊不知产业是满足顾客的流程，而不是生产物品的流程。换句话说，一个产业始于顾客的需求，不是始于一项专利、一种原料或是一个产品。

本书的问世，正是对消费者遭冷落的一种回应。企业经理人必须正视这样的问题。尤其是在社群媒体风起云涌的年代，消费者的影响力超乎想象。现在及未来的企业经理人应学习系统性的消费者知识，以回应消费者主宰的商业环境。为了吸引更多人对消费者行为感兴趣，本书的编撰力求简单易懂、富有趣味，让读者感受消费者行为的活力。本书不仅巧妙运用国内外现实生活案例，让读者由日常生活中的实例，心领神会消费者行为理论；并且搭配有趣的影音图像，使读者跳出文字的局限，驰骋于无限想象的消费实境。本书每一章皆穿插消费奇案、消费现场、消费者开讲、消费者了没等单元，让读者通过案例理解理论知识，并活用知识。希望本书对初次接触消费者行为的学生能发挥启蒙的作用；使实务界的人士能从书中的实例及理论中反思自己的工作经验。

致谢

本书的完成，首先要感谢我的三个硕士研究生：思叡、雅兰、钰茹，感谢她们将我上课的声音文件整理成文字，并且搜集课堂中提及的案例资料；同时也要感谢我的博士研究生宜芳和令妍帮忙校稿及整理教材。除了这几个学生之外，我还要感谢历年修习过这门课的所有学生。十年的教学经验让我深深领悟教学相长的意义。我在与学生的互动中获得启发；从学生的作业里发现惊喜。这本书可以说是一个集体创作的结果，我和学生共同建构消费者行为这门知识。当然，我们更欢迎读者加入共创的行列，以进一步完善这门知识。

此外，我要感谢前程文化事业的国彰和佳妮。如果没有他们耐着性子的"跟催"，我恐怕无法一鼓作气地完成这本书。最后要感谢的是我的家人。谢谢我的另一半，虽然见面的时间不多，但他还是经常和我分享教学与研究的心得，并且总是能适时地给予我精神上的支持。谢谢我的父母，辛劳了大半辈子，只为了栽培儿女，他们最大的满足是看到子女生活幸福美满。随着年纪渐长，我越发感受到亲情的可贵。本书之所以采取深入浅出的风格，是希望我年迈的父母也能分享我这教学经验的结晶。

谢明慧
2013 年夏

目　　录

1

第1章 市场中的消费者

消费奇案

日常的一天

小慧，一位台湾典型的女大学生，与三位好友一起租屋合住。每天早上都在闹铃声中惊醒，然后手忙脚乱地匆匆出门，前往教室的途中，总会先到她最爱的早餐店报到，早餐店老板娘亲切的笑容能为一天带来好心情，美味的早点更是她一天活力的来源。

上课呀！有道是好的教授带你上天堂，不好的教授带你住套房。虽然说小慧一直很努力地全神贯注消化上课的内容，但是偶尔还是忍不住神游，想着晚上的行程而暗自期待。午餐时分，小慧总是与三五好友结伴成群一起享用，而她也是大伙儿眼中的美食家，她总能寻觅最新且口碑好的用餐地点。同学们之间彼此开心用餐之余，会闲聊最近周遭的八卦，或是分享有趣的 APP 及网络影片。下午没课的小慧先造访了书局一趟，每个月她总是会拨出一些购书基金采买闲书，作为她的精神食粮。

回到宿舍，小慧首先要做的就是打开笔记本电脑上网，除了查看邮箱、网上购物之外，她最爱上 Facebook 查看朋友们的最新动态，同时也沉溺于在线互动游戏中，经营自己在网络上的另一个虚拟身份：一位工作数年、看尽人生百态的上班族。为了迎接晚上社团举办的迎新舞会，小慧换上昨日购买的小洋装、喷上最爱的玫瑰味香水、化好华丽的派对晚妆，期望她的女神装扮能使她成为舞会上最耀眼的一颗星。想不到在舞会中，她与隔壁班的小美意外"撞衫"，让她顿时觉得独特性尽失，毁了原本应该很美好的一夜。回家后，她气愤地向室友们大吐苦水，所幸室友们的安慰让小慧觉得就像家人在身边陪伴一样贴心，她也抛开一切坏心情甜甜地进入梦乡。

这是小慧的一天，试着想想你的一天是怎么过的呢？在这一天之中，你接触到了多少人、事、物，而这些又如何影响你的生活呢？事实上，我们每个人都是消费者，而我们更是通过不同的"消费历程"，去建构自己独特的生活形态，因而每个人都拥有着不同的消费者行为（Consumer Behavior），这本书将为你揭开消费者行为不同层面的神秘面纱。

谢老板眉头一皱，发现消费者并不单纯：

1. 何谓消费者行为？

2. 消费者如何通过执行消费行为去塑造自己的身份？

3. 消费者如何影响营销人员？

4. 何谓消费者的黑暗面？

5. 与消费者相关的研究议题究竟有哪些，又该如何研究消费者行为？

1.1 消费者行为

1.1.1 消费者行为面面观

回想本章一开始小慧的例子，你是否发现消费者行为不但有趣、多层面，而且是同时被许多因素相互影响形成的呢？事实上，消费者在不知不觉中早已被营销人员区分为大大小小不同的族群，因此某个产品或品牌的广告总能吸引某些特定的消费族群，让消费者有种心中所想被猜透之感。

消费者开讲

Škoda Yeti 与名媛孙芸芸①

总是位于潮流尖端的时尚名媛孙芸芸最近又有新广告在电视上强力放送，代言来自捷克的大型休旅车（SUV）品牌 Škoda。广告中，孙芸芸打扮得光鲜亮丽，提着一袋袋的"战利品"，突然地面发出一阵重力撞击的声响，一个个窟窿出现，原来是孙芸芸开着极具粗犷与沉稳形象的 Škoda Yeti 离开停车场。开车途中，她享受着车内的宽敞空间，并与孩子们一起开心地伴随着音乐摇摆，最终广告又出现一个重力窟窿，孙芸芸满意地看着她的 Yeti 微笑。试问你认为这则广告主打的消费族群是谁？而这个消费族群是否真的能够被这则广告吸引呢？为什么？

消费者的价值观、购物决策与产品考虑因素等往往会受到同侪团体影响。试想，当同学们都使用 Mac 苹果计算机时，你是不是也会动心呢？朋友三天两头团购时，你是不是也在犹豫是否要参加呢？

消费现场

让人又爱又恨的蓝白拖

你是蓝白拖的爱好者吗？你在公开场合或朋友面前会穿着蓝白拖鞋吗？蓝白拖是台湾独创的塑料拖鞋，产品的最大特色除了轻便、价格低廉（一双约为新台币 40～60 元）外，白底蓝带的设计图像更是深植于消费者心中（后来也出现了红白鞋款）。蓝白拖始于 20 世纪 50 年代台湾研发制造的轻便拖鞋雏形，它的出现与台湾早期的历史发展脉络息息相关，是生活条件差、只能赤脚行走者的一大救星。当时的拖鞋款式只有鞋底与绑

---

① 资料来源：http：//www.youtube.com/watch？v=FiIlpohbUL0。

绳，后来经民间石化工业进驻与机械化生产技术的改造，而形成大量生产的鞋款。

然而，随着台湾经济起飞、人民生活富裕，消费者有更多其他的选择，人们开始觉得蓝白拖俗气且带有"宅味"，并不适合外穿见客。但是随着近年来怀旧风潮的兴起，再加上"台客"风潮的加持，蓝白拖东山再起，不仅是一些潮男与型男的必备，还开始向东南亚等海外市场发展，蓝白拖被附加了更深的文化含义，披上了台湾"草根文化"的色彩。

消费者暴露于各家品牌的抢人大战中，每个品牌皆渴求赢得高的消费者忠诚度，即培养消费者的消费习惯以提升购买频率。想想看，早餐你习惯购买 7 - Eleven 还是全家便利商店的 39/49 元超值选？买咖啡时通常会选择 City Café 还是 Family Café 呢？

除此之外，消费者对产品的评估可能来自有形（Tangible）的因素，例如外观、气味、质地；但也可能来自无形（Intangible）因素或是下意识造成的不理性行为。

1.1.2　何谓消费者行为

消费者行为（Consumer Behavior）意指单一个体的消费者或一群消费者通过选择、购买、使用及处置产品、服务、理念（Ideas）和经验来满足自身需求及欲求的整个过程。但深入探讨消费者行为时，其影响因素十分复杂。

一方面，有时候消费购买者未必是最后的使用者，因此消费者在送礼或是自用的决策过程中势必是有所不同的。例如，子女选择母亲节礼物时，愿意支付的价格提高，同时对产品的包装或产地的要求更高，但在自身的平日消费上，可能多以 C/P 值高低作为主要的衡量准则。

另一方面，消费者采购的是家户用品（Household Product）还是个人用品（Personal Product）也会影响其产品购买因素。仔细回想儿时生活，当时所使用的生活用品是否大部分都是与父母及兄弟姐妹共享的呢？但随着年纪渐长，消费者开始拥有自己的需求，而有了较多独立购物的状况，在这两种情境下，选购商品的标准也会有所差异。除此之外，小学生纵使购买个人用品，但最终决策的主导权多半来自父母；中学生则可能受到同侪团体较多的影响。正因如此，营销人员必须根据不同族群的决策流程而将不同的消费者行为纳入考虑。

简而言之，消费者行为是形形色色且千变万化的，消费者在购物历程中的不同阶段都会有不同的思考点来影响后续的决策。同样地，营销人员也必须观察并洞悉消费者的想法来形成合适的营销策略。如图1-1所示，我们分别从消费者以及营销人员的观点去厘清在购物三阶段中（购买前、购买产生、购买后）这两群人所探究的议题。在购买前的阶段，消费者关注的是他/她究竟需不需要这项商品，举例来说，许多男士总会担心所谓的"秃头危机"，但他们在何种状况下才会决定购买生发水或特殊头皮护理的产品呢？是已经观察到明显的迹象（如发际线增高、掉发增多等）还是经由他人告知呢？而消费者也会思考通过哪些渠道可以搜寻相关的有用

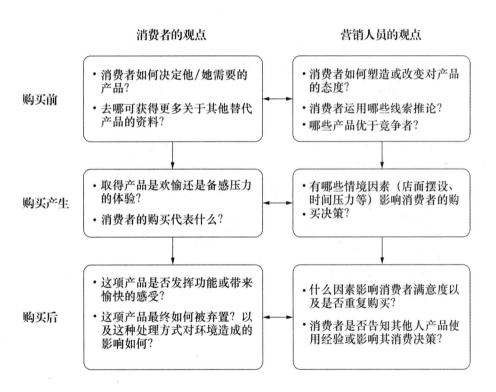

图1-1 消费者的购物观点

资料来源：Solomon, Michael R., "Consumer Behavior: Buying, Having, and Being", Pearson Education LTD, 8th Edition, 2009, P. 34.

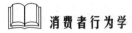

信息。对营销人员而言，此阶段他们必须了解消费者对产品的态度，例如，大多数消费者会对生发产品有负面的态度，因而营销人员必须进一步引导，使得消费者建立起正面的态度且对产品产生兴趣。

消费现场

落建，启动生发的开端

一提到落建的广告，大家最耳熟能详的莫过于此句经典台词："传说拔到狮子的鬃毛，掉落的头发就能长回来。"这则于2006年拍摄的逗趣广告想必让许多人记忆深刻，看到广告的同时也会心一笑。

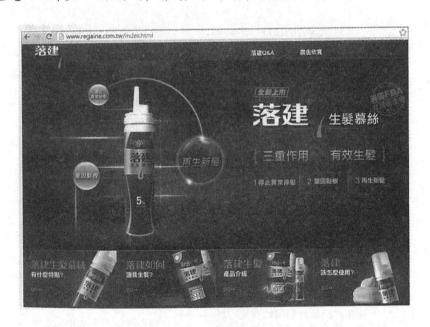

图片来源：http：//www. regaine. com. tw/index. html。

然而，近年来落建的广告风格与过去大相径庭，这个产品品牌开始强调消费者日常生活当中可能发生的许多危险信号，在广告内容中不断提醒消费者对于生发产品的需求。例如，2011年的几个电视广告皆以中年男子为主角开端，他们可能是起床发现枕头上掉落的发丝、强风吹起而露出高额发际线、发廊理发时的欲盖弥彰，甚至是照镜子时才惊觉日益严重的

"地中海"惨况。这些画面皆蕴含着营销人员与消费者之间的对话，期望消费者能够留意这些日常线索。除此之外，为了消除大众对于生发液功能的可能疑虑或负面感受，落建在广告中还加入了实验数据作为佐证，并提及产品发挥功效的具体时间，使消费者能对产品的功能产生信心，并对该产品的效益产生期望，以激发他们的购买动机与欲望。

资料来源：狮子的鬃毛广告 http：//www.youtube.com/watch？v = FFSlGMVTaNA，http：//www.youtube.com/watch？v = vsZvw5HWnbQ，http：//www.youtube.com/watch？v = sPeNJaM9ee4。

购物的过程中，消费者也会好奇其他人是否采购同样的商品、对商品的态度与看法如何，进而与自身做比较。同样地，他们也会在意整个购物体验的过程，即采购商品是一件乐事或是一件苦差事。

对多数女性而言，百货公司绝对是购物天堂，走再久、逛再多都不嫌累，但对另一半而言，仿佛就是场梦魇，精疲力竭且钱包瘦了一大圈。营销人员在此阶段的任务便是整理出影响消费者购买与否的情境因素（Situational Factors）。最典型的例子即是"周年庆，强强滚"的消费大战激起了购物的兴奋感受，营销人员若想刺激买气，首要任务便是强化这股气势，打造热闹的环境、提供多重折扣机会等，借此强化消费者的正向感受。

另一种做法则是反其道而行，营销人员必须发掘并消除消费者可能发生不愉快体验的关键原因。2008 年润泰集团以前瞻性眼光设立融合了"得来速"概念的大卖场，目标客群即是追求时间效率与便利性的购物者，他们不再需要进入卖场搜寻产品，只要在购物机前点选列表，内部作业人员随时备战，快速检货并搬运至购物者车中，全程十分钟内搞定，这对于不爱逛卖场的人绝对是一大福音，也转化了过去负面的购物体验。

消费者开讲

IKEA "不效率" 的功线设计

宜家家居（IKEA），全球最大的家具零售商，过去有研究者将 IKEA

的动线画出，发现 IKEA 的购物路线是九弯十八拐，繁杂且一点也没有效率，相较于其他卖场尽可能地去规划购物快捷方式，IKEA 的做法显然有所不同，试想 IKEA 的目标客群是谁？这样的设计目的为何？是否合宜呢？

购物之后，消费者会评估产品是否有利于解决问题，是否达到当初购买的目的。这个购物目的未必纯粹是功能性的，像购买名牌大衣的少女不仅为了防寒，也为了塑造个人形象、彰显自我风格。若消费者购买实体物品，他们也会衡量如何善后，小如空瓶、废纸可分类回收，大如冰箱、计算机可能需要请专人处置。营销人员在此必须检视哪些因素会影响消费者满意度，进而从中学习去改善产品规格或提升服务质量，他们也致力于提供更多的替代方案让产品使用后的处置更加便利。除此之外，营销人员更在意的是消费者会不会分享信息，如果会，分享的内容是什么？是传播抱怨还是善意的口碑营销呢？分享的对象又是谁？是否能产生影响力呢？

 1.2 消费者与营销

1.2.1 消费者对营销的影响力

由上一节的讨论中可以发现，消费者的考虑会左右营销人员的策略方针，同样地，消费者对营销本身也具有相当大的影响力。多样化的消费者行为有助于达到市场区隔（Segmentation），亦即更精确地分割出不同的市场。

从营销管理中，我们学习到"市场"（Market）的基本定义即是拥有一群潜在的购买者，定义出市场如同找出潜在的目标客群。以"会跑的闹钟"这项创意商品为例，它的目标市场是早上不断赖床的消费者，因为洞悉到这群人的赖床来自于过度依赖闹钟，总是不断切掉定时鸣叫的设定，因而有商机的诞生。做出正确市场区隔的重要性日趋提高，一方面，当前存在多样化的媒体，不论是电视、捷运车厢、报纸，还是社群媒体（Social Media）与智能型手机，这些都是信息的载体，营销人员必须能够精准地做出判断，将营销预算投入合适的媒体，把钱花在刀刃上，才能打动潜在目标客群的心；另一方面，品牌忠诚度的建立关键来自于重度使用者的培养，若市场区隔不清，找错客群的机会上升，那么后续品牌关系的形成与忠诚度的经营也会变得困难。

基本上，切分市场区隔的变项有许多，在此不再一一详述，以下针对较常见的两种分类依次说明：

1.2.1.1 人口统计学（Demographics）

此定义为以一个群体为基础，抽取其中可观察且具体的统计变量，如年龄、性别、家庭结构、社会阶级与收入、种族与民族性、地理区位等，后续章节将阐明这些变量如何影响不同的消费者行为。值得注意的是，有时消费者行为的改变来自于市场动态性，可能是潜在消费者心态的转变，像大学毕业生对于租房的要求可能会大不相同，意味着人生每一阶段的转折同时也会诱发心智与行为的调整。

另一种动态性来自总体环境，网络的兴起即是一例，网络便利性造就社群网络的诞生，改变消费者的社交模式，甚至也塑造了新颖的次文化，而近年来红火的"败犬"话题、核心家庭的空巢与满巢期或"宠物家人"风潮兴盛，都会造就与过去截然不同的消费模式。

1.2.1.2 生活形态（Lifestyle）

此部分主要探究的是心理统计变量（Psychographics），指的是消费者心里的感觉、态度的建立或喜好的形成等，营销人员必须深入了解消费者如何看待自己，用什么准则去评价事物，如何运用与安排时间。因为这种种的心理因素都会通过可观察的生活形态表露无遗，无形之中反映出每位消费者的性格与价值观。

而在营销研究中，有个常用的指标 AIO 量表，即是用来衡量生活形态的，其三大构面分别为活动（Activity）、兴趣（Interest）与意见（Opinion）。生活形态的关键在于，即使是依照人口变量切分出来的同一群人，其中也能蕴含多样化的生活形态。试着对比自己和周遭亲朋好友们的平日生活，一定能够发掘出大大小小的差异性。正因如此，许多大型跨国企业

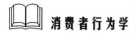

都相当看重这方面的研究，尤其当他们跨入新兴市场时，应先研究当地消费者的购物习性、交通、文化、对特殊议题的关注程度等，才能依此对症下药。

营销人员除了做市场区隔以及明了消费者行为外，与消费者建立关系也是一大要事，因此便有关系营销（Relationship Marketing）的出现。事实上，关系营销最早起源于 B2B（Business to Business）的市场，主要是企业之间关系的巩固，比如业务与采购、业务与财务，多聚焦于人际网络的发展上。

当层面拓展至 B2C（Business to Customer）市场时，人们关心的议题包含了消费者与企业、消费者与品牌、消费者与产品，甚至是消费者与创办人的关系。最经典的例子莫过于苹果计算机公司的前 CEO 史蒂夫·乔布斯（Steven Jobs），这位传奇人物已深植在许多消费者心中，因此苹果在宣传上会同时运用创办者、产品与品牌的魅力三管齐下地与消费者进行沟通，以建立双方紧密的关系。有了关系，企业才能进一步掌握使用者的喜好、打造更符合需求的产品，而消费者也更可能成为忠诚粉丝，例如"苹果迷"，它的品牌的忠诚度大幅提升，这是其他竞争品牌所望尘莫及的，本书第 4 章将会更详细论述关系营销的应用实例与威力。

另一种建立关系的方式是通过数据库营销（Database Marketing），先记录消费者的购买行为，搜集足够完善的资料后，根据每位消费者特定的需求去宣传特定的产品及传递特定的信息，进而提升消费者的好感与刺激购买，使双方形成一个稳固的正向关系。

消费者开讲

个人化（Personalization）与客制化（Customization）

营销人员声称通过数据库营销得以提供消费者客制化的产品以及个人化的服务，这样的说法正确吗？你认为究竟何谓个人化？何谓客制化？两者的差异为何呢？

客制化最初由生产管理衍生而来，指企业接到客户不同需求的订单，能否弹性化为其制作产品；而个人化则是企业能协助顾客在众多品项中挑

10

出专属于自己的产品。例如，在陈老板的刨冰店里，任选 4 种料 30 元，一位顾客希望同样付 30 元但添加 5 种料，每种料分量少些，少糖多冰，陈老板可针对该顾客的喜好去客制化冰品。接着上门的是熟客黄小姐，她是个养生派，往往挑选热量低且健康的食材，故陈老板向她推荐最新的白木耳配料，提供个人化服务，果然黄小姐欣然接受，也达到关系强化的效果，从这个例子就可看出两个名词的差异。

　　链接到数据库营销的概念，当一个企业数据库够大够齐全，便能够对消费者的喜好有所掌握，像一般购物网站常出现的推荐系统即是个人化之下产生的结果，因为企业通过数据库系统整理出某一类型的顾客通常浏览什么、对哪些商品有偏好、购物清单往往有哪些商品，因而能够推荐出最引发这群消费者消费动机的产品。以上情况的成功必须建立在有个精准的数据库的基础上，这依赖于下列几个条件的成立：数据足够多且数据本身正确度高，意即信息能够真实反映消费者想法，目前许多企业每年投注大量资金向外买进数据库就是期望获得精确的消费者信息，但当问卷问题设计不佳或是消费者刻意隐瞒事实时，最终获取的资料就仅是无用之物，因此现今很大的一股热潮来自通过行为观察来取得消费者相关信息。有了好的资料后，还需要有好的统计分析的能力，才能够建立准确度高且具有预测力的模型，这也是近年来为何模型建立方面的人才紧缺的原因，模型的准确度越高，越能使个人化的预测更加成功，企业也能节省更多成本，获得更高效益。

1.2.2　营销对消费者的影响力

　　事实上，不只是消费者会影响营销策略的拟定与实行，营销也深深影响消费者如何看待这个世界，消费者生活受广告影响。一方面，营销同时带动文化含义的转变，比如歌手周杰伦带动的新流行文化，未必咬字清晰才是好的歌手，而现代流行歌曲也可以融入中国传统的乐器与曲调；又比如嘻哈文化的盛行，歌手戴着帽子和华丽的首饰、穿着宽大的衣裤、念着Rap 等，这些元素共同代表着嘻哈的"酷"。这些都是营销人员与各个文化创作者致力于结合各种元素进行的创作，且通过多元渠道去散播信息，试图影响消费者的消费行为。

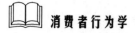

畅销书排行榜即是一个很好的例子，进入书店，大家不免俗地会停驻于排行榜前观看最近流行的书籍，尤其若书本上特别标示是大学生必读的科普书籍之一，极有可能吸引这个群体的翻阅与购买，但畅销榜究竟是谁制定的，是根据哪些群体的消费而得到的结果，我们并不知晓，只是不知不觉中我们在商品的采购上已经受到影响。

另外，营销人员会赋予商品意义，像手表可能是时尚的标志，亦可能是权贵的象征，这些意义的产生，使得消费者购买商品不单单只是因为这些商品的功能，而是因为这些商品代表的意义，让消费者能够进一步地运用这些商品去定义自己的身份，并与不同品牌建立起不同类型的关系，以下简述四种关系：

1.2.2.1 自我概念的依附（Self – Concept Attachment）

消费者期望通过商品来展露自己是一个什么样的人，比如一位期望自己走在流行尖端的女性，她会穿着尚未上市的下一季限量商品，或佩戴特别前卫的饰品，希望身边所有人能够将她与"时尚"联结起来，她便是通过这些商品去达到自我概念的完成（Self – Completion），关于自我的相关概念于第 4 章会再详述。

1.2.2.2 怀旧感的依附（Nostalgic Attachment）

消费者购买富含回忆的商品，当中蕴含情感的依附，痱子粉就是一例，以前父母担心孩子会因天气潮湿长疹子，将痱子粉轻拍于孩子身上维持干爽，长大后的这群孩子再次购买痱子粉，除了商品本身的功能外，也使人缅怀过去的童年时光，其他如弹珠汽水、明星花露水也都是具有怀旧意义的代表性商品。

1.2.2.3 相互依赖（Interdependence）

消费者对商品已构成一种依赖的关系，近年来手机的普及率节节上升，使得现代人出门可以忘记带任何东西，就是不能没有手机，手机的功能也越来越多且精致，从基本的通话、通信到现今的照相、上网、游戏、社交等，这当中就显示出人们对于手机的依赖度是很高的。

1.2.2.4 喜爱（Love）

消费者对产品有情感上的偏好，甚至成为其忠实粉丝，例子就如前面章节提到的"苹果迷"。

消费者开讲

需求（Need）与想望（Want）

营销对消费者行为的影响不容小觑，可以改变消费者的行为，但有趣的议题是，营销是否能创造消费者的需求？你认为何谓需求？何谓想望？

从人类的需求谈起，我们有生理需求、求知欲需求、社会性需求，需求是人与生俱来的本能，只是每个人的需求强度不同，营销人员无法创造"需求"，他们能创造的是"想望"，亦即消费者对商品的渴望。例如，填饱肚子是基本生理需求，但要吃何种食物止饥就是营销人员的任务，他们必须引导消费者对某商品产生想望，因此有人选择吃永和豆浆，有人选择吃麦当劳，这两种决定都能满足生理需求。想望会受文化、性格与生活形态等因素的影响，营销人员必须洞悉这些因素才能成功创造消费者对商品的想望。

消费者开讲

广告的影响

广告对我们的生活是好是坏一直备受争议。正方认为市场上充斥五花八门的产品，通过广告，营销人员可以清楚传达产品相关信息，减少消费者的搜寻成本；但反方却认为不实广告会误导消费者做出错误决策，但这个指控因不同文化与价值观会有不同的解释。以欧洲的观点来看，目前已有明确立法限制针对老人及小孩的广告数量，以保护消费者，避免他们的权益受损；但以美国的观点来看，广告传递的信息是自由心证，相不相信取决于消费者自己的诠释，若受骗上当也是消费者自己认赔，两方拥有各自的立场与解释。

你认为呢？广告对日常生活有何特殊影响呢？

上述提及的皆是消费者与产品形成的正向关系，但有时消费者也会买到不满意的产品，或是相关权益受损，因此中国台湾也有一些部门负责保障消费者权益，如大家耳熟能详的消基会、消保会。消费者可以针对不满之处进行申诉，若确定是店家的问题，两个部门都会协助消费者取得应得的理赔。如今媒体也成了监督店家的一份子，往往有许多争议都是通过爆料闹上电视新闻，如知名餐厅卫生不合格、消费者团购券无法使用等，这些也让消费者有更多申诉的渠道。

1.3 多形态的消费者

1.3.1 消费者的黑暗面

不是只有消费者会遇上不良商家，有时商家也会遇上"奥客"，或是消费者的消费只是有害无益，甚至害人害己，下面依序说明几个消费者的黑暗面：

1.3.1.1 消费者的恐怖主义（Consumer Terrorism）

消费者对店家心生不满，挟怨报复，做出一些不理性行为使厂商声誉受损。

20 世纪 80 年代多名芝加哥民众猝死，起因都与强生的止痛药 Tylenol 胶囊有关，当时强生 CEO 柏克亲上火线道歉并下令全面下架回收，后来美国警方调查发现是有人刻意下毒。同样地，2005 年中国台湾爆发了"毒蛮牛千面人"事件，有人在便利商店将有剧毒的氰化物注射入无封口的蛮牛提神饮料中以向厂商恐吓敲诈，多名消费者疏忽"我有毒"的纸条喝下，事件最终造成一人身亡、数人轻重伤，虽然最后案情水落石出，证实并非产品本身的问题，但这些事件却也造成商家的品牌权益受损，最后这些厂商都花钱更替产品包装，使消费者淡忘并提供更多的保障。

1.3.1.2 非法活动（Illegal Activities）

消费者为了私利，可能无心或有心地去从事一些非法行为，如让业者相当头疼的非法下载，消费者无非是为了较低的价格而做此选择，因此现在有些厂商可能致力于将正版的价格压低至接近非法下载的成本以吸引消费者，或如相当盛行的山寨版，商品做得真假难辨且不用担心违法风险，同样受到消费者的欢迎。另外最常见的非法活动就是偷窃行为，尤其现在全自动的无人商店更提升发生的概率，店家在严防之余，也必须避免防过头让消费者有负面的消费经验。

1.3.1.3　成瘾性消费（Addictive Consumption）

消费者的精神状况沉浸于某件事物上，有时已经成瘾而无可自拔。2012 年便有调查指出中国台湾学生的网络成瘾盛行率达两成，在世界上排行数一数二，这同样引发了两方论战，一方强调网络成瘾若继续蔓延可能会形成一种精神疾病，另一方则回击若网络成瘾为疾病，那长时间专注于研究的教授们是否也是研究成瘾？因此这议题目前尚未有明确的定义与规范出现。

1.3.1.4　被消费的消费者（Consumed Consumer）

主要指如非法贩卖器官与贩卖人口等行为，此较偏向社会学及犯罪学的探讨议题，在此不多加赘述。

1.3.1.5　强迫性消费（Compulsive Consumption）

消费者的思绪不断强迫自己进行消费，无法专注于其他事物，但往往消费后只是短暂满足，后续产生更大的后悔自责的情绪，陷入一段恶性循环中。2010 年老虎伍兹接二连三爆出桃色绯闻，最后被判定出其患有强迫症，进医院接受复健治疗，不过此议题多属于犯罪心理学的范畴。

1.3.2　全球性消费者

前面提到各国不同的文化风情使不同国家的人拥有不同的消费行为，中国台湾人早餐传统是吃烧饼和油条，美国人则喝咖啡与吃三明治，但随着网络兴起、地域疆界逐渐模糊，现在有一股新势力出现，称作全球性消费者（Global Consumer）。其主要组成分子为青少年与全球性的精英分子（Global Elite），青少年一来受母国文化影响尚浅，而且此年纪的心理状态是较为叛逆的，相对不愿意受到母国规范的限制，再加上他们期望获得同伴的认同感，因此青少年们会更勇于追赶流行，全球性的精英分子则是因为他们长年游走于各国间，拥有较多的经验，选择产品时往往依据功能性

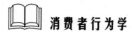

及较为客观的条件做筛选，这使得两群人会共同形成全球性文化，他们可能迷上同一个消费性产品品牌、狂热于同一位电影明星与名人、从事同样的休闲活动，彼此之间更以共通的网络交流互动。

消费者开讲

全球化浪潮

近年来，越来越多跨国企业与跨国品牌环绕于生活中，许多跨国媒体与跨国通路随之而生，这股全球化浪潮会造成消费者市场趋向于异质化或同质化吗？

以前面提及的全球性消费者观点来看，答案似乎是肯定的，消费者拥有更多共同的消费喜好与品位，甚至养成相同的消费习性，但事实上有另外一股推力的出现，即本土势力的反扑。过去全球化势力尚不明朗时，本土企业可能只是中规中矩地过日子，但全球化带动跨国企业进入后，对本土企业造成很大的威胁，因此反而激起强烈的本土意识，这时全球化的势力会持续下去吗？还是本地的文化会异军突起呢？

1.3.3 虚拟消费

网络的发展同时带来了虚拟消费（Virtual Consumption）的商机，彻底颠覆了传统消费者的购物行为，现在消费者能够足不出户、按几个按钮就完成消费，也能够随时取得最新消息，设备技术的更新让有线、无线通信畅通无阻，消费者彼此之间的交易（Customer to Customer，C2C）越趋频繁，网络上开始出现众多新兴品牌，买家、卖家通过虚拟社区与开辟聊天室来进行交流、产品评估与关系建立。然而，网络的新世界却也改变了真实世界的一些情景，人们在实体店面的消费逐渐减少，假日待在家的时间越来越长，和家人朋友相处碰面的时间越来越短，仅通过网络平台来进行交流，因此网络就像"双刃剑"一般，带来便利性却也产生人际的疏离感。

16

消费现场

你今天 APP 了没？

近年来持有智能型手机的人越来越多，随着3G 网络技术的进步，出现了各式各样有趣且便利的应用程序，人民生活已有很大的转变。许多事情只要运用智能型手机就可以完成，但是这样一来，无形中也对消费世界产生巨大的影响。相信大家都有这种经验，过年时想发个祝福短信发不出去，朋友的短信也是姗姗来迟。许多人改以智能型手机的通信程序（例如 WhatsAPP、LINE、Kik Messenger、Samsung ChatOn）免费传递新年祝福，抑或直接上网至 Facebook、Twitter 等大型社群网站分享信息给所有的亲朋好友。

这对电信业者而言是个头痛的新议题，他们必须提出新策略以防新年短信成为历史。另一个担心的还有电视产业，网络电视的发达让大家不再像过去一样必须守在电视机前，计算机屏幕或是智能型手机的小屏幕都可实时播放最热门的球赛、电影及新闻，因此电视机的销售也是节节败退。

图片来源：http：//line. naver. jp/zh－hant/。

不过，智能型手机的便利也带来一些负面效应，美国一位女大学生泰勒就是边开车、边于脸书留言，结果没注意到前方卡车而一头撞上，最后伤重身亡。智能型手机使人常同步多任务（MultiTask），但是注意力不专注的结果却可能造成终生遗憾，因此有人开始要求政府立法，严禁开车时使用智能型手机，目前一切都还在商讨之中。

资料来源：http：//mag. udn. com/mag/life/storypage. jsp? f_ MAIN_ ID = 210&f_ SUB_ ID = 5313&f_ ART_ ID = 378366。

 ## 1.4 消费者行为研究

1.4.1 跨学科的研究议题

如何进行消费者行为的研究？从哪个角度切入最合适呢？如表1－1所示，综观来说，消费者行为是跨学科（Interdisciplinary）的，从宏观的经济变量谈到微观的个人心理特质，心理学、社会学、经济学、人类学、人口统计学等都掺杂其中，每一门学科也都有各自研究的方向，表1－1说明各学科探究的消费者行为的研究主题有哪些。

表1－1　消费者行为研究主题

学科	产品的角色
实验心理学（Experiential Psychology）	知觉、学习与记忆历程
诊断心理学（Clinical Psychology）	心理调整
个体经济学（Microeconomics）	个人或家庭资源的配置
社会心理学（Social Psychology）	社会群体中的个体行为
社会学（Sociology）	社会机构与团体关系

18

续表

学科	产品的角色
总体经济学（Macroeconomics）	消费者与市场的关系
符号学（Semiotics）/文学批评（Literary Criticism）	语言与视觉沟通的意义
人口统计学（Demographics）	可衡量的人口特质
历史学（History）	随时间而生的社会转变
文化人类学（Cultural Anthropology）	社会信仰与习俗

资料来源：Solomon，Michael R.，"Consumer Behavior：Buying，Having，and Being"，Pearson Education LTD，8th Edition，2009，P. 63.

接着我们以身为杂志营销人员为例，列出每一门学科可探讨的研究议题：

1.4.1.1　实验心理学

杂志要如何编排才能吸引消费者的注意呢？消费者在看杂志时会率先注意哪些信息呢？他/她又如何处理看见的信息呢？会记得哪些内容呢？

1.4.1.2　诊断心理学

现代年轻女性对自己身材的看法是否受到时尚杂志中模特的相关报道的影响呢？是否会产生扭曲的想法？

1.4.1.3　个体经济学

家庭平均分配多少收入来购买杂志？主要是由谁做此决策？

1.4.1.4　社会心理学

同龄人如何影响消费者的杂志购买决策？

1.4.1.5　社会学

杂志推出后是哪些人在观看？如何形成扩散的过程？

1.4.1.6　总体经济学

总体环境因素是否影响营销人员的策略以及消费者的购物决策？比如经济不景气时，产品降价能否刺激消费？

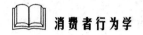

iPad 的定价策略

当苹果推出平板电脑 iPad 时，当时以 499 美元的定价掀起一股消费热潮，也引发众多竞争者纷纷投入平板电脑的制造。而当苹果发布 iPad2 随后即将上市的消息后，那些竞争者纷纷将自家产品的价格定得比 499 美元稍低一些，因为他们都预测苹果第二代的 iPad 产品功能将更加令人惊奇、接口也会更棒，所以价格也一定会随之提高。在这样的预期心理下，这些竞争者认为，只要他们制定的产品价格有个让消费者能察觉出来的差距，那么必能大赚一笔。

然而当苹果 iPad2 上市时，却让这些厂商一阵错愕。这是因为 iPad2 的价格完全持平，依旧是 499 美元。也因此，竞争者的平板电脑价格与苹果产品的价格并没有太显著的差异，导致消费者在购买时仍然优先考虑苹果的产品，最后当然是苹果大获全胜。

此外，相对于三星推出的 Samsung Galaxy Tab 定价为 729 美元，以及 Motorola 推出的 Xoom 定价为 799 美元来看，苹果第一代与第二代 iPad 的售价显得较为亲民，而且也没有跟任何电信业者强制捆绑，所以能获得消费者青睐。对于消费者而言，使用平板电脑，大多不外乎网页浏览、书籍或文件阅览、收发电子邮件以及下载使用各家厂商推出的 APP 软件内容与游戏。对平板电脑具有特殊依赖或重度使用的消费者比例相对较低，因此，高价的定价策略并不利于产品的销售。

资料来源：http：//mag. udn. com/mag/digital/storypage. jsp？f_ MAIN_ ID＝315&f_ SUB_ ID＝2928&f_ ART_ ID＝303516。

1.4.1.7 符号学

消费者如何解读与诠释杂志中的符号（图/文字）？

1.4.1.8 人口统计学

杂志的读者结构为何？主要客群为哪个年龄层的？

1.4.1.9　历史学

时尚杂志发行至今，其内容所展现流行的演变为何？

1.4.1.10　文化人类学

杂志强调的时尚，为何在一些国家达不到成效呢？

消费者开讲

巴西的"美"的定义

在 20 世纪 30 年代，巴西文化中讲求的美是丰腴的曲线、吉他形身材，当时鼓励的女性角色为多产，因此完全有别于美国求瘦如芭比娃娃的时尚文化，但到了 20 世纪 90 年代时，他们眼中的美女已与美国文化相去不远，强调漏斗形身材，因此在不同的时空背景下，巴西人对于美的信仰与女性角色的定义已有所转变，这样的研究问题可从文化人类学的角度切入。以现代的角度和你所处的文化背景来看，美的定义又是什么呢？为什么？

上面的例子引出一个重点，做研究时首要之务是厘清研究问题，有了清楚的问题定义，才能进一步去查阅相关书籍与资料，以更了解当中蕴藏的内涵。

1.4.2　消费者行为研究方法

有了理论的支持后，接下来就是思考怎么去做研究，意即研究方法的选择。从大体上看研究方法可分为两种：验证法与诠释法，这两者对于知识的假设大不相同，其不同之处如表 1-2 所示。

表 1-2　验证主义与诠释主义

	验证主义	诠释主义
真实的本质	客观、有形、单一的	社会建构、多重的
研究目标	预测	了解

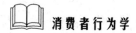

续表

	验证主义	诠释主义
知识产生	不受时间与情境脉络影响	与时间和情境相依
对因果关系的看法	真实原因的存在	多重且同时成形的事件
研究关系	研究者与受测者分开	研究者与受测者的互动 合作是研究的一部分

资料来源：Solomon, Michael R., "Consumer Behavior: Buying, Having, and Being", Pearson Education LTD, 8th Edition, 2009, p. 65.

首先，验证主义和诠释主义看待真实世界的角度与看法不相同。验证学派认为现实只有一个，且是客观存在的。以中国台北 101 大楼为例，人们会提及 101 大楼的高度、结构、年份等，这些数据即使经由不同人口中说出，答案也都永远只有一个。然而，除了这些客观信息外，有的人可能会说 101 大楼是达官贵人出没之地，有的人则会视其为中国台湾进步的标志，而中国台湾人与外国人对 101 大楼的看法也可能大相径庭，这便是诠释学派的观点，他们主张知识是被社会所建构的，有多重的面向，因此在研究目标上，他们期望能够深入了解，如探索 101 大楼背后的历史脉络如何，又代表什么样的意义，中国台湾人又如何进行解读等。

验证主义的目的则是运用数据做预测，如判定 101 大楼未来能够承受多大的震度或是钢筋能够支撑主体多长时间，这些知识并不会受时间或情境脉络影响，并往往具有清楚的因果关系。相反地，诠释主义的知识产生与时间背景和情境脉络有极大的关系，且事件背后的原因是复杂的，由非线性且多样的因素促成，非直接可观测。最后，当验证学派进行较科学性的实验时，他们会排除任何可能导致偏误的因素，通常是请别人协助做实验，自己单纯分析最后得到的数据；但诠释学派的学者产生的偏误会较大，原因是在进行访谈的过程中，受访者会因为访谈者本身的性格、过去的知识或待人接物的形式而影响对答，且针对同一个受访者的回答，不同的访谈者会根据自己过往的经验与知识进行不同的解读，因而产生不同的结果。

一般而言，大部分学生做研究以验证学派为主流，因此不论做实验与发问卷，都属于结构式的，面对开放式问答也往往有参考依据而将其数据化，导致最终诠释的空间被压缩。但若研究议题是想了解事件形成的原因（Why）或是如何形成（How），那么诠释学派或许会是较好的研究方法，不过做研究未必一定只能两者择一，也可混合使用，主要还是依照研究主题去调整研究方法。

本章习题

1. 在消费者行为研究中，以下哪些决策应被视为正当的重要主题？甲选择大学，乙购买人寿保险，丙吸烟，丁选择要加入的教会，戊选择牙医，已于汽车展示中心看新型车，庚购买大学教科书。请分别针对上述甲到庚，解释其对于消费者行为研究的重要性与其可能应用的范围。

2. 检视消费者型产品的广告，选择一个新产品的广告。探讨此产品在消费者市场中是否能够获得长期的成功，决定该产品成功的因素为何。

3. 购屋纠纷和医疗纠纷是常见的两种消费者纠纷，请试着从消费者权益的角度讨论有哪些厂商（或医院）的作为可能损害消费者权益以及应该如何防范，而政府可以采取哪些措施来防范上述两种产品可能产生的消费者权益损害。

4. 为何会有市场区隔的存在？市场区隔中最常见的基础有哪些？在决定要选择目标区隔时，可以使用哪些区隔准则？组织常使用的市场区隔策略，对于消费者与社会究竟是有益还是有害？为什么？

5. 某电信业者想要知道它的顾客和其他电信业者的顾客有何不同，请您试着为该电信业者的顾客研究并拟出一份研究纲要与抽样计划。

消费者了没

世界的微笑，来自世界的 Comebuy

　　Comebuy，2002 年由两个来自澎湖渔村的小伙子陈昆池与陈和禄创立的手摇饮品店，至今十年有余，在世界范围内已发展 170 家分店，横跨中国台湾、中国澳门、中国香港、新加坡、德国、印度尼西亚等地，其版图仍处于持续扩张中，期望能以茶代酒，将茶道文化带入全球人的生活当中，并让茶更加地国际化与年轻化。Comebuy 的品牌名称，以英文来说，是叫消费者"来买"；以日文的音译来说，则是"干杯"的意思，都是很直接地向消费者招手来邀请他们买杯畅饮的茶饮品。

图1-2　Comebuy 店面装潢演进

图片来源：http：//blog. yam. com/evenlin/article/31621204。

Comebuy 初期发展与一般饮品店并无太大差异，主要以鲜明黄橘色的招牌以及好念、好记的品牌名称吸引顾客上门，期望带给顾客较开心且正面的品牌形象。但是随着竞争日渐激烈，且内部逐渐发展，2006 年左右，Comebuy 开始大幅调整，店面开始改装成较有质感、沉稳的暗红色，并针对女性消费群推出各式新颖魅力饮品。为与其他竞争者做出区隔，Come-buy 引进现泡茶专利技术，研发五段式的高压现泡啡茶机，通过简单省时的操作方式，节省人力成本并标准化控制饮品的口感，希望消费者能够品尝专业、放心且有质量的好茶。此外，为了让消费者能够喝得健康，Comebuy 在原材料的来源与质量上严格控制，同时发展低卡、低热量的独家配方，以获取消费者的青睐。在饮品研发的部分，该公司与中国台湾地区的农场合作，采用与合作农场签约采产地直销的形式，把当地特产研发成饮料，向全世界推广中国台湾的农产品，例如彰化巨峰的葡萄可尔必思等。

　　Comebuy 的团队也会针对各地不同的口味习惯和消费群，推出专属当地区域限定的饮品，例如，Comebuy 在中国台湾澎湖地区推出当地独卖的特产风茹茶，而在中国香港则推出具有咬感的胚芽奶茶。

　　Comebuy 的营销策略是在店面放置大板子或是贴布条，内容写着最新商品及特惠活动，使消费者在远处就可以清楚察觉，当消费者靠近店面时，商品目录会有清楚的图片分类及畅销排行榜，一旁的小屏幕电视亦不断放送着最新消息，当消费者在等待时，可体验柜前的闻香瓶，里面放置的皆是现泡的新鲜茶叶，而消费者也可以观看 Comebuy 标准化且透明化的作业流程，如店员必穿着制服，而店面里放有蓝、红抹布，红抹布负责店面清洁，而门市店员在将饮品交至消费者手上前，必以蓝抹布擦拭饮品多余的水渍，以确保不沾黏，这些都大大提升了消费者的购物体验。

　　2012 年，Comebuy 又推出新型店面，是以日系为主的简洁风，Comebuy 的这个做法在市场上很流行，其目的是希望消费者不断看到 Comebuy 力求突破与创新，而非停滞不前。此外，Comebuy 不仅只卖手摇饮品，让消费者满足短暂的需求，它也开始推出茶包产品，希望消费者能够有更多机会接触 Comebuy，将品牌融入消费者生活，提升了品牌忠诚度。

资料来源：Comebuy 官方网站 http：//www. comebuy2002. com. tw/about/about. php？Key＝4。

问题讨论

　　1. 请列出消费者购物的三大阶段（参照图 1－1），并写出当你购买手摇饮料时，于购物三阶段各会考虑哪些议题。

　　2. 请你评估 Comebuy 的做法，对消费者有正面的影响力吗？是否影响消费者的购买决策？为什么？

第2章 知觉

消费奇案

就是要喜力!

试着回想最近接触到的广告,是否有一些令你印象特别深刻的呢?再试着问问身旁的亲朋好友,很可能会发现自己的答案与他们大相径庭。即使是同一部广告,不同人对它的理解与想法也可能有差异,为什么?

事实上,纵使每个人拥有相同功能的五官,但每个人对周遭世界的感知是具有选择性的,意思是我们会从庞杂的信息群中进行过滤与筛选,并只针对少部分信息做出判断与诠释,这便导致每个人对所处环境拥有不尽相同的知觉(Perception)。对营销人员而言,他们致力于如何让广告脱颖而出,吸引消费者留意并进一步理解,而且尽可能使传达的信息与消费者的诠释具有一致性,喜力就是当中的最佳案例之一。

喜力——举世闻名的荷兰啤酒品牌厂商,除了鲜明的绿色瓶身与斗大的品牌标志外,最为人称道的莫过于其创意广告。2009年,电视台强力放送一部"异口同声,就是要喜力"的广告,剧情描述在一栋豪宅内,女主人为她的女性密友展示秘密衣橱间,当她们兴奋而尖叫不已时,突然传来一群男性的尖叫声,女士们狐疑之际,镜头转向男主人的大型冰柜,原来是里面摆放着一瓶瓶的喜力,让一向冷静沉着的男士们也不禁雀跃地大叫,甚至表情更为夸张。这部广告一播出立刻引发热烈讨论,因为它成功

26

地激发了观看者的好奇心，而且结局让人莞尔一笑，传达的意思也是清楚明了。

2011 年，喜力又精心设计了一部饶有趣味的广告："打开喜力，精彩你的世界"，广告由轻快的歌曲"The Golden Age"揭开序幕，男主角进入一场派对中，一会儿变魔术、一会儿与貌似李小龙的功夫者对拳法，甩动着喜力酒瓶，行云流水的剧情使广告一点也不冗长，收看者不仅能融入剧情之中，也会将剧情的欢乐性带入对品牌印象的诠释。

喜力广告的成功来自于其独树一帜的内容呈现，有别于其他酒类广告着重在酒的质量或制作流程，喜力通过丰富的剧情设计与多样的呈现手法，成功地吸引消费者目光。

谢老板眉头一皱，发现消费者并不单纯：

1. 何谓知觉？

2. 何谓知觉的三阶段——展露、注意、诠释？

3. 何谓潜意识知觉？

4. 哪些要素可能影响消费者注意到信息呢？

5. 哪些是消费者诠释信息的原则呢？

2.1 知觉

2.1.1 何谓知觉

日常生活中，我们以感觉器官，例如眼、耳、口、鼻及手指，接触到相当多商业以及非商业的刺激物，这些刺激物包含了商品信息、产品的属性及效用、价格、广告呈现等，但是由于刺激物的量过于庞杂，我们的大脑及感官并不能充分接受每项信息，而仅会选择性地处理某些信息。这一

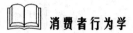

连串消费者对刺激物的展露接触，进而引起注意，最后对信息或刺激物进行诠释的过程，即为知觉的三阶段。

因此，对营销人员而言，设计出能够吸引消费者目光的广告及产品，并在第一时间将商品信息传达给消费者的过程相当重要。以下我们将进一步阐述消费者如何通过五种感官来接受外在环境的刺激物及信息，并进一步解释展露、注意、诠释三阶段的特色。

消费现场

7 – 11 City Café

一般而言，便利商店所贩卖的商品的主要诉求为快速、方便，而非高质量的服务，因此一般消费者想起超商贩卖的咖啡，普遍会联想到速溶咖啡，而这样的咖啡的质量与一般咖啡专卖店的现煮咖啡的质量通常是没法比的，故超商业者在引进现煮咖啡贩卖时，如何改变消费者对超商咖啡的负面联想就显得相当重要。

首先要厘清的问题是，为什么消费者不能接受该项商品，负面印象的来源为何？7 – 11 的案例中，消费者认为超商所贩卖的咖啡质量应该不如预期，且不如专卖店的好喝。对此，7 – 11 开始着手改变顾客的知觉，借此转换消费者对该商品的刻板印象。

统一超商首先挑选城市群的营运点试卖，并找来时下女星桂纶镁作为商品代言人，在广告中宣传咖啡的高质量、现煮冲泡及时尚的都市感。采取此方针之原因在于，城市群消费者受到全球化影响较多，对于这样的咖啡贩卖形式可能较易接受。另外，代言人选择被大众信任且形象清新的女星，也可借此塑造消费者对咖啡质量的链接印象。

除此之外，7 – 11 还进行大规模的装潢整修，将超商内部的咖啡销售区域做出差异化设计，通过店面装修来塑造高质量的视觉感，以改变消费者既有思维，成功使店内咖啡与"高质量"及"好喝"互相联结，最后得以进一步拓展营运范围，抢夺咖啡市场这块"大饼"。

消费者开讲

美国人对保久乳（Shelf – Stable Milk）的负面印象

由于经过特殊处理，保久乳在未开封的情况下能够保鲜5~6个月，因而在欧洲国家能被广泛接受。然而，美国地区消费者却对保久乳有既定的负面印象，认为该项商品不如一般的牛奶新鲜，也不能达到相同的营养诉求。在这样的情况下，厂商应当如何扭转消费者对特定品项的既定印象？又有哪些方法可能改变消费者的知觉呢？

2.1.2　感觉与知觉的差异

感觉（Sensation）是人类经过感觉接收器——眼、耳、口、鼻及手指，来对外部环境及外在刺激物，例如光、色彩、声音、气味及触感等，做出实时且迅速的反应，其中并不牵涉到大脑的运作，而是属于感官运作的范围。例如，早晨起来听到鸟鸣或闻到早餐荷包蛋的香气等，即属于感觉的运作，是人类接触到刺激物的反射动作及感应。而知觉（Perception）则是指有选择性地接收感觉到的刺激物，并将接收到的信息统合、整理，直到最后进行诠释的过程，不仅牵涉到大脑的运作，也相当程度影响到消费者的购买行为。

消费者购买产品的行为，要经过一连串复杂的处理程序才得以完成，其中挑选商品时不仅着眼于单一产品的功能属性或价格，其他如贩卖地点的整体气氛、销售人员的态度等，都会影响到产品的销售量。因此，塑造消费者对产品的知觉，将产品做精确定位，并将它呈现在消费者知觉定位图中的正确位置，成为营销人员的重要议题。

图2-1即为知觉运作的过程，其中包含对感官刺激物接受的感觉运作，及刺激物进入到接收范围后一系列知觉展露、注意到诠释的运作。

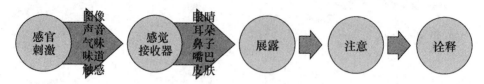

图 2-1　认知流程图

资料来源：Solomon, Michael R., "Consumer Behavior: Buying, Having, and Being", Pearson Education LTD, 8th Edition, 2009, P. 79.

 ## 2.2　感官系统的运作

我们所处的环境中，充满了各式各样的刺激物，包含缤纷的色彩、动人的音乐，可口的味道及迷人的花香等，而人类在接触到这些刺激物时，往往会因个体差异，进而产生不同的反应。于此，我们将所产生的反应分成两大类，一类是生理的立即反应或反射动作，例如听到打雷声立刻掩耳或闻到臭味立即暂停呼吸等，皆属于生理的自然反应。另一类反应则受到个人过去所累积的经验影响，例如看到乌云密布则带伞出门等行为，是人类依照过去的经验判断及学习过程，再经过大脑的反应处理而产生的反应。除此之外，因为各国家或地区文化差异所造成的不同反应，也深受过去生活或学习经验的影响。

因此，为了促进消费者感官系统的运作，进而达到厂商预期的效果，营销人员创造了一系列的刺激物，如商品广告的推出、精美的产品包装设计、电视及收音机商业的信息提供及广告牌的设置等，借以增加产品的曝光度，刺激消费者感官系统的运作，并将商品信息传达给消费者。

从过去发展至今，人民生活水平不断提升，因此对产品的需求及期望也产生了极大转变，这也造就了营销学派着眼点的改变。

20 世纪 80 年代以前，营销学派深受经济学原理的影响，因此公司关注的焦点是商品所能带给消费者的功能性强度和如何以最少的投入创造商品的极大化价值，或者是厂商营运效率提升等议题。

消费者在物质生活匮乏之际，自然对产品功能的属性相当重视。然而，随着生活水平的提高，享乐性消费（Hedonic Consumption）随之应运而生。享乐性消费指的是通过与产品的互动，产生多重感官的刺激，引发消费者情绪上的喜悦及对产品的认同。此时，消费者购买商品时已脱离传统意义上仅重视产品功能的思维，而是更加在意产品所带来的体验享受。因此，如何进行体验式营销，让消费者亲自感受到产品绝佳的质量或流线形线条的美感，则成为增加客户对商品认识及喜好的首要条件。

举例而言，宝洁集团 P&G 所推出的洗发露产品在营销时的重点不在于产品的洗净能力，而在于洗发露的香味及流线形包装的触感，以感官的刺激与市场上的竞争者做出差异化。另外，许多洗衣液也在香味上做出许多变化，原因在于技术的进步使众家厂商在产品洁净能力属性的表现上并驾齐驱，因此通过带给消费者不同的感官刺激达成产品的差异化，延续并塑造品牌既有的特色。除了一般消费性商品外，电子性产品的销售更注重商品的体验，许多品牌设置 3C 体验馆即是诉诸客户感官上的需求，加上专业服务员及时提供商品的咨询服务，让消费者在店内体验之余也逐步累积对产品的认同感。因此，坪效（每坪的面积可以产出多少营业额）通常并非此类体验店的着眼点，如何达到消费者心理层面的满足才是最重要的。体验营销的重要性也表现在电视购物及邮购上，通过退换机制及七天鉴赏期的提供，消费者得以对产品进行试用，也降低消费者因信息不对称而产生的不安。

消费现场

麦当劳提供的消费体验

为了满足消费者享乐性消费的需求，麦当劳内部拥有一套运作模式，让客户在消费过程中能得到最高的附加价值。麦当劳公司内部将消费者所认知到的价值定义为经验与商品价格的比值。因此，致力于提升消费者在消费时所感受到的良好经验，并降低商品售价，成为该企业提高消费者认知价值的首要任务。所以麦当劳实行了一连串活动来提供给顾客最完美的消费体验，通过增加愉悦的消费经验所带来的正面影响，提供商品的附加价值。

首先，麦当劳致力于店内装潢，以明亮、干净及清爽的设计配置，带给消费者感官上的舒适感受，也致力于提升店内贩卖咖啡的质量，增加消费者再度光临的可能性。同时，麦当劳提升了后台操作系统的效率，通过导入 IT 点餐系统，使得出餐正确率大幅提高，快速与后台实时联系的结果是降低了消费者点餐后的等候时间，更避免了大声与备餐人员复述餐点时带给消费者感官上的不愉悦感。最后，快速服务的推出让消费者能够快速取餐，也大幅增加了消费者购买快餐时正面经验的累积。经过消费者自身对消费过程的体验，麦当劳能为客户累积良好的消费经验，并增加他们未来来麦当劳消费的意愿，替消费者及公司创造双赢的局面。

2.2.1 视觉

根据研究显示，日常生活中 70% 的刺激是经由眼睛接受的。色彩可以激起我们不同的情绪，而这些不同反应往往受到不同文化背景的影响，其中也隐含了一些自然的生理反应。举例来说，看到红、橘色系的色彩，我们能立即感受它们暖色系的属性；而蓝、紫等颜色则被归为寒色系。然而，基于文化的不同，对于色彩会产生不同的诠释，例如中国台湾人认为红色代表喜气以及幸运，因此节庆喜宴场合都会出现该色调；但是西方人认为白色代表着纯洁，因此在婚礼上常常以白色作为婚纱的基调。由此可发现，由于成长背景的不同，学习经验的积累，会促使个人对色彩产生不同的反应。

另外，近年来在产品的包装上，也出现越来越多的款式，复杂度较以往增加，色彩由过去的保守转趋明亮的色调。而厂商对于色彩或包装的重视，始于消费者对色彩的联想。通常消费者会对特定的食物有主观性色彩的认定，例如看到寿司，消费者就会联想到牛奶等属性相近的乳制品，因此包装上常以白色或蓝色等色调做包装，配合产品特性做设计，也符合消费者的预期。

由于图像的记忆对消费者而言远大于文字，因此商品外观的选择是经常被讨论的议题，正确的颜色选择会让消费者产生正面联想与长期记忆，使消费者只要看到特定色彩，就能清楚地识别出该商品所属的品牌。例如，可口可乐的红色罐装瓶身与百事可乐的蓝色瓶身形成清楚的识别系统，通过商品信息一致化的传达，加强消费者对产品的印象。

2.2.2 嗅觉

相对于视觉，嗅觉所能产生的记忆较为持久，且精确度较高。气味不仅能够刺激我们产生特定情绪，甚至能回忆起过去往事。举例来说，中国台湾消费者闻到痱子粉，就会回忆起儿时情景。对于美国消费者而言，闻到咖啡香，就立即会联想到家的温暖，而肉桂的气味则会与性产生联想。这些都是嗅觉所引起的作用，这些反应除了因人而异外，也具有文化上的不同。

事实上，营销人员会使用不同的气味来刺激消费者的嗅觉，例如洗衣粉的香气众多，包含花香、果香或森林等气味，即试图在感官上做出差异化刺激。另外，高级车皮椅的气味也能使消费者将高质量与汽车本身联结。除了商品本身的气味外，许多商家会在店内喷洒不同的香水，以塑造品牌特有的形象。许多潮流品牌服饰店会在店内点放线香，营造独特、神秘的氛围；而童装服饰专卖店可能会点缀果香香气，带给消费者甜美可爱的感觉。通过商品本身特有的气味以及店内营造的独特香气，品牌或产品的特色得以被塑造，在刺激消费者感官之余，也加强其对特定商品既有的正面印象。

2.2.3 听觉

声音会影响消费者的感觉或行为，在美国，消费者对于特定元音会有不同的感受。例如，品牌名称中若有元音 i，较会让消费者感觉到该品牌是较小而精干的；相反的，元音 a 则给消费者较为迟钝笨重之感。实际上，在中国台湾也有相似的现象，闭口音较张口音带给顾客较内敛、短小的感受。值得注意的是，品牌字面的含义通常较发音而被消费者所重视，正因如此，厂商应避免品牌名称带给消费者语意上负面的联想。

除声音音节或发音外，音乐也会引起消费者不同的情绪与感受，因此营销人员会使用功能性音乐来制造他们所想要的效果。通常节奏快的音乐会带给消费者较多的刺激，促进消费者肾上激素上升，脚步也会加快，因此在 99 元便当快餐店多倾向播放节奏快的音乐，以提升店内的换桌率。而柔和的音乐则能使消费者身心得到放松，因此在高级餐厅或是百货公司，多会播放抒情或古典音乐，以提升消费者在店内驻足的时间，也会提高二度点餐或购买商品的可能性。

对应这样的现象，市场上亦有音乐顾问公司出现，通过新创音乐家及专业分析师，替品牌量身定制出原创音乐。通过专属音乐的播放，营造特有的店内氛围与品牌特色，用音乐与消费者做沟通，从更高的层次将品牌形象注入消费者的心中，以形成品牌在消费者内心独特的定位。

2.2.4 触觉

触觉是人类最基本的感官，是感官系统中最早发展的。从怀孕 8 周开始，科学家就发现胎儿嘴唇周围已经开始有触觉反应了，该感官的反应以及学习，远早于视觉与味觉的发展。

在商管领域中，各式各样与触觉相关的营销手法备受关注。20 世纪 70 年代，日本广岛国际大学的长町三生教授发展出感性工程（Kansei Engineering）的概念，他将感性工程定义为将消费者的感触以及需求，转换为产品设计元素的技术。通过整合产品本身属性，以及消费者对该产品的描述与实际感受，推出吻合消费者心中的产品理想原型，将印象转化为实际出售的产品。举例来说，该技术通过访察，了解消费者对房车座椅舒适的定义，将搜集到的信息数据化，并设计出最适合的座椅角度，将消费者心中的理想印象付诸实现。

另外，材料工程的发展，与触觉感官营销也息息相关。一般而言，材质的粗细会对消费者的触觉感官产生影响。羊毛及丝绸等材质令人感到高级；而丹宁布或棉质衣料的触感则较为普通。质料的轻重给消费者带来不同的感受，例如羊毛及丹宁等较为厚重的质料，较易与男性做联结；反之，丝绸及棉料等较为轻巧的材质，则与女性较为匹配。由此可以发现，要迎合消费者的期望，需要仔细分析消费者面对各种材质时心里的实际感受，以推出妥善的商品及设计，符合各种客户的需求。

2.2.5 味觉

味觉是各种感官中与文化最高度相关者，不同文化背景的消费者对于食物及其口味会产生不同的感受，以及相异的接受度。人类经过所属地区的教育以及潜移默化，渐渐对特定食物产生喜好或厌恶，长时间的影响下，逐步对特定的食物产生了记忆与认同。例如，在温带或湿热地区，民众倾向于吃偏辣的食物，因为辣椒等辛辣佐料在中医学中被认定能开胃，并有散寒除湿的效果。在经验传承及积累下，自然形成特定的饮食文化。

但随着全球化的发展，旅游渐渐普及，民众跨国流动的机会增多，商品进出口贸易亦愈加频繁，因此消费者的味蕾也随之调整，对于各地食物的接受度也逐步提升。于是在单一国家中开始出现各式各样的异国料理。从许多食品业者跨国经营失败的案例来看，我们发现饮食习惯是很难改变的，因此因地制宜、适地化调整食物口味，才是制胜的关键。举例来说，菲律宾的快餐业者 Jollibee 在本地的经营有声有色，并成功抵挡了快餐业龙头麦当劳的大举进攻，就是因为它们能掌握当地消费者胃口。全球化虽然促使文化不断融合，也间接扩展了消费者对食物接受的广度，但适度调整商品，以符合消费者需求，是扩展商机及市场版图时不可或缺的要素。

2.2.6　知觉第一阶段：展露

展露（Expose）发生于刺激物进入人类感觉范围的时刻，是指消费者接收到刺激物时所产生的反应，当面对刺激物时，我们能够选择是否专注于所受到的刺激、忽略其存在或完全性地未察觉它的发生。消费者拥有接收信息的主控权，加上外在的刺激与信息相当多且庞杂，互相竞逐人们的关注，因此营销人员在推销产品时须在平面广告或电视广告中格外用心，以争取进入到消费者感觉接收的范围之内。举例而言，凯迪拉克强调其跑车由每小时 0 英里加速至 60 英里只需 5 秒的优越性能时，就以极短的 5 秒钟广告做强调，与其他跑车广告做出差异化，以其独特性成功吸引消费者目光；反之，一般路上所散发的传单通常相当单调，且未与消费者切身相关，因此信息常常被忽略。由此可知，欲使信息进入到消费者的感觉范围时，除了产品本身的卓越性能外，引人注目的广告或宣传是引起消费者对产品兴趣的重要因素。谈到展露时，感官门槛（Sensory Thresholds）的概念是不容忽视的。感官门槛是指让感觉器官接收到刺激所需的最低刺激量，感官门槛因人而异，但就常态而言，女性对于外在事物较为敏感，因此其感官门槛坎低于男性。另外，老年人由于感觉器官的退化，对于外在刺激的感受较为迟钝，因此其感官门槛通常高于年轻人。

感官门槛又可分为绝对门槛（Absolute Threshold）以及差异门槛（Differential Threshold）。绝对门槛是指以单一感觉器官作为接收器时，消费者察觉到刺激物所需的最低刺激量。例如，高速公路上的广告牌通常以简短的大字叙述产品信息，或以图案呈现广告诉求，即为迎合消费者门槛所做的设置。因为如果广告牌上呈现过多的文字或过小的字样，消费者无法在短时间内接收到产品所欲传达的信息，刺激物本身也有极高被忽略的可能性。差异门槛的察觉是指消费者意识到两个刺激物间的差异或两者间改变的能力。而对于消费者而言，对特定感觉器官刺激所能察觉的最小变化称为"最小可觉差"（Just Noticeable Difference），其在营销中的应用相当重要。

随着产品生命周期的缩短，消费者对于新产品追求的步伐加速，因此，产品创新或新配方的出现，成为留住既有客户及创造新客户的好方法。但是在推出新产品或升级配方的同时，包装的改变难以避免。因此，如何改变既有包装，以让消费者意识到新产品、旧产品的差异，成为厂商关注的议题，正是因为新旧两者的改变需达到消费者的最小可觉差，才能引起消费者注意，并达成持续巩固客户的目标。另外，产品包装改变的同时，在色彩基调、字形调整上仍须保持一致性，并且渐进式地做设计上的修改，才能传递给消费者一致的信息，避免模糊品牌形象并维持品牌权益。唯有通过对核心消费族群意见的倾听与对产品知觉的重视，才能使品牌改造或创新得以成功，并拓展客源，得到更多的回应。

在定价策略上，也会应用差异门槛的概念。在行为定价理论中认为，价格提供了一定程度的信息给消费者，消费者会对商品的定价进行评估与诠释，并会将高定价与高质量做直接联想。另外，在购买商品时，消费者心中亦会有参考价格（Reference Price），是消费者基于日常生活的经验或学习所判断出的商品合理价格。消费者会以此价格作为依据，与商品销售价格进行比较，最后以商品是否能带给消费者足够的价值作为购买依据。因此，厂商在定价时除了考虑商品成本之外，对于市面上竞争对手的销售价格亦应有所掌握，才能做出适合的定价，吸引更多消费者购买商品。

消费现场

麦当劳的79元午餐促销方案

麦当劳内部将消费者所认知到的价值，定义为经验与商品价格的比值。在这样的价值衡量公式下，商品价格越低，越能带给消费者较高的附加价值。2008年，在市场经济一片不景气中，为了挽救日趋下滑的销售业绩，麦当劳推出了79元的超值午餐促销方案。而79元是麦当劳内部经过市场调查所做出的定价。当时，市售午餐价格的众数落在80元，因此麦当劳以低1元的战略推出具竞争力的超值午餐优惠方案。

该定价不仅低于消费者心中对于快餐餐饮的参考价格，与其他快餐业者一套午餐套餐动辄120元这样的价格相比，远超越消费者感知的差异门槛，让消费者能清楚察觉到价格的降幅。运用低于参考价格的手法，加上足以让消费者意识到的差异门槛的双重策略，麦当劳推出该超值午餐的套餐策略后，得以成功引起消费者热烈反响。也因此，到了中午用餐时间，在各家麦当劳门市能看到排队人龙的现象。再加上麦当劳的物流及备料处理得当，能适应突然大量提升的需求，进而带给消费者正面的形象，也顺势扭转了日益下滑的销售业绩，为企业注入一针"强心剂"。

消费者开讲

战后"婴儿潮"的商机

许多研究显示，人类感觉器官的敏锐程度，会随着年纪的增长而下降，而属于第二次世界大战后"婴儿潮"的这群消费者，正面临着感官识别能力逐步退化的阶段，感官门槛亦与日俱增。因此，如何设计商品，以迎合广大的消费族群，渐渐成为各品牌厂商思索的问题。要提供拥有何种

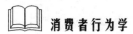

商品属性的商品及益处才能符合广大消费者的期待呢？又有哪些品牌的商品是针对这群第二次世界大战后"婴儿潮"的消费者而设计的呢？

2.2.7 潜意识知觉

潜意识知觉（Subliminal Perception）的发生，是当刺激物低于刺激消费者知觉门槛，但高于感官门槛时，即消费者并未运用大脑处理该信息，而仅轻微感觉到刺激物的存在。潜意识广告（Subliminal Advertising）是通过刺激消费者视觉及听觉感官，企图达成广告的效益。例如，运用高速照相或喷枪画的技巧，将图案或信息埋藏、镶嵌于杂志的内页广告中。另外在听觉运用上，则是将音效、音乐或声音信息嵌入广告或成为其背景音乐，以达到潜意识熏陶效果。总体而言，潜意识概念在广告中的运用，多半是通过文字或图像在广告中快速出现，或是以极小的字体埋藏在平面广告中的方式，达成刺激消费者感官的过程。实际上，曾有厂商通过在电影播放的过程中以极高的频率将"购买可乐"的信息嵌入电影，结果是电影播放当周，可乐的销量确实有明显的提升。

尽管许多营销人员相信潜意识广告的运用效度，但该广告手法能否成功控制消费者的潜在逻辑思考运作或进一步改变消费者行为，仍在讨论中，许多学者质疑潜意识营销实验并未做严谨的设计。在可乐营销的例子中，营销人员并未考虑到消费者与银幕距离不同的现象，个体间可能接收到不等量的信息，因此可能进一步影响到广告所产生的效果。此外，基于不同生理状况或文化背景的差异，个体间的感官门槛不同，故单一模式并不适用于不同的消费主体。最后，广告播放的过程当中，并不能保证消费者完全专注于影片中，被外务影响而导致注意力移转的可能性也为潜意识广告的可行性增添了变量。正因如此，潜意识广告运用的可信度及效用截至目前仍具高度的争议性。然而潜意识学习（Subliminal Learning）的效果在心理治疗方面则得到高度的肯定，因为它能针对消费者的不同需求，量身定制出专属的学习方式。例如，为了帮助烟瘾者成功戒除抽烟习惯，心理诊疗的医护人员通过音乐设计，让患者在睡眠时间聆听能够传达特定信息的音乐，最后逐步协助患者戒除烟瘾。通过信息的传达，达成有效的潜意识学习；而经过刺激存量的积累，也能加强学习的效果，达成长远的目标。

2.3 注意

2.3.1 注意

注意（Attention）感觉上是日常生活中随时在发生的状态，但是到底什么时候你觉得你正在注意，而注意又是什么呢？想要了解信息、想要吸收信息？其实这些都并不是真正的注意，而是已经到认知后端的诠释阶段了。

注意其实是在"处理"，个人本身有没有在处理信息，如何在处理信息。举个简单的例子，假设你现在专心致志地在阅读这本书，那就是完全将处理信息的注意力放在这本书提供的信息上。当你是边讲电话边看这本书，那么处理这本书所提供的信息就有限，便是处在不太注意的状态。由于消费者的脑容量是有限的，再加之同时接触的信息可能多而庞杂，因此营销人员的重点任务是竞争消费者的注意力。

现代社会的生活中，信息之间的竞争程度究竟有多高呢？根据研究调查，一个人每天平均会接收到3000多个信息片段，包括商业性质与非商业性质的，因此一个品牌或者是一个商品为了吸引消费者的注意就必须时时刻刻与如此多的相关或非相关信息竞争，才可能获得消费者注意力的青睐。正因如此，消费者容易产生信息过载（Sensory Overload）的现象，很多时候消费者根本没有在处理任何信息，处在视而不见、听而不闻的状态，正是由于信息过多，使得消费者弹性疲乏。所谓的消费，并不只是买东西这么简单的一件事，消费行为本身的发生，其实从营销人员在争夺消费者注意力的时候就已经开始。

另外，有一些特定的客观因素也会影响注意力的强弱，比如年龄差异。年长者与年轻人之间即存在注意力强弱。普遍来说，年轻人较能做到同步多任务（Multi - Task），即在短时间内同时处理多项事务。年轻的学生可以在上课的时候，边上课边用计算机做笔记，甚至还能同时通过社群

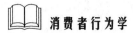

软件与他人聊天，但年长者则较无法做到。

2.3.2 新颖性的重要

由于在现代社会中信息量过多，信息的竞争相当激烈，因此为能有效吸引消费者的注意力，营销人员必须力求创新，将信息的传达赋予新颖性。所谓的新颖性，即是做过去他人未曾做的。举例来说，科技的突破可能是营销人员可以利用的创新来源。过去户外广告牌的广告，因为在白天可能反光，或者在晚上光线太暗都会造成广告牌上的广告信息模糊不清，但随着 LED 技术的推陈出新，3D 影像技术的问世，让户外广告牌的宣传手法有许多创新的展现。值得注意的是，随着时间的推移，当市场上的广告手法争相模仿使用 LED 或 3D 技术时，这些刺激对消费者所能引起的效果便会逐渐下降，因此营销人员必须持续地推陈出新，用创新的点子刺激消费者的注意力。

消费现场

新颖性广告实例

户外广告除了经典的大型广告牌之外，近年来，也开始流行结合科技来呈现更多样化的视觉刺激。实际上，广告的新颖性不一定是通过新科技的应用来表现，也可能只是通过单纯的创意来展露。举例来说，图 2-2 所呈现的广告实例即属于此类别，图中足球守门员接球的姿势，是否与横跨马路的拱桥弧形相当地吻合呢？这样庞大的视觉效果让消费者从远处开车慢慢靠近时，就能够注意到这则有趣、幽默且生动的广告设计，广告能够有效地攫取消费者的目光，让消费者很容易在众多生活周围的广告信息载量中，注意到特定的沟通信息。

图 2 - 2　新颖性广告实例

图片来源：http：//theinspirationroom. com/daily/print/2006/6/adidas_ oliver_ kahn_ bridge. jpg。

正如上文所述，除了信息本身的吸引程度外，仍有其他因素会影响消费者是否注意在特定的信息上，其中"个人要素"及"刺激要素"会影响消费者的注意力，左右消费者是否愿意花费脑力处理接触的信息，以下就"个人要素"及"刺激要素"两大类影响因素做进一步说明。

2.3.3　个人要素

个人要素（Personal Factors）的影响中，较明显的是有知觉选择（Perceptual Selection）现象的发生，指消费者有选择注意特定刺激的倾向，即选择性注意（Selective Attention）行为。此个人化选择要素主要有三种：知觉警觉（Perceptual Vigilance）、知觉防御（Perceptual Defense）、适应（Adaptation）。

知觉警觉可以想象成是消费者耳朵竖起来的时候，当消费者面对的刺激信息与消费者本身现有的需求相关时，消费者会产生知觉警觉的现象，进而注意该信息刺激。例如，同学现在车子坏掉了，正想要买机车，所以当你走在路上看到机车的广告或是听到旁边有人在讨论机车的话题时，你

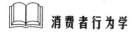

的耳朵就会特别注意这类信息。

知觉防御则为知觉警觉的相反情况，意即消费者把耳朵关起来。当消费者面对他不想了解或处理的信息时，会选择忽略该信息刺激的存在。实际上，现在由于"烟害防治法"或民间团体的鼓动，在香烟包装上开始印有肺癌患者的真实图例，但这样的措施对于烟瘾消费者是否真具有抑制效果呢？对烟瘾消费者来说，他们在面对这些负面信息时，会启动知觉防御，刻意忽略这些信息刺激，因此此举对这些成瘾者几乎没有效果。

适应指当消费者不再处理刺激物提供的信息时，代表消费者已经适应刺激提供的信息。纵然个别消费者适应信息的时间长短本就有所不同，但仍有一些因素可以让消费者加速适应或是减缓适应，以下列举其中几项因素。

2.3.3.1 持续期间

信息曝光得愈久，消费者愈容易适应，且一旦适应之后，消费者就不会再继续处理这项信息。举例来说，假设同学们正在上课，现在已连续上了50分钟，同学们已经适应教授讲话的速度及内容，渐渐地，同学们就不会再继续注意教授上课的内容，这也是课堂之间需要下课休息的原因之一。

2.3.3.2 曝光

当同样的信息持续地在消费者眼前曝光，也会让消费者开始停止处理这个信息。因此营销人员在选择广告播放方式时，为避免持续曝光使消费者适应而不再处理广告内的信息，也许可选择间隔式播出。在现代社会中时常听到有人抱怨结婚后另外一半太爱唠叨。事实上，从信息曝光的角度来看，夫妻之间相处最好抑制唠叨的频繁度，一旦同样的东西太常说，另外一半就不会再处理其中的信息，不但无法达到矫正的效果，还容易造成感情不睦。

2.3.3.3 强度

当刺激的强度较低时，也较容易产生适应。现在许多学生都会边听音乐边写报告或是读书，但通常他们会将音乐的声音调小，在此状况下，其实学生们会逐渐适应小声的背景音乐，除非当下音乐中有极端的声音出现，否则渐渐地就会忽略这个音乐的存在。

2.3.3.4 差异

如果今天面对的是一个简单平常的信息，消费者其实较不容易停下来处理这项信息，也容易处在适应状态；反之，若信息较有难度或是较少处理的类型，消费者反而会特别注意。像在日常生活中，吃完晚饭、洗碗，整个流程已经融入生活的一部分，即使不特别去细想分解每个动作的细节也能完成，因为消费者已然适应。但若今天面对的是安装新电视或其他电器产品，由于并非时常处理且难度较高，消费者会倾向于注意指示说明，仔细处理每一个步骤应做的事项。

2.3.3.5 相关性

适应的容易程度与信息内容及个人的相关程度有关。举例来说，即使现在已经上课超过一个多小时没有下课，普遍可能认为持续时间过长而使学生对信息刺激产生适应状态，但若同学们知道这些内容是下周期中考的重点范围，那么同学们仍会高度专注于课程内容。

事实上，以上几项对适应性的影响因素，有时可能会同时发生，彼此并不抵触。

消费者开讲

外貌协会不管用？

你是不是常常会听到身旁的长辈语重心长地告诫我们说："娶老婆或嫁老公其实不用选择太帅或太美的，反正三个月之后你就会习惯了。"事实上，这样的说法并非毫无根据的。请你试着回想一下，思考刚刚上述章节内容所提及的几项影响消费者适应速度的要素，你认为这样的说法为什么会成立呢？

2.3.4 刺激选择要素

正如上文所述，个人化的认知选择会影响到消费者本身对信息的注意程度，另外，信息本身也会影响消费者到底会不会去注意这个信息。简言之，如果一个刺激物的出现与其他的刺激物截然不同，尤其是当信息刺激以反差的形式出现时，确实较能房获消费者的关心。以下举几个可能造成

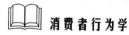

反差的要素的例子。

2.3.4.1 大小

大小其实是营销人员很容易调节的一项要素，在广告的运用中也十分常见，且生活中也很好利用。譬如学生上课交报告，若要吸引教授的目光，可以在标题页上做点文章，例如在空白纸面上将题目的字缩至极小，诱发观阅者的好奇。

大小的调节

对象大小的调节是许多广告厂商在设计广告时常用的手法之一。举例来看，如图2-3所示，图片中的卡车为可口可乐的运送卡车，比起一般单纯载货用的卡车，可口可乐让这台运送卡车附加了更多视觉性的广告功能。将车身漆上特殊的图案，并以巨大的Zero可乐作为卡车运送的主体。可口可乐赋予这台卡车强烈的视觉效果来吸引消费者的眼球，使得路上的行车或行人在看到这台卡车的时候，都会情不自禁地被该则特大的广告物件所吸引。

图2-3　大小反差广告实例

图片来源：http：//limcorp. net/2009/trucks - advertising - billboards。

2.3.4.2 颜色

中国人常说留白是一种美，其实留白本身也可说是一种颜色反差的操作。而留白有很多种，不只视觉画面上，甚至声音上也可以做到。广告中时常需要传递许多与产品相关的信息，如人的说话声，或者是搭配画面的音乐声。事实上，营销人员如果将广告设定为无声，有可能反而吸引到消费者的注意，由于广告时间消费者普遍都不会太过关心，只是听声音在辨别，如果突然没有声音，消费者反而觉得奇怪，由此受到吸引而注意。

消费现场

颜色的设计

应该选择丰富鲜艳的色彩还是简单的黑白两色？其实广告的内容呈现中，色彩是相当重要的一个可操作要素。鲜艳的色彩固然有时较能吸引众人的目光，但也可能掩盖住营销人员想表达的重要信息，反而让消费者只着重在斑斓的色彩上。因此，通过色彩的对比应用，有时更能良好地凸显出信息的重点，营造一些趣味性。如图 2 - 4 所示，Heinz 西红柿酱以色彩营造出平淡口味与红色丰富的对照，以凸显出西红柿酱本身的效果。

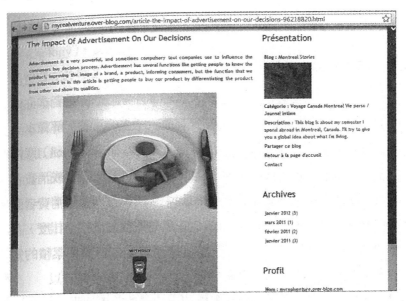

图 2 - 4　颜色设计实例

图片来源：http：//myrealventure. over - blog. com/article - the - impact - of - advertisement - on - ourdecisions - 96218820. html。

45

2.3.4.3 位置

信息刺激的所在位置也会影响消费者注意的多少，例如商店内商品展示的位置即为常见案例。大型卖场中许多重点促销商品都会摆放在两侧端架或走道中央以吸引消费者的目光。另外像是收银台旁的小空间通常可刺激消费者冲动性购买，再加上等待结账时，此处也最能吸引消费者目光。

2.3.4.4 新颖性

在上面关于注意的讨论中曾提到新颖性对营销人员的重要。尤其是第一个放送的广告最具有新颖性魅力。

上面四项是在生活中较常见或较易运用的要素，但实际上并非只有这几项因素会影响信息本身的吸睛程度，还有其他因素；如果信息的呈现是动态的方式，也可能较容易取得消费者的注目，例如跑马灯、Flash 动画等。

▶▶ 2.4 诠释

2.4.1 何谓诠释

从定义上来看，诠释（Interpretation）可谓是接受者本身根据过去既有的基模，进而赋予知觉刺激所产生的意义。解释本身看来有些复杂，而基模又代表什么呢？其实基模（Schema）指人所知觉到的知识，也就是过去积累起来的既有知识形成消费者认知到的基模，并存在于消费者的脑海中。所以，当有一天消费者面对任何的刺激物或是产品时，当他思考这项刺激物是什么、解释推论这是什么时，会依据自己过去所累积的知识，进而推敲出答案。

诠释的产生，其实是通过引发（Priming）这个过程形成的。通过刺激物本身的某些特质可以刺激消费者唤醒脑中的某些基模知识，帮助消费者想起整个相关的知识结构，让消费者能够借此推论刺激物所代表的意义为何。例如消费者在选购新车时，许多车子的特质，像是颜色、厂牌、制造地等，都可能引发消费者的联想。以关车门的声音为例，当车子的关门声很低沉时，可能就会引发消费者脑中对高级车的基模。普遍来说，高级车由于材质较为坚固等，关门声较低沉，因此推论这台车是高级车。这样在消费者心中的一连串推论，其实便是通过刺激物的某些特质所引发而推论出的。

延续上文所述，整个诠释产生的过程并非只是引发这么简单，实际上，引发已经到最后推论信息的阶段了。整个诠释过程大抵可以分为三个阶段：组织信息、归类信息、推论信息。组织信息与推论信息较为易懂，针对归类信息在此简单举个例子，假设某一天有个人看到一个小小的黑影从脚边快速闪过，这时候由于这个刺激物蕴含的某些特质，包括黑影、小、快速闪过等特点，此人会先组织他接收到的这些信息，进而将这些特质与脑中既有的基模做归类近似。看到小小的黑影跑得很快，这些特定的特质可能让他立刻将刺激物归类为蟑螂或小昆虫类，这就是归类信息的一个过程。

关于信息的组织，可以通过格式塔心理学（Gestalt Psychology），又名完型心理学做进一步说明。此概念阐述当消费者在诠释刺激物时，会倾向去组织他所接触到的刺激物，并依据几个原则组织他所看到的刺激物。实际上可依据的原则众多，以下就几个最常见的原则做说明：

2.4.1.1　封闭性原则（Closure Principle）

消费者倾向于把信息中间的空洞补起来，因为只有把信息中空白的地方补起来，信息才能组合成完整的形体。例如，当消费者偶然看到一个招牌上面写着"老王牛〇面店"，其实消费者会在脑海中自动在〇处补上"肉"字，以完整整个信息。

2.4.1.2　相似性原则（Principle of Similarity）

消费者会倾向于把相同或类似的东西归类在一起，且通常发生在视觉上，消费者会倾向于把看到的相似的东西归类在一起。举例来说，消费者今天到手机卖场，他立刻看到这一区是智能型手机，另外一区为非智能型手机，立即把相似物归类并做完信息切割。切割信息有助于消费者把复杂数据简化。

2.4.1.3　背景图像原则（The Figure – Ground Principle）

消费者会主动根据此原则组织所见到的刺激物，这在心理学课程中相

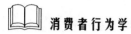
消费者行为学

当常见，有许多心理测验的图形经过特殊设计，当消费者从不同的角度看同一张图时，会得到不同的信息，因为消费者会主动辨别哪里是背景、哪里是图像。根据理论，消费者的注意力应当放在图像主体上，而非背景，因此对营销人员来说，传递信息给消费者时，应将重点信息放在图像而非背景上。另外，需注意若背景太过花哨杂乱，也会影响消费者读取图像信息。

但在现实生活中也有特殊的例子，例如足球赛。普遍来说，球场是背景、球员是图像，但为何广告都放在球场边缘的围栏上？答案是当消费者在接触信息的时候，他的注意焦点是会随时调整的。在普通的情况下背景主角有时会互换。当罚球时，电视转播照到球门，此时球门反而变成主角，而正处在球门正后方的围栏广告就会成为观众的主视觉区。

2.4.2　诠释偏差

延续一开始针对诠释的定义，由于个别消费者所拥有的基模知识各不相同，因此会对同样的刺激物有迥异的诠释，此即被称为诠释偏差（Inter-pretational Biases），代表消费者会选择性地扭曲或偏误刺激物所带来的信息。原因为个人经验的不同影响消费者如何诠释同样的信息。简单来说，"情人眼里出西施"其实也可以算是一个诠释偏差的案例。

消费者开讲

送礼注意事项

当情人节即将到来的时候，老公有感于老婆平日操持家务、清洁打扫家里十分辛苦。基于想要让老婆在家事的处理上能够省时省力的出发点，老公在卖场购买了最新型的高级吸尘器送给老婆，希望这个礼物能够帮助老婆高效率地完成打扫的任务、达到事半功倍的效果，处理起家事来也能够感到得心应手。而面对丈夫所赠送的这个情人节礼物，身为妻子有可能如何解读呢？

2.4.3　符号学

了解消费者整个认知过程的产生后，营销人员其实可以通过一些理论

48

或方法来传递信息。其中之一即为符号学（Semiotics），即探讨符号或图腾与一些意义之间的关系。简而言之，符号学是在研究某些标志拥有什么含义、哪些符号代表什么意义。从营销的角度或者从沟通的方面来看，身为营销人员的重要任务是向消费者传递信息，让消费者因为这个信息前来购买所欲推广的商品。

举例来说，今天营销人员要卖一个杯子，他可以很简单地在广告中直接以文字写出"前所未有的时尚感"，或者他也可以在杯子旁边直接放一个香奈儿的皮包，然后什么都不写。前者通过文字直接阐述想沟通的信息，后者则与符号学有关，通过"香奈儿皮包"这个符号，进一步显示营销人员所欲表达的含义。

在形成符号关系的过程中，有三项元素必须存在，分别为物体、符号、诠释产生的意义。整个形成过程如图 2-5 所示。

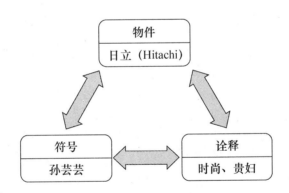

图 2-5 符号关系形成

资料来源：Solomon, Michael R. , "Consumer Behavior: Buying, Having, and Being", Pearson Education LTD, 8th Edition, 2009, P. 104.

2.4.4 物体

很多产品本身原先是不具任何意义的，就只是一个物体。例如咖啡这项产品本身是不具有任何特殊意义的，就只是一种具提神作用的饮料，但当这杯咖啡外面加上"Starbucks"，这杯咖啡就具有不同意义了。对营销人员来说，想要推广的商品一开始都是不具有意义的，直到营销人员希望这项商品传达某一些意义，可以通过选择特定符号搭配商品，让消费者一看到这些符号就想到该符号代表的意义，日后反复出现，即使营销人员在信息中拿掉符号只剩下对象，消费者也能因为对象而想起符号所赋予的意义，这便是符号关系的建立。非常有名的实例是美国的万宝路（Marlboro）品牌香烟，自20世纪60年代起开始以牛仔形象推广万宝路香烟，强调男人味的粗犷、野性，取得前所未有的成功，这样的牛仔形象不断沿用并进化，赋予了万宝路品牌男性化的意味。

值得注意的是，通过符号与消费者沟通似乎成功率甚高，但对营销人员而言，要找到正确的符号来传达精准的意义其实是相当困难的。这样的方式还需要长时间的培养，并非一蹴而就，万宝路刚开始通过牛仔形象做营销时，消费者初期无法很快速地将万宝路香烟与牛仔的粗犷形象做联结，而必须经过长期各种渠道的广告沟通才能建立。

2.4.5 符号

符号可以分为三大类：图腾、指针、抽象的符号。这三者彼此并不冲突，有些符号可能同时兼容三者的特性。

2.4.5.1 图腾（Icon）

整体的图像，偏向对象整体形象的标志。通常是象形的，以另外的一个形体来代表对象的整体相貌。例如福特汽车所推出的野马车（Mustang），即以马代表车型。

2.4.5.2 指针（Index）

指针近似于特质，对象本身具有哪些特质，可以用符号来代表。两者间有一两个属性是一样或近似的，而非外形整体的相近，因此说，符号与对象之间有些相同的特质。例如，国泰人寿的符号为巨大的榕树，便是取榕树大而长久的特质，以寄予中国台湾国泰人寿企业是大而长久的。

2.4.5.3 象征（Symbol）

象征本身是较为抽象的。符号本身的意思并非给定的，而是经过众人认同的。差异在于给定的意义像松树，松树本身会长得高大、寿命长久，这是其作为植物体的特性，对所有人来说都如此理解。而经过众人认同则会有文化上的差异。例如，龙在东方文化中代表天子，是神圣荣耀的象征；但龙在西方文化中则可能是邪恶的怪兽，这种由特定众人所认同的意

50

义，并非适用于全世界。因此营销人员在选择象征时须先行探索目标族群是否能够接受并了解象征符号所传递的意义。

正如上文所述，由于角度不同，符号可能是象征，同时也是图腾，营销人员都可以用来启发消费者与产品之间的一些想象，使沟通更为顺利。

2.4.6 知觉定位

在本章的最后，介绍一项营销人员可以更进一步了解消费者对商品想法的工具，即知觉定位（Perceptual Positioning）。不同的品牌或商品，在消费者的心中其实都具有不同的认知，而这来自于消费者认知到的品牌或商品所提供的所有产品特质、提供的利益及其他种种因素，这些会构成消费者的品牌认知。

厂商或营销人员若要了解消费者的品牌认知，可以通过认知定位图（Perception Map）画出与竞争者的相对位置以一一确知消费者的脑中究竟怎么看到品牌或商品。认知定位图对于品牌经理人来说需要长期追踪，因为这是会持续改变的。对消费者来说，随着时间消逝，消费者会吸收新的刺激与信息，进而重新活化并组合原有的知识结构，致使品牌或商品之间的认知发生变化。因此厂商应定时观测消费者心中的认知定位图，以了解品牌或产品的发展是否需要调整，并借此了解自己与竞争者的差异所在，便可修正或强化未来的定位策略。

📖 本章习题

1. 请随意找一本杂志和一份当日的报纸，分别在其中找到一则最能吸引您注意的广告，并利用本章所介绍的观点和理论，说明吸引您注意的广告所具有的特性与其背后的相关理论为何。

2. 请您实际走访超级市场，分别至陈列洗发露、方便面、果汁及饼干四类产品的货架，并以消费者的角度找出每类产品中最吸引您注意的产品品项，并比较该产品品项的包装与其他产品品项的差异为何。

3. 请各举出一个日常生活中的例子，来说明您所经历过的"选择性展露"、"选择性注意"、"选择性扭曲"与"选择性记忆"。

4. 有人说互联网上的网页信息，不过是一种传统广告信息的延伸，您赞成吗？试从消费者的知觉角度，分别就"信息展露"、"信息的注意"与

"信息的理解",来讨论互联网上的网页内容与平面广告、广播广告和电视广告间的相异之处。

5. 如果潜意识对于知觉的影响效果经证实是可行的,您认为会对整个营销实务产生什么冲击?此外,您认为此效果的操作可能引发哪些道德上的争议呢?

消费者了没

让世界更美的美体小铺 The Body Shop[①]

美体小铺(The Body Shop)创立于1976年,第一家创始店在英格兰南部的一个小镇布莱顿,创办人 Anita 原为一名家庭主妇,在两年的南北美洲旅游经验中,发觉效果最佳的保养品事实上应该来自天然的蔬果原料,而当时拥有家中经济负担的她便以此作为创业的原动力,以3000英镑开设的第一家店中,产品品项仅有20几种,皆是取自于天然素材制成的护肤、护发品,而她贴心地将产品分为不同容量的包装,让消费者能各取所需。

Anita 也相当重视且实际落实节约的概念,提倡空瓶回收与重复使用,致力于3R (Recycle, Reuse, Reduce)。自1980年起,Anita 开始推广"小区公平交易计划",其中,产品的材料向第三世界国家采购,以促进第三世界国家的经济发展,同时也提倡再生能源,因而在英国韦尔斯投资风力发电厂,兼顾人权、社会福祉与环境保护的创办人 Anita,甚至还获得"绿色女王"的封号。且自1990年起,美体小铺选择利于环境分解的材质制作产品和包装,淘汰 PVC 材料,所有的门市也都提倡空瓶回收与环保袋的重复使用。除此之外,美体小铺也拥有自己坚持的五大信念:唤醒自觉意识、反对动物实验、捍卫人权、支持小区公平交易、保护地球。1984年,美体小铺从一家小店铺翻身为上市公司,至今美体小铺在世界各地扎根,总共拥有超过2070家门市,但 Anita 所坚持的品牌原创精神——"自然成分"与"环保意识"一直都保持着,从产品设计、品牌标志、广告文宣、

---

① 资料来源:http://csr.moea.gov.tw/cases/cases_content.aspx?ID=MjAwMDA2Mw==。

店面装潢等所有的视觉设计（见图 2-6）皆可见，而她们也不断提醒着消费者"只有回归自然才能达到美丽"、"你的美，让世界更美"，就是希望消费者不仅只是购买美体小铺的产品，甚至能够响应并发挥自身的影响力，共同为地球尽一份心力。美体小铺试图唤醒女性自觉的意识，认为真正的美是健康、自尊，而非外表浮夸的包装与美貌。简单来说，美体小铺以实际的行动力向消费者展现绿色营销的承诺，坚持以社会福祉优先，追求社会利益、消费者利益与企业利益三者之间的平衡，以期达到与地球共存的可持续经营目标。

图 2-6　The Body Shop：Beauty with Heart

图片来源：http：//www. sunshinekelly. com/2012/05/body - shop - new - beauty - movement - beauty. html。

问题讨论

1. 根据图 2-6 的认知流程，你认为目前美体小铺的产品包装、店面装潢或广告文宣是否能让消费者感受其品牌精神呢？请阐述其原因。

2. 如果你能够改善美体小铺的包装要素，例如颜色、标志、图形设计等，你会提出什么样的建议呢？背后的原因为何？

第3章 学习与记忆

PayEasy

PayEasy 是 2000 年成立的购物网站，发展至今已拥有 325 万名会员。根据调查，高达 32% 的上班族女性会上 PayEasy 网站购物。相信多数人对 PayEasy 的口号并不陌生，"PayEasy，陪你 Shopping 一辈子"，这个购物网站的目标客户群设定为新时代年轻女性，而它也确实通过电视或网络成功传递了这样的价值。相信许多人一定对 PayEasy 的电视系列广告印象深刻，一位男士爱上了不出家门的女子，他想尽办法接近她却始终不得其门而入，他纳闷于为何她总是待在家里，最终他扮成 PayEasy 的送货员才得以成功。这一系列三集的故事不仅能吸引电视收看者的目光，更能使他们试图去理解并推敲广告内容，在这思考的过程之中，广告不会只是昙花一现的光影，它会因此留存于收看者的记忆之中，以后当收看者接触到相关的信息时，脑中便能立即回想起 PayEasy 这个购物平台。此外，PayEasy 的广告虽然拥有不同的广告内容，但大致上都是以一位大众年轻女性作为故事的开端，描述网络购物带给她多大的便利性，且总能正确联结至 PayEasy 想传递的价值——新时代女性的独立自主性。当这些极具新颖性但一致性高的广告不断在电视上播放时，电视机前的年轻女孩们会自然而然地将 PayEasy 与独立自主的价值观画上等号，甚至不知不觉中被这些内容所影

54

响。一旦接触到与购物相关的事物或是个人价值观，她们会立刻想到 PayEasy 这个渠道，如此一来，不管是经常上网购物还是不曾在 PayEasy 购物的女性，可能都开始浏览网页，也可能因此开始消费，进而将此变成生活的一部分。这种行为上的转变就是一种学习的展现，在这一章中，我们将了解消费者通过哪些途径进行学习，又如何将学习到的内容存入记忆之中，并进一步探讨营销人员要怎么做才能像 PayEasy 一般，成功虏获消费者的芳心。

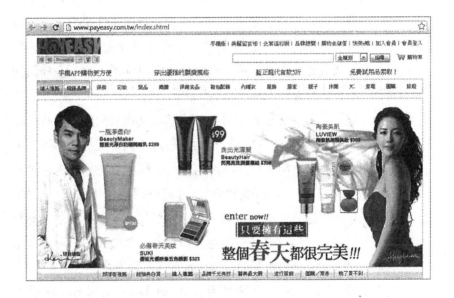

图 3 - 1 PayEasy——陪你 Shopping 一辈子

图片来源：http：//www. payeasy. com. tw/index. shtml。

谢老板眉头一皱，发现消费者并不单纯：

1. 营销人员为何需要了解消费者如何学习？

2. 何谓行为学习理论？古典制约理论与工具制约理论的差异性为何？

3. 何谓认知学习理论？

4. 记忆如何形成？营销人员如何进行衡量？

3.1 何谓学习

学习指的是生活中的某些经验造成我们态度、行为与思想的转变，且这种改变造成了相对长期的影响。试想，现在你正阅读着这本书，在上一章中我们探讨的是你对这本书的专注程度有多深，但除了注意力之外，我们还必须考虑你究竟学到了多少、通过阅读是否已经改变你的一些态度、思想与行为。若你现在正在点头，那代表你确实学习到了一些不一样的知识，而且这个影响不会仅是短期的效果。

学习可分为正式学习与非正式学习，正式学习就像我们踏入学校，在课堂上正襟危坐，或是参加研讨会，这些均是通过正式渠道进行学习。事实上，学习不限于此，有时坐在捷运车厢内，无意间听见一旁有人讨论着林书豪"小兵立大功"的"林来疯效应"，你或许因此体悟到只要坚持，理想总有实现的一天，这或多或少改变了你原先的信念与态度，这也称得上是一种学习，只是这样的学习是不经意且偶然的，并非正式学习那般地专注聆听，因此被称为偶然性的学习（Incidental Learning）。

除此之外，学习还可分为直接学习（Direct Learning）与间接学习（Indirect Learning），在课堂上直接聆听老师口述的授课内容即属于直接学习，但若是阅读伟人传记或书报杂志，如通过蒋公观察鱼儿游水而领悟力争上游的道理，这则称为间接学习。

学习在消费者的生活当中可说是无所不在，而这样的特性也让营销人员相当头疼。一方面消费者平时就已花费许多时间来正式学习，形成大部分脑的认知负担；另一方面消费者只会注意到那些对自己很重要或很有必要性的信息，如何让自己的产品在众多竞争者中脱颖而出并使消费者有所学习，对营销人员来说无疑是重大挑战。营销人员的任务即是推动消费者在学习产品相关知识后，能在脑中形成一定印象，以后当一些与产品相关的信号出现时，消费者即可回忆起这项商品，例如闻到痱子粉的味道会勾起消费者儿时的回忆是一个典型的例子。

不仅如此，有些产品除了刺激感官也同时附带情绪波动性，形成铭印效果（Imprint），即在消费者心中产生印记。例如，半夜吃着香喷喷的泡面看林书豪打球，消费者会将比赛激起的兴奋感链接至泡面产品上，因此，若厂商能在产品营销上设计相关情境便能引起共鸣，进而提升消费者对产品的好感。

　　事实上，营销管理中所讨论的品牌权益（Brand Equity）概念也与此相关，品牌权益是指消费者脑海中所有与品牌的联结资讯，而且这些信息能够使消费者对产品或品牌持有正向态度，甚至是提高愿意支付的价格。因此，正面的铭印效果也可被视为品牌权益的一部分，而且这样的效果较难被取代，原因在于这样的效果含有情绪与感官的记忆在其中，让消费者不易遗忘。

消费现场

大众银行的不老骑士们[①]

　　2011 年，大众银行推出一部全新的形象广告，并在短期内获得广泛的回响与讨论。广告内容改编自真人真事，其中，5 位平均年龄高达 81 岁的中国台湾老人，1 位重听、1 位罹患癌症、3 位患有心脏病，他们因好友的丧礼而重逢，彼此再聚之时却激起了一股不服老的斗志，因而骑着摩托车环岛度过 13 天。广告当中穿插着配乐以及 5 位老人做临行准备、出发、彼此疗伤照料以及捧着好友及另一半的遗照驻足遥望天际的画面。这则广告的播出十分赚人热泪，最后广告完结于三段文字的展现："人为什么要活着"、"梦"、"不平凡的平凡大众"。

　　你是否曾经想过这则广告的目标客户群是谁呢？影片想要传递的主要信息又是什么呢？事实上，从广告内容推论可得知，这则广告的目标客户群应该是 50 岁甚至 60 岁的中老年人，希望借广告内容能激起这群人年轻时候的记忆，回想起当年的年少轻狂与追梦的热情。这则广告不仅吸引了目标视听者的注意力，更重要的是，借广告的剧情激起视听者的情绪，并

_____

　　① 资料来源：http：//www. youtube. com/watch? v = 5E5LQwpOy1U。

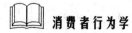

将那股激情与大众银行的品牌联结起来。姑且不论这则广告究竟可以带来多少实质的收益，广告带起的讨论热度确实正向提高了消费者对大众银行的品牌意识，让大众银行的品牌站在镁光灯下备受注目。

3.2 行为学习理论

当消费者接触到一个外在刺激时，每个人都会做出不同的反应，这正是行为学习理论假设学习的起源。行为学习理论的重点就是通过观察刺激物与消费者的反应去分析并进行解释，其过程如图 3-2 所示，因此行为学习理论强调的是可以观察到的刺激物与反应，而不去看消费者在反应产生之前内心浮现的想法或思考的过程。

图 3-2 消费者对刺激反应过程

资料来源: Solomon, Michael R. , "Consumer Behavior: Buying, Having, and Being", Pearson Education LTD, 8th Edition, 2009, P. 118.

行为学习理论分为两种，一种是古典制约学习理论 (Classical Conditioning)，另一种是工具制约学习理论 (Instrumental Conditioning)，下面分别进行详述。

3.2.1 古典制约学习理论

古典制约学习理论中，主要探讨的是非条件刺激 (Unconditioned Stimuli, UCS) 与条件刺激 (Conditioned Stimuli, CS) 两者搭配后所产生的结果。此理论起源于俄国实验家巴甫洛夫与他的狗的经典实验，操作过程如

图 3-3 所示。最初他只是想研究狗的唾液如何生成,他运用两个简单的物件:铃铛与肉粉,只要铃铛一响,便将肉粉置入狗的嘴内,随着实验进行,他发现当这两个动作连续重复多次后,原先看见肉粉才会流口水 (Unconditioned Response, UCR) 的狗,变成只要一听到铃铛的声音就开始有唾液产生 (Conditioned Response, CR)。在这个实验中,肉粉被视为非条件刺激物 (UCS),表示着狗无论何时看见肉粉都会产生自然反应——流口水 (UCR);而铃铛则是条件刺激物 (CS),意即需要在某种条件下的搭配才能出现反应,因此铃铛与肉粉必须反复共同呈现于狗面前一段时间后,狗才会因听到铃铛声而流口水 (CR)。古典制约理论的关键在于,条件刺激物与非条件刺激物一起出现多次后,前者单独出现便能与后者激发目标产生相同的反应。

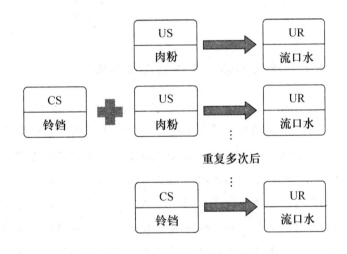

图 3-3 古典制约案例

资料来源:笔者整理。

日常生活中,营销人员时常会通过广告来操作古典制约效果,一般广告中常见的非条件刺激包含了名人、情境气氛、音乐与口号。回想一下,可口可乐广告是否都呈现一种相当欢愉的情境呢?通过这些场景的设计让消费者自然产生开心的感受,而当可口可乐不断置入其中时,我们便将可口可乐与庆祝、开心时光有所联结,强化其品牌权益。

记得 Nike 朗朗上口的 "JUST DO IT!" 口号吗?这个口号容易使人产

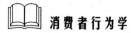

生振奋感，同样地，消费者未来看见 Nike 相关产品，便容易激起正向的感受，提升对品牌的好感。为了获得制约效果，这些品牌每年都必须砸下大笔的营销预算，目的正是希望消费者能将非条件刺激的反应转移至条件刺激中。

　　然而广告的威力真的有这么大吗？营销人员真的能够轻易地运用古典制约来操弄消费者的反应吗？答案当然是未必。广告所能获得的效果与消费者的涉入程度相关，古典制约往往应用于消费者涉入程度较低的产品，原因是消费者在观看的过程中不需也不会花费太多精力去思考，因而不知不觉缺乏反思，容易导致制约学习的效果。但是，产品若换成涉入较高的房屋或汽车，古典制约的效果便较难达成。

消费现场

植物の优 "才不会忘记你呢！"

　　试着回想一下第 2 章所提过的符号学，其中包含了三个主要的元素：对象、符号与诠释。在此我们将数年前林志玲代言植物の优的广告套入符号学的讨论中，如图 3-4 所示。说到林志玲，许多人总会联想到甜美清新与健康的形象，而她在植物の优的广告当中以优雅的身段出现，完美的脸蛋搭配甜美的声音，撒娇地说着 "才不会忘记你呢！" 想必让许多人印象深刻，因此消费者也会将植物の优与其诠释的意义相互联结。事实上，这则广告要呈现的效果也正是古典制约学习理论的展现。其中，林志玲可被视为 UCS，自然使人产生甜美的感受，当广告当中林志玲拿着植物の优（CS），不断通过电视放送，久而久之消费者看见植物の优的时候也会有甜美印象。然而这样的制约学习效果并非百分之百会产生，其中有两个因素可能会干扰其效果，一是林志玲本身与甜美健康的联结性，未必所有人都对林志玲有相同感受，认为她是甜美与健康的，也因此未必会对产品产生预期的正向反应；二是广告出现的频率高低，如果消费者并不经常观看广告，学习效果当然相对会下降，制约反应也较难形成。

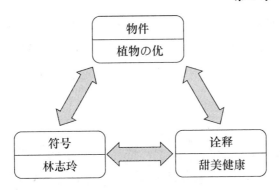

图 3-4 植物の优联结图

资料来源：植物の优广告，http：//www. youtube. com/watch？ v = stGtO28ToaE。

前面不断地提及古典制约成功与否在于刺激曝光频率，当两个刺激密集出现时，自然较容易造成制约的学习效果。相反地，当两个刺激不再同时出现或是联结性减弱，制约反应也会随之消除（Extinction），但这并不代表刺激出现的频率越高越好，过度曝光可能使消费者产生"适应"的效果，消费者不再处理接收到的信息，反而造成反效果。

那么营销人员究竟该如何调节广告播出呢？常见的做法为广告更新，营销人员可锁定相同的广告核心主题，但通过背景或脚本的变换带来新意。例如，信义房屋的广告虽然每次都由不同的男女主角，在不同的时空情境中阐述着不同的故事，但结尾都可发现信义房屋想传递的信赖感与安心感是不变的，那消费者在看广告时仍会有所期待，但最终又可持续强化其制约的学习效果。另外，有些刺激若与条件刺激相似程度高时，消费者倾向于产生相近的非条件反应，称为刺激类化（Stimuli Generalization）。营销应用中常见的现象是品牌延伸，如家族品牌、产品线延伸或品牌授权都是在一个既有知名度又有熟悉度的品牌下发展的。例如，强生（Johnson & Johnson）旗下的产品有沐浴乳、洗发露、润肤乳液等，若强生沐浴乳为条件刺激，消费者可能会将强生的润肤乳液视为相似的刺激而诱发相似的反应，因此营销人员会将新开发的产品设计得与原有热销品具一定共通性，刺激消费者"爱屋及乌"的心态。

值得注意的是，竞争者也可能掌握这个原则而成为产品追随者（Me - Too Product），推出非完全仿冒但有异曲同工之妙的产品，如 KFC 与 Starbucks 皆遭遇此状况，竞争者取名 KLG 或 ECOFFEE 并沿用类似的色调或图案元素即是希望消费者能将对市场现存知名品牌（KLC、Starbucks）的美味、质量、优质服务的印象有所转移，进而愿意进行尝试与消费。

图 3 - 5　产品追随者的例子

图片来源：http：//www. klgclub. com/？f = home，http：//www. kfcclub. com. tw。

　　被模仿的品牌厂商当然不甘示弱，他们最大的课题在于如何达到刺激异化（Stimuli Discrimination），使得类似于条件刺激的其他刺激无法激起消费者类似的非条件反应。刺激异化的关键在于，即使竞争对手的标志、包装、名称很相近，依然能使消费者感受到差异化，品牌厂商可以强调使用仿冒者产品带来的负面影响，如安全性差、质量不一、售后服务不佳等问题，以此宣示自己的正宗地位。除此之外，设计一个更具独特魅力的非条件刺激，例如带有个性的品牌象征，也会使得后进者难以完全抄袭模仿。

　　最后，古典制约强调的是消费者接触刺激后的反射动作，就像一开始狗只有看见肉粉才会流口水，但经过反复操作后，只要铃声一响狗也会立即产生相同的反应，在这中间并不存在预期与思考的空间，皆是第一时间的直觉反应。与此略为不同的是，在林志玲与植物的优的例子中，消费者是先对林志玲有正向且健康清新的观感，接着对产品产生预期的心理，推测产品与林志玲具有相似的特质而引发制约反应。因此在符号学的关系中，我们会对符号进行有意义的诠释然后再代入对象，这有别于古典制约的概念阐述，因此后续有新古典制约学派理论的出现，指的是在制约学习形塑的过程中，人们会运用认知思考对事物有预期并进行阐述，进而做出反应，不完全是古典制约所说的反射动作。

3.2.2 工具制约学习理论

　　游客走访海洋生态馆，最期待的莫过于海豚表演秀，一群海豚卖力地进行表演，优雅的姿态与整齐划一的动作相当赏心悦目。如果再仔细观察不难发现每当表演到一个段落，训练师会立刻喂食海豚作为奖励，这种以奖励诱发海豚学习的方式便是工具制约学习的一种。

　　工具制约理论强调个体会学习从事带来正向结果（奖励）的行为，而努力避免产生负面结果（惩罚）的行为。当中的工具意指为了达成目的所用的手段与方法，此理论起源自心理学家 Skinner，他是由训练鸽子及其他动物而发展出这套理论。基本上，工具制约有下列四种情况：

3.2.2.1 正增强（Positive Reinforcement）

　　个体学会去表现能带来正向结果的行为。举例来说，小时候考试考满分，父母便会多发零用钱以作为奖励，因此小孩学会努力念书以达到父母的期望。

3.2.2.2 负增强（Negative Reinforcement）

　　个体因预期负面后果的产生，进而学会去表现可以避免其结果的行为。以同样的案例来做解释，小孩知道若没考满分势必拿不到额外的零用钱，因为预期到这个后果导致小孩更加认真念书就是一种负增强的展现。

3.2.2.3 惩罚（Punishment）

　　通过处罚或是厌恶的刺激使个体学会不要重复某些行为。例如，若考试低于 60 分，老师会下令学生抄写 100 遍课文，或父母会限制小孩外出时间，小孩因厌恶这些处罚而学习。

3.2.2.4 消除（Extinction）

　　消除是破坏掉刺激与反应之间的联结。例如，小孩逐渐长大后，父母希望小孩培养独立自主性，为自己的行为负责，因此不论小孩考试分数高或低，父母不再施予禁闭令，久而久之，两者间的联结性在小孩心中就会

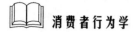

消除。

图3-6整理出工具制约学习的四种形式，它们皆会影响我们对某个事件做出不同的反应行为。基本上，正增强与负增强是去强化刺激与反应之间的联结性，而惩罚与消除则是去抑制刺激与反应之间的联结性。

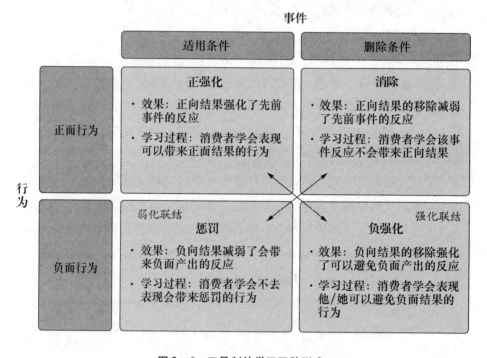

图3-6　工具制约学习四种形式

资料来源：Solomon, Michael R., "Consumer Behavior: Buying, Having, and Being", Pearson Education LTD, 8th Edition, 2009, P. 125.

消费现场

茶类广告的工具制约①

近年中国台湾茶饮文化盛行，在卖场架上总陈列不同功能的茶饮品。

① 资料来源：每朝绿茶广告，http：//www. youtube. com/watch? v = EQoRwYRlnig；分解茶广告，http：//www. youtube. com/watch? v = 3JQAUizBouk；茶花绿茶广告，http：//www. youtube. com/watch? v = oBtTcrDCN8c。

厂商为使产品更具竞争力，纷纷推出不同的宣传影片。以健康导向的绿茶为例，每朝绿茶以"3：8"、"6周体脂肪战斗营"为口号，提出只要天天喝一瓶每朝，6周后就可拥有3：8的完美曲线，清楚表达只要消费者天天饮用就能摆脱肥胖，过程中会看见自己体脂肪减少，你会为了此正面结果而持续喝每朝，即为正增强效果。

另外，莎莎代言爱之味分解茶，是由莎莎作为美食节目主持人，强调正是因为产品的冲绳山苦瓜成分，使她吃再多也不怕皮肤变差或身材走样。由于莎莎的身份，她必须大量享用各式美食，这些油腻食物可能造成体态臃肿、肤质变差。广告中，她饮用爱之味分解茶来避免这些负面产出，故分解茶对她而言是负增强的效果。

黑松茶花绿茶则找来逗趣的花太郎，广告中他与师傅吃着拉面，师傅一碗接一碗，搭配背景音乐："一碗公、两碗公、三碗公、四碗公、麻豆变猪公"。师傅肆无忌惮吃喝的下场就是变成猪公，而花太郎在一旁因担心自己可能跟师傅一样而赶紧喝茶花绿茶，为避免肥胖惩罚而喝茶花绿茶，是工具制约学习中的惩罚效果。

这几部广告显然采用工具制约中的不同形式，其中并没有孰优孰劣。消费者本来就有不同类型，有些人是积极主义者，期望达到某种成就，因而选择每朝绿茶；有些人则是风险趋避者，致力避免负面后果，故选择爱之味分解茶；此外，消费者个人特质也会影响，若消费者体形类似花太郎，则可能因感同身受而选择茶花绿茶。广告效果会被许多因素影响，而营销人员需能够通过不同广告手法及价值传递去吸引不同的目标客群。

消费者开讲

动物实验

为什么行为学习理论都是通过观察动物（例如狗、鸽子）做实验呢？事实上，行为学习理论的诞生往往源自于动物实验，研究者选择动物为研究对象的原因有两个。首先，研究人本身是不道德的，许多实验事实上具

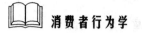

有侵略性，可能存在潜在的风险或危险性，不适用于人的身上。其次，虽然动物无法告诉你它在思考什么，但关键在于动物的脑容量并不像人那么大，结构也不那么复杂，因此行为相对单纯，在刺激形成反应的过程中，通过脑的思考运作历程是少的，较低，因此实验学家可以清楚地通过动物的反应判断它们是否学习到了行为。

3.2.3 工具制约的强化

工具制约学习的成功关键在于联结与反应间的强化，通过强化过程能够使个体不断回忆起正向的结果而重复做出行为，避免行为随时间而消除的现象产生，一般强化可通过下列四种形式达成。

3.2.3.1 定期增强（Fixed Interval）

个体只要定期或是在特定时间上做某些事，就可得到与以往相同的好结果。举例而言，大家最熟悉的百货公司周年庆、年终庆，消费者只要前往就可购得特惠组、获得平常得不到的优惠或红利，这些好处都促使消费者记住这些时刻，每年定期前往消费。

3.2.3.2 不定期增强（Variable Interval）

个体在不定期的时间内从事某些行为，进而从中获得好的结果。药妆店的来店礼就是一例，诱发偶然经过消费者的购买动机，或者通过简讯将信息传递给忠实顾客也能同时带动他们的消费频率。此外，神秘访客的出现对门市店员也是一种不定期增强，因为对访客来到时间的不确定会使得这些店员随时留意自己的服务态度及质量。

3.2.3.3 定量增强（Fixed Ratio）

当消费者消费达到一定的金额或次数时，便能从中获得回馈。例如，餐厅的集点活动、消费满"888折100元"，或是去花博浏览的第一百万个人可享有特别礼遇等，都属于定量增强的表现。

3.2.3.4 不定量增强（Variable Ratio）

消费者的消费与报酬未必成固定比例，但消费者因为可能获得的大惊喜而被吸引，进而达到强化的效果。这可说明为何消费者去购买乐透彩券，即使未必每一次的消费都能获利，但消费者对于可能获得大奖的预期会使得他们做出愿意持续购买的行为。

上述的四种强化形式都是能使消费者重复出现消费行为，达到制约的效果，但这些强化物出现的频率也很重要，若折扣优惠 5 年才出现 1 次，则很难真正强化消费者的购物行为，因此这也是营销人员在设计相关活动时所需要留意的。

3.3 认知学习理论

认知学习理论主要聚焦于消费者的思考历程，强调消费者在接触刺激后，会通过脑部进行信息汇整与分析进而做出行为反应。不同的学习模式对于脑部的使用量与负荷程度会有所差异。总结来说，认知学习又可再细分为观察学习与认知学习两种方式。

3.3.1 观察学习

简单来说，观察学习是个体通过观看并记取他人的行为与结果，借此强化自己跟着做或不做。这个过程中，个体因观察获得信息，并由此强化自己的行为表现。因此，某些研究者会将观察学习视为行为学习理论与认知学习理论的综合体。举例而言，我们在街上看见有人总是试图在绿灯闪烁时奔跑过街，但最终结果往往是穿着高跟鞋奔跑而跌倒、差点被来车撞到或根本来不及穿越被卡在中间动弹不得。当这种情景在眼前出现不止一次、两次时，我们便了解到欲速则不达，从中学习到绿灯闪烁时应该停下来等待，且因为观察多次，行为会不断地被强化，这正是通过观察他人行为及其结果的评估而达到自身的学习。

在观察学习中，我们的行为可能并非来自自己直接的生活体验，而是通过他人的借鉴而间接性地学习，故称为替代学习（Vicarious Learning）。这类学习的对象可能来自名人或是在生活群体中值得尊敬的楷模。这群人在营销活动中往往能够发挥影响力，左右消费者的决策行为。

另外观察学习则是模仿学习（Modeling），个体会模仿他人的行为，且在这之中带入一些思考及判断。整个学习的流程如图 3 - 7 所示。消费者必须先"注意"到某个值得模仿的对象的行为，并将其行为"记忆"于脑海之中，但学习基本上牵涉到行为的改变，故消费者本身必须先具备能够"实践"行为的能力，并且在合宜的情境中激发出"动机"，最后才能真正达成"观察学习"。

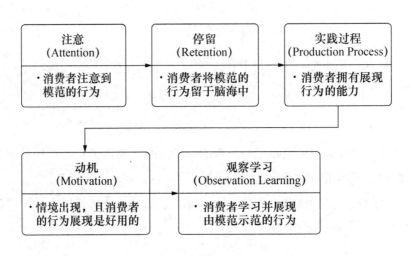

图3-7　模仿学习流程

资料来源：Solomon, Michael R., "Consumer Behavior: Buying, Having, and Being", Pearson Education LTD, 8th Edition, 2009, P.129.

究竟哪些人会运用模仿学习呢？首先是年纪偏小的孩童，他们崇敬的偶像可能是蝙蝠侠、蜘蛛人及超人，尤其喜爱这些英雄飞檐走壁、打击坏人的行为，因此孩童下课与朋友玩乐时，会披着披风、乘风而跑，假设自己就是这些超级英雄。另一群人则是青年人，像年轻美眉们看着电视上女明星们谈论瞳孔放大片的好处，让她们个个都拥有水汪汪的大眼睛，因此年轻美眉们会模仿她们配戴瞳孔放大片，使自己双眼变得水亮有神，期望获得他人的赞美。事实上，这两群人在行为的表现中进行思考或判断的程度是很低的，孩童可能没有考虑严重性——会从楼梯上滑下来因而受伤，而年轻美眉们并没有事先留意配戴瞳孔放大片对眼睛可能造成的负担或伤害，因此个体在进行模仿学习时，大部分时候会不进行深度的思考即做出行为。

3.3.2 认知学习

认知学习的概念是将人脑比拟为计算机，聚焦于个体如何进行信息的处理，其中有一信息处理模型（Information Processing Model），主张人的心智如同计算机，接收到许多数据（Input），通过运算处理的过程（Process）进而得到结果的呈现（Output），而个体对信息的处理可分为四步骤，如图3－8所示：

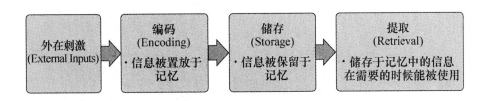

图3－8 消费者的资讯处理过程

当个体接收到外在刺激后，会先进行编码的工作，即对信息进行分类，决定这些信息属于哪一类，放置于记忆中的哪一部分，确定后这些信息将被储存于人脑的记忆区块中。这就像是我们在计算机上输入程序代码或义件档后，会选择将不同类别的档案放置在计算机中不同的位置储存，原因在于下一次当我们需要运用这个档案时，能够迅速从计算机中搜寻到并读取文件。回到个体的记忆，我们将信息置入记忆中同样是希望未来能够有所利用，因此当我们有需求时，便能提取这些信息以供使用。

3.3.3 记忆

前面提及我们会将信息储存在记忆之中以备来日所需，但不可能所有信息都能塞进我们的小脑袋瓜中永远不忘。事实上，记忆是所有学习经验的累积，个体会取得知识且储存以便需要时可以读取，但并非所有知识都能进入记忆中，也并非所有进入记忆中的信息都能历久弥新，图3－9划分出三种不同的记忆区块。

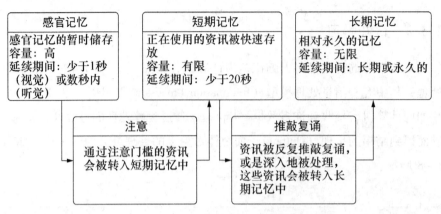

图 3 – 9　记忆

资料来源：Solomon, Michael R., "Consumer Behavior: Buying, Having, and Being", Pearson Education LTD, 8th Edition, 2009, P. 132.

3.3.3.1　感官记忆（Sensory Memory）

该记忆为感官信息的瞬间储存，第 2 章曾提及我们会知觉到外界的感官刺激，这些刺激便形成了极短暂的感官记忆。尝试一下，现在你闭上眼睛，可能会有极短暂光线的残影闪过双眼，这类的记忆往往只是瞬间的感受，像视觉记忆通常停留在脑中不到 1 秒，而听觉记忆也只会持续几秒钟，我们脑中对此记忆的容量是很高的，因为我们随时都准备接受来自各界的各类刺激，只是这些记忆并不持久。

3.3.3.2　短期记忆（Short – Term Memory）

短暂的感官记忆必须经由注意力的投入才能转变成短期记忆，指的是现在被使用信息的短暂储存，这类信息的记忆往往会被切割成几个小组以利记忆。回想一下，如果在没有纸笔的状况下询问朋友的手机号码，是否常将电话号码切成两个或三个记忆组以方便快速记忆呢？基本上，一般人脑中能记忆四至五组。过去有所谓金库密码大闯关的游戏，挑战者必须记忆十组兼具方向与数字的号码（例如左三、右五等），许多人最终都铩羽而归，原因就是我们脑中对于短期记忆的容量是有限制性的，且这类记忆往往也只能停留不超过 20 秒钟。唯有当我们反复推敲或复诵信息时，短期记忆才能转换成长期记忆，仔细回想本章前面我们说明了哪几个学习理论，若你现在能说出一些答案，则代表这些内容已进入了你的长期记忆，原因可能是你有试着去思索并理解当中的内容，或者你已重复阅读与背诵。

3.3.3.3　长期记忆（Long - Term Memory）

长期记忆为信息相对永久的储存，因此在脑中的停留时间会是长期甚至是永久的，而脑部对长期记忆的容量也是无限的。对营销人员而言，最重要的当然是让广告的信息能够进入消费者的长期记忆中，感官或短期记忆内的信息都如同过客一般，即使接收到，但一段时间后即会消逝，唯有储存于长期记忆中的信息未来能够再次被读取，才能使得消费者在看见产品时，能唤醒脑海中的回忆，进而影响他们的购物决策。

3.3.4　编码

当信息被放置于记忆之中，个体就开始进行编码的工作。所谓的编码是个体在心中对信息分门别类，使其能够归于某一个类别之中。基本上，人脑是依据信息不同的意义做划分：

一是感官意义（Sensory Meaning），为对象最直接、最根本的外在条件，像是高度、颜色、形状、大小等元素，我们会说香蕉是黄色、长条状，苹果则是红色、圆形，这些描述都是感官意义。

二是语意意义（Semantic Meaning），是一种象征性的联结。近午来，7 -11 找名模们代言自有品牌产品，便是希望大家想到 7 - Eleven 的商品就联想到"平价时尚"。

三是事件意义（Episodic Meaning），是与我们高度相关且连续发生的事件。举例来说，上个周末小明与好友们一起去星巴克享受下午茶时光，脑海中的这个记忆包含了一个完整的人、事、时、地、物的事件编码，便称为事件意义。当然，每个个体因为拥有不同的过往经验，对于同样事物的记忆分类也会有所差异。对于初次接触咖啡的人，在没有相关知识的状况下，他只能根据基本五感的体验编码产生感官意义，但对于一些咖啡达人而言，因为拥有咖啡相关的基模，因此可以诱发脑中不同的知识群组，在面对咖啡时会做语意甚至是事件意义的编码。感官意义一般只会被储存于感官记忆中，记忆性较短，但语意及事件意义往往需要我们去理解与分析，甚至与过往的记忆做对比与复诵，因而这两类意义能够储存于长期记忆之中。

一般而言，在下列三种情况出现时，信息较容易被编码且储存。首先，若接收者掌握相关的知识，如同前面所述，当接收者具有对象的基模时，他较能激发相关的知识进而做链接。再者，当对象拥有具体的形象、颜色及其他有形的信息时，相较于一些抽象难以描述的对象，具有显著特点能被辨识的对象自然相对容易被记住。

除此之外，若信息与个体高度相关也较容易被编码储存。例如，现在在线游戏不断推陈出新，对较少接触在线游戏的父母那一辈而言，他们不会特别留意也很难了解各个游戏产品之间的差异，但对于年轻的学生，因为初中生及高中生的娱乐可能多半来自于线上游戏打发时间，因此很快能针对游戏种类、平台接口、所需硬件配备等进行分类，年轻人较父母容易吸收游戏新知并对其加以编码。

3.3.5 储存

信息经由编码后需要储存于记忆之中，而个体通常会将相关的信息串联成一个联想网络（Associative Network）。图3-10即是手机的联想网络，

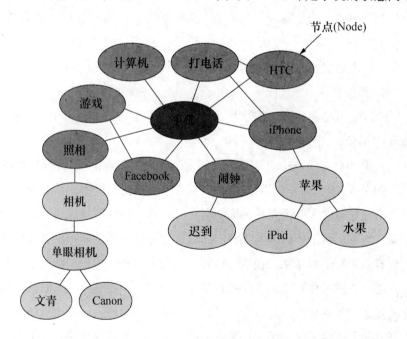

图3-10 手机的联想网络

资料来源：Solomon, Michael R., "Consumer Behavior: Buying, Having, and Being", Pearson Education LTD, 8th Edition, 2009, p. 135.

当中每一个圆圈皆是一个节点（Node），联想网络即为节点相互交错链接形成的知识结构。根据阶层处理模型（Hierarchical Processing Model）的概念，网络结构会从较高级抽象的概念逐步链接至较低级层次，像通过摄影器具会想到相机，接着浮现单反相机，而后联结到 Canon 品牌就是一例。

联想网络中，每一个节点都代表一个意义的概念，两个节点以上的联结节点则可形成命题（Proposition）。像"单反相机是文艺青年的最爱"或"经常性迟到的人都会相当依赖闹钟"，这些都是将两个节点串联而形成命题。当两个以上的命题结合后就会形成基模，消费者拥有基模后，接触到与基模一致性较高的信息会较容易进入编码与储存的环节。

另外，与基模相关的还有所谓的服务脚本（Service Script），这就像舞台剧的剧本一般，会告诉演员在什么样的场景中该说出什么样的对白。服务脚本存在于我们的生活之中，且是我们对许多服务习惯性的对白与互动。回想一下，当你生病踏进诊所，是否很自然地会走向窗口登记、拿出医保卡，而后等待医生叫号，最后看诊并取药回家。这一步步就像基模一般停留在脑海中，但差异性在于服务脚本是有先后的发生顺序，不过对于一些创新的商业模式可能会颠覆我们一般认知的服务脚本，可能短期间会造成不适应或是困惑的情况。

 消费者开讲

无人商店在中国台湾

现在世界上的一些国家，我们已经可以看见无人商店的设立与营运。在这些无人商店当中，消费者的购物行为全数被自动化。举例而言，消费者自己拿着新鲜的蔬果到机器上称重、张贴价格条形码，然后至结账区一样样地扫描所购买的商品的条形码，乃至于最终自己刷卡结账。试着想想看，这样的无人商店经营模式，是否可能成功地在台湾被复制呢？

在联想网络中，只要一个节点被活化，其他与节点相关的信息也会随之被激发。例如，一提到 Apple，除了会想到 3C 品牌的相关产品 iPhone 与 iPad，也可能会想到水果，当我们从外界吸收到新知，便可能造成记忆的

活化，意即活化整个既有的网络架构，并将新吸收到的信息与原有的知识再做链接。另外，在智能型手机出现以前，我们对手机的联想网络可能是通话、照相、游戏功能，且强调照相的像素，品牌以 Nokia 为主，但智能型手机的出现改变了我们对手机的知识结构，此时我们开始挪动并重整联想网络，因此我们的知识建构随时间变化，吸收更多新知而层层堆砌且逐步汇整。

对营销人员而言，了解消费者的联想网络相当重要，因为消费者时间宝贵、脑容量有限，很难完全专注于一个广告上，更别说花时间重新学习或了解一项产品的功能及介绍。因此，营销人员必须掌握消费者会将产品与哪些相关意义做联结，如此一来在进行营销活动时，能够主打这些令消费者感到熟悉且相关的信息，以利于他们进行后续的编码并储存至既有的联想网络之中。当消费者观看完一个广告后，他们对广告的记忆痕迹可能在脑中储存成不同的形式与分类，例如：

（1）品牌特定。与品牌相关的口号或文句，例如华硕质量，坚若磐石。

（2）广告特定。广告的媒介、宣传的内容等，例如电子揪感心的广告很感人。

（3）品牌辨识。品牌的名称或是品牌元素，例如 Apple 会令人联想到被咬了一口的苹果，而 HTC 则是纯粹的文字。

（4）产品种类。依据产品的使用来进行分类，例如智能型手机与智障型手机（非智能型手机的戏称）。

（5）评估与反应。对广告或产品的评价是正向或负向，或有什么其他特殊的感受。营销人员在广告测试后要特别注意消费者究竟记住了什么，若消费者仅是单纯觉得广告好笑、有趣，但对于实际内容没有记住或一知半解，则这个广告就不算是真正地成功打进消费者的记忆中。而营销人员也可通过消费者记忆的画面或链接去看哪些与元素及产品的相关性是高的，进而作为未来广告改善的空间。

3.3.6 提取

记忆的最后一阶段即是提取，记忆的最终目的是希望可以有所应用，而且在营销活动之中，记忆的提取才真正会影响消费者的购物决策，因此提取与否是关键，然而记忆的提取往往受到一些因素或线索影响：

3.3.6.1 生理因素

老人与年轻人提取记忆谁比较厉害？多数人可能立即回答年轻人，因为年轻人脑袋动得比较快，但我们也发现老人对于陈年往事总是记得特别清楚。事实上，这是因为对于不同时间性的记忆，不同群体读取的效益会有所差异。另外，生理状况是疲累或精神饱满也会影响个体读取记忆。

3.3.6.2 情境因素

获得信息当下的专注程度会影响后续的读取，越专注显然越容易回忆。信息的影响力也是一个因素，像过去 Sony 推出的 Walkman 称霸市场时，只要想到随身听大多数人都立即与 Sony Walkman 画上等号，原因在于当时 Sony 为先驱品牌，它的影响力使得后续品牌很难在消费者心中留下印象。

再者，产品是否有特定的线索也会产生影响，像雀巢有个相当知名的品牌"Coffee Mate"，如图 3 - 11 所示。这样的名称很轻易地让消费者联想与记忆，但这样的取名方式也可能带来负面效应，像是太明确的名称会缺乏延展性，当未来事业想进行非直接相关的多元化拓展时，就难以沿用原本的品牌名称。观看信息的环境设定也很重要，视觉且连续性的活动较容易

图 3 - 11 Coffee Mate 的产品

图片来源：http://www.coffee - mate.com/Products/Seasonal.aspx。

75

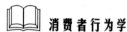

被观看者放置于长期记忆中，因此也较容易被读取，而广告采取有顺序性的播放同样也可达到较佳的效果。最后，当消费者本身对于产品已有使用经验后，广告会较容易打动这群消费者，因为他们会倾向于将广告内容与自己既有的产品知识做链接。

消费者开讲

广告时间点

在篮球及棒球比赛的电视转播当中播放广告，你认为哪一群观众在球赛结束后较能读取广告的内容？为什么？

棒球与篮球比赛的差异在于步调，棒球比赛的速度较为缓慢，但篮球比赛则是快速进行，两方互争下，分数也是瞬息万变，因此观看篮球比赛的人往往需要投注较多的注意力，并且是持续性的专注。当比赛中场休息插播广告时，观看篮球比赛的这群人很有可能依然注意力不分散，自然也较可能记住广告内容，这正是前面提及的连续性活动。至于看棒球比赛的人，可能在观看比赛时的注意力就非百分百，更别提广告时间注意力的转移了，因此最终篮球比赛较棒球比赛的观看者，能读取更多且更精确的信息。

3.3.6.3 其他因素

产品出现时与当时观看相关信息的情境（State – Dependent）或是情绪相似度（Mood – Congruence）越高，越容易激起消费者的回忆去读取信息，因此在整合营销之中，营销人员要留意不论通过哪种媒介，最好都能够有一个共通的线索或符号让消费者得以察觉。例如，7 – 11 的 OPEN 小将，不论在电视广告、店面设计、产品封面上都可见其踪影，那么消费者很容易因这个玩偶激起对品牌的情绪感受或是记忆。当消费者对产品熟悉度越高，势必也越容易引起回忆，这便可以解释为何许多厂商愿意投注成本去制作试用品，即希望先建立起消费者与产品的熟悉度。再者，产品或信息的显著性，像是一些广告会搞神秘，激起观看者的好奇心，将品牌放置于广告最后面，使观看的途中猜不透产品或品牌为何，或者有些广告会分为上下集，使观看者必须自行推敲，在这个信息理解的过程中，广告内容会进入观看者的记忆，未来也较能读取与产品相关的信息。

3.3.7　遗忘

有记忆就有遗忘，不可能所有的信息都一直留存于脑海中，那为何我们会遗忘呢？一是自然而然的记忆消逝（Decay），当时间久了，一些不常被唤醒且活化的信息会逐渐沉睡于深处，最终消失不见，这种现象称为睡眠者效应（Sleeper Effect）。二是信息处理的过程中是低涉入的，因为并没有花费很大的精力或注意力去分析感悟，这些信息势必较难进入也较难稳固于长期记忆之中，久而久之被我们所遗忘。

另外，造成记忆消逝的原因是信息的干扰，而干扰有两种，一种是前向干扰（Proactive Interference），指现阶段接收到的信息可能影响后续的信息处理，就像前面提过的先驱品牌的概念。回想一下，提到电饭锅你会想到哪个品牌呢？多数人一定立刻回答大同电饭锅，大同电饭锅的出现在当时中国台湾可说是独领风骚，至今后进品牌虽然众多，但还是难以磨灭大同电饭锅在人们心中的印象与价值。另一种为后向干扰（Retroactive Interference），指现阶段接收到的信息影响过去已存的回忆。例如，台湾鼎鼎有名的珍珠奶茶，你能说出究竟哪个品牌才是珍珠奶茶的创始者吗？目前珍珠奶茶的品牌多如牛毛，大多消费者只是喝喜欢或是习惯的品牌，对于起源则毫无概念，甚至真正创办者——来自台中的"春水堂"与台南的"翰林茶馆"两方激烈争辩，最后引发"罗生门事件"。

那么究竟形成前向干扰或后向干扰的原因为何呢？最主要原因与消费者的涉入程度及产品的强度有关，若产品本身够强，加上消费者涉入程度不高，先进优势就会变得明显，大众不会对后进者有特别的印象；而当产品不强且消费者涉入程度也不高时，就会如珍珠奶茶的例子，几近完全竞争的市场，不断有新竞争者与新产品推出，消费者一直有新的信息接收，就会导致后向干扰的结果。这也可以解释为何这些低涉入的厂商需要不断投入营销费用或是以新产品、新包装问世，就是希望在低涉入的状态中以新风貌吸引消费者的注意力。

有别于不断创新的开发风潮，有一股势力近几年快速崛起，那就是怀旧风（Power of Nostalgia）。近年来，市面上有许多经典老歌光盘片、旧式装潢风格的餐厅甚至像台北故事馆这种以过去台湾时空背景体验为主的展览会

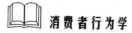

馆，皆希望唤醒消费者过去那段酸甜苦辣的回忆，帮助他们重现当时的情景以缅怀时光的流逝。除此之外，也有复古品牌（Retro Brand）的老酒新装，这些品牌历史悠久，但也难以被现今年轻人所接受，认为品牌过于老气或过时，因此这些品牌会以包装的创新和突破与现代接轨以吸引年轻族群的使用。以台湾经典产品十八铜人行气散为例，由图 3 - 12 可以看出，现在的包装较为俏皮可爱，甚至适应潮流推出有 Hello Kitty 图案于上的贴布。

图 3 - 12 十八铜人的包装创新

图片来源：http：//www.18coppermen.com，http：//www.18coppermen.com/main.html。

针对怀旧风也有所谓怀旧指标（Nostalgia Index）的诞生，主要衡量在哪个年纪会使我们的偏好成型且稳固不变。根据研究指出，对于音乐、艺术或电影的偏好大概在 23 岁以前会被决定，因此像现在仍有许多歌手或许已有年岁，但每每举办演唱会仍是热卖畅销。例如，费玉清、江蕙、蔡琴等，这些歌手的忠实粉丝可能是中年男女，他们的喜好大约是在青少年时期就大致底定，因此至今仍会前往聆听，某种程度上也是一种怀旧气息的重温。

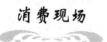

消费现场

爱马仕与上下

爱马仕，1837 年创立于法国巴黎的时尚精品品牌，最早是以马具制造为主的家族企业，至今在世界的潮流中占有一席地位，知名的铂金包、凯莉包、丝巾等都是让全世界为之疯狂的梦幻逸品。但是，这个企业却在2008年做出一个震惊市场的举动，爱马仕于中国市场与中国设计师蒋琼耳女士，共同推出一个崭新并独立于爱马仕的专属品牌"上下"（Shang Xia），欲打造一个传承中国文化与复兴传统手工艺的梦想，并于2010年在上海开设了一家门市。第二家门市则于2012年在北京开业，零售空间是由建筑大师隈研吾先生设计，以老北京的历史与文化的绵延城墙为灵感演绎。

图 3-13 "上下"（左）与爱马仕（右）

图片来源: http://www.thechinatimes.com/online/2012/02/2134.html, http://www.hermes.com/index_default.html。

企业内部高级主管指出，中国人事实上对于本地化的奢侈品并不感兴趣，他们要的是纯粹异国风味的商品，因此爱马仕延续原来的设计风格，转而建立一个新的品牌"上下"。主管指出此举为向中国早已存在的工艺致敬，此品牌的商品主要为带有浓厚中国风味的家居用品，例如餐具、家具等。其官网上也展示着紫檀古椅、竹编椅、陶坯瓷碗、手织羊绒服装、玉石玛瑙等产品，希望将中国消费者对爱马仕精致工艺的信赖，能够同时转移至"上下"这个新品牌，而且也算是将中国古典元素与现代潮流做一个新的融合，初步策略是将此品牌于中国一线城市发展，未来若表现不俗，再深耕于中国其他城市，甚至拓展至世界其他地区。

3.3.8 记忆的衡量

本章最后一节要探究的是营销人员如何衡量消费者的记忆，若营销人

79

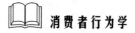

员问的问题是："想到手机，你的脑海中会浮现哪些品牌呢"，这种方式为回忆度（Recall），衡量的是消费者记忆中率先出现的会是哪些品牌。另一种问法是："你认得 HTC 吗？""那 Samsung 呢？"此为再认度（Recognition），主要衡量消费者对于品牌是否有印象。这两种方式以后者较具有信度，且正确率较高，因为营销人员已给你特定线索帮助你进行记忆读取，省去许多信息处理的时间，你或许知道大部分的手机品牌，但若只是单纯请你列举手机品牌，短期之内你的答案可能只有三五个。不过前者的做法也是重要的，消费者率先回答出的品牌，事实上也可能反映当前的市占率或是讨论热度。而不同产品或不同消费情境也反映出不同记忆模式的重要性，若现在你只是进入店面浏览手机，那么再认度是关键，你必须认识品牌才比较有可能驻足观看，但若你在家里思索着下一部手机究竟该换哪个牌子，那么此时回忆度很有可能会是影响你最终决策的关键。不过在记忆的衡量之中，营销人员要注意几个潜在的问题。

第一，反应误差（Response Bias）的存在，一方面消费者会倾向于回答研究者想要的答案，另一方面消费者会为了维护自己的形象而选择说谎话，比如说询问男性深夜观看哪些电视节目，多数男性不会愿意正面承认看过锁码频道。

第二，记忆丧失（Memory Lapse），消费者本来就不会完全记住自己所有发生过的经历，因此可能倾向于给出一个平均值的答案，像被问及上次购买保养品的时间，消费者未必记得精确日期，答案可能是他平常保养品的更换频率，或者也有可能发生消费者根本错植记忆的情况，比如问及你上次在大卖场购买的商品为何，你的答案可能会跟你实际购买的产品不相吻合。

第三，事实或情绪性的答复，营销人员询问消费者对特定事物的看法时，消费者的答案未必是真实吐露的心声，消费者可能因为当下的情绪或是某次使用经验而给予偏颇的答案。例如你在被访谈的当下心情是不佳的，因此对于所有的问题你都给予负面的评价，但这并不是你心中真正的答案。

以上三点都是营销人员在衡量时需要纳入考虑也特别留意的，否则最后并无法掌握到最真实且正确的信息。

本章习题

1. 厂商常会使用很多方法帮助消费者记住产品的品牌或产品属性，例如谐音便是一种常用的方式。请您检视目前台湾厂商的做法，试着归纳出除了谐音之外，厂商可运用的还有哪些做法。

2. 厂商常用累积消费的方式作为推广手段，例如集满五个空盒就可以免费获得一个赠品。试以消费者学习的角度，说明此种做法背后所根据的相关理论与原则为何？

3. 如果您正准备在故乡开设一家民宿，也希望运用消费者学习中主要的理论："行为学习理论"与"认知学习理论"拟定营销策略。试着根据此两种观点，分别提出有哪些实际的营销做法可以用来推广您的民宿服务。

4. 一个罐头制造商对两种截然不同广告所造成的效果感兴趣。第一则广告是不断地在食品杂货店的货架上、手推车上及购买者的食品柜上秀出商品的图案。第二则广告是仅简短地展示产品一次，然而，第二则广告以品牌名称的视觉呈现来强调形象。在经过市场的测试后发现第二则广告比较能够强化顾客对品牌的记忆。然而，第一则广告能有效提升销售量。为什么第一则广告在强化记忆上较差，但却又能有效提升其商品销售量？

5. 互联网可以使消费者在很短的时间和很低的成本下接触大量的信息，从好的方面看，似乎可以提高消费者决策的质量，但是，似乎也带来信息过荷的现象。请问，作为一位消费者，应该如何处理这种因互联网的信息过荷现象？另外，对于网络营销的厂商而言，这种信息过荷的现象会带来什么机会与威胁？

儿时好朋友：弹珠汽水 [1]

弹珠汽水，相信你我都不陌生，也可以说是父母那一代童年回忆的一

---

[1] 资料来源：http://zh.wikipedia.org/wiki/弹珠汽水。

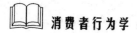

部分。这个富有童趣的饮料，1876年起源自日本，柠檬口味的碳酸气泡口感在夏天喝来格外爽口，再加上趣味性的开瓶设计，让喝饮料的同时也在享受一种玩乐，丰富的娱乐体验使其成为当时小孩们的新宠。弹珠汽水的包装方式特殊，其上段2/5是瓶颈，瓶口有一圈塑料环，基于二氧化碳的压力而以一颗弹珠封住瓶口，当消费者要喝饮料的时候，只要把弹珠压入，让它掉落在瓶颈处即可饮用。炎热的夏天，只要花一点钱，就可以喝到清凉的饮料，瓶罐中的弹珠又可以用来跟好友们一起玩玩小游戏，甚至可以带回家当作收藏品，可以说是CP值相当高的零食饮品。这项饮品是在1895年引进的，第二次世界大战期间，弹珠汽水相当受欢迎，也算是陪伴许多台湾人成长的儿时玩伴，后来也传入了香港。

随着时间的流逝，各式各样新奇古怪、包装五颜六色的饮料产品纷纷出笼上市，除了台湾产汽水的竞争之外，异国品牌也打起了广告的营销战，再加上消费者对于饮料这种快速消费品会追求新颖性，而大家身边的游戏来源更是五花八门，因此弹珠汽水渐渐失去了它的竞争优势而式微，有一段时间甚至在市场上销声匿迹，在消费者的脑海中斑驳了记忆。

多亏了20世纪的怀旧风吹起，让大家又开始缅怀起这些复古商品，因此弹珠汽水又出现在市面上。这一次，弹珠汽水修改了一些包装设计，像是瓶身材质由塑胶变为宝特瓶（PET），包装图片当中加入了一些新的元素等，市面上的口味也从青柠和柠檬增加到香瓜、草莓、橘子、荔枝、桃子、葡萄、综合水果等缤纷、多元的口味，网罗了小朋友与怀旧青壮年消费者的心。但是主体的娱乐性仍然不变，现今在一些柑仔店、展览馆或是观光胜地都可再次看见它的踪影。

问题讨论

1. 请你找几位消费者，在他们的面前呈现弹珠汽水的照片并请他们自由联想，而后绘制出弹珠汽水的联想网络。

2. 承上题，分析被唤起的回忆形态，并思考如何将这些联想实际应用于产品的推广策略上。

3. 请运用古典制约理论为弹珠汽水设计一个可行的广告宣传策略。

第4章　动机与价值

Loving Hut 爱家国际餐厅

爱家国际餐饮，是一家国际连锁的素食餐厅，遍布于世界 32 个国家。在中国台湾，爱家目前已经拥有了 32 家门市，并于各家门市提供多样化的素食餐饮服务，致力于素食料理的创新与推广。Loving Hut 现阶段很少通过电视广告或平面媒体做宣传，大多是通过消费者在社群媒体上的讨论来吸引新客户上门。

如果曾经到过 Loving Hut 任一家分店用餐，不难发现 Loving Hut 不只是单纯提供素食餐饮服务而已，同时也在店内进行素食餐饮的益处推广。Loving Hut 各店内皆陈列许多素食相关的倡导文宣品，像是名人茹素经验分享、益处分享、绿活素食乐等，都免费提供消费者取阅。

近年来，愈来愈多民众开始尝试吃素，有些人是为了身体健康、有些人为了宗教信仰、有些人则是受到环保乐活价值观的影响而茹素。对应这股素食风潮，素食餐厅如雨后春笋般纷纷冒出，甚至许多非素食餐饮业者也开始提供纯素或健康素的菜单，就是希望能够同时抓住消费者的心与胃。

尽管每位消费者选择吃素的理由不尽相同，但他们同样都是因为心中有所需求而选择吃素。这种为了某个目的而产生驱动力的过程便是"动机"，而这些动机即源自于消费者心中不同的需求。

83

当消费者进入 Loving Hut 用餐并看到素食海报时，有可能因为自己拥有同样的需求而有所联结，当消费者将需求联结至 Loving Hut 且关联性越高时，就越可能对 Loving Hut 产生好感并提高其消费频率。例如，消费者在餐厅中看到吃素对身体健康多项好处的海报时，可能因为自己拥有同样的需求而愿意经常在此用餐。这样的联结过程其实就是消费者在涉入 Loving Hut 所提供的服务，当涉入程度越高时，消费者对于产品的消费忠诚度也会越高。

图 4 – 1 Loving Hut 网站

图片来源：http://www.lovinghut.com/tw/。

谢老板眉头一皱，发现消费者并不单纯：

1. 什么是动机？

2. 消费者如何产生动机，又如何满足动机之下产生的需求？

3. 什么是涉入程度？

4. 什么是价值观？价值观如何影响消费行为？

4.1　动机与需求

4.1.1　动机

动机（Motivation），一个生活中常见的名词，却是消费者行为中十分重要的概念。动机并非单纯指称某些行为背后的原因，实际上，动机可以说是一种驱动力，一股引导个体朝向目标前进的推进力，这个前进的过程即为一个动机过程。正如上文所述，一个动机过程中，包含几项重要的概念：目标、唤醒的驱动力，以及前进的过程。以下就这几项概念做简单的定义说明。

4.1.1.1　目标（Goal）

意即个体渴望达到的状态。例如，男人期望拥有六块腹肌的健美身材；女人总期待有前凸后翘的"魔鬼身材"。上述的"六块腹肌健美身材"与"前凸后翘的魔鬼身材"即为个体的目标。

4.1.1.2　驱动力（Drive）

驱动力意即唤起个体前进的力量，而驱动力的强弱会影响消费者被唤起的程度。回想看，每次在看美食节目时，是不是总觉得每道菜都特别吸引人、特别想吃呢？这时的美食料理对消费者的驱动力便是强的，因为美食节目的声色效果唤起了消费者朝美食前进的力量。

4.1.1.3　想望（Want）

回想第 1 章提过的"需要"与"想望"，还记得两者的区别吗？事实上，这与消费者如何从原点走到目标有关，要达成目标，可以有很多方式。目标就是消费者的需要，为了满足这个需要，消费者可以利用不同的想望来完成。总而言之，消费者会因需求产生对目标的想望，再通过想望引发动机以达成最终目标，而想望通常会受经验与价值观的影响而使个体间具有差异性。

正因如此，对营销人员而言，了解动机是极为重要的。成功的营销人

员必须能够了解引发动机的驱动力为何、让消费者感兴趣的目标为何或消费者内心的想望为何，才能适切地找出正确的方法以提供满足消费者需求的解决方案。

时尚的内在灵魂

名模隋棠的广告代言众多，不仅是依靠她水涨船高的超人气，她本身的姣好外貌与身材更可谓是锦上添花。如图4-2所示，在某家知名品牌的塑身衣广告当中，隋棠也不吝啬地展露出自己姣好的身材，制造出强大的吸睛效果。

图4-2 隋棠塑身衣广告

图片来源：http：//www. fever38. com/promotion？ promoid＝7926。

仔细探究这则塑身衣的平面广告，不难看出营销人员想要呈现给消费者的概念，其实是一个消费者理想目标的追求，这里指的是名模隋棠秾纤合度的好身材。当目标消费族群看到这一则广告的时候，很自然地会将隋棠曼妙身材的照片与自身的身材进行对照，并且发现自己与隋棠之间的差

86

异，此时消费者会想办法去弥平这样的落差，于是便形成了一股驱动力。更重要的是，营销人员在广告当中不只是呈现目标给目标族群，同时也告知他们达成目标的解决方法是什么。换言之，消费者无须痛苦节食或苦吞药丸，只要穿上塑造身形的品牌塑身衣即可获得同样效果。简单来说，营销人员在广告中呈现了消费者可获得的正向成果，以及达成此正向成果的形式以及方法，借以强化目标族群对这款塑身衣产品的消费动机。

4.1.2　动机理论

以上简单介绍关于动机的定义与相关概念，然而，动机究竟是因何而产生的呢？关于解释动机的理论主要有两个：

4.1.2.1　驱力理论（Drive Theory）

驱力理论类似于过去行为理论的解释，多半以生理反应作为出发点，强调的是当消费者处于不舒服的阶段，会自主地解除这种负面的感受。

举例而言，在炎热的夏天里，因为穿太多衣服而不断冒汗时，便会将身上的外套脱下。这种行为的产生就是源自于生理上的舒适温度与现实中的温度并不相符，为了达到生理上的需求促使个体做出行为以减轻其不适感，通过脱掉外套能够使个体回归到舒适状态。

正因如此，个体做出行为是希望回归至生理上的正常状态。在此可以与第 3 章中的学习理论相互联结，由于这样的动作能为个体带来益处，因而在下次同样情境中，出现同样动作的机会大增，这即是一种正增强效果。

除此之外，动机的高低程度取决于目前状态与目标之间的差距。当差距越大，意即与理想状态的距离越远，产生不舒适的负面感受越强烈，将致使驱动力越强，使个体越有强烈的动机去执行行为改变现况。

消费现场

驱力理论的不足之处

驱力理论并不能解释所有消费者产生动机的原因，其中存在一些与现实不尽相符的状况，你是否想到有其他驱力理论难以解释的例子呢？

试想你和好友出游，相约九点半在火车站见，但九点二十分你才从床上惊醒，势必无法于十分钟内到达火车站。即使焦急万分，但你可能也不会有强烈的动机立即出发前往集合点去弥补心中的紧张。主要的原因来自结果发生的可能性，虽然现在的状态与目的有落差，理应产生动机去做出行为，但即使做出行为也未必能得到想要的结果，因此影响动机的产生，此即为驱力理论难以解释的一例。

另外，在驱力理论中，动机产生来自于生理上的不舒服感，而个体会通过产生行为来消除此负面状态。然而，现实中每个人对于紧张或不舒服感的理想值总是为零吗？负面状态一定要被消除吗？答案自然为否。生活中的我们会因感到生活单调无趣，因而愿意花钱玩高空弹跳、体验云霄飞车、闯鬼屋等，借此追求某种刺激，在这些事物上，个体并非追求理想值为零的舒适状态。俗话说"压力会促使人进步"，同样也反映出负面状态可能带来的益处，完全零紧张感并非理想状态，反而有一点压力存在才可能是真正的平衡。

4.1.2.2 期望理论（Expectancy Theory）

有别于驱力理论以生理的角度为出发点，期望理论中包含了认知的涉入。期望理论指出，动机与行为的产生来自于个体对结果的预期，并非完全依据生理状态产生动机，其中包含认知思考的过程。

试想倘若将近中午，没吃早饭的小明饿得坐立难安。依驱力理论，下课铃响后他应会立刻进食以消除生理饥饿感，但昨晚小明被告知下午有个迎新茶会可免费享用多样化的点心。在期望理论下，小明预期这个茶会举行的概率高，且有可饱食一顿的免费茶点，导致小明决定暂时舍弃午餐，忍至下午迎新茶会才进餐。此例中可发现，个体对结果重要性的预期与结果发生的概率会影响驱力大小，进而影响个体是否拥有充足的动机去产生行为。

4.1.3 需求的种类

掌握个体的动机之前必须要先了解有哪些需求的存在，这些需求才是唤起动机的驱力要素。过去，不同学者提出不同的需求分类形式，主要的分类如下：

4.1.3.1 生理性需求（Biogenic Needs）/心理性需求（Psychogenic Needs）

生理性需求指个体为维持生理上的均衡而产生不同的需求驱力，也可说是先天存在的需求，如天气热就想吃冰点消暑。此外，个体为了延续生命而对食物、空气、水有所需求，这些都属于生理性需求。

心理性需求则为个体经过学习而产生的需求，像是个体会对身份地位有所需求而期望获得其他人的尊重与推崇，或对于权力有所追求，也期望拥有归属感，与身边的同侪具有认同感。

4.1.3.2 功能性需求（Utilitarian Needs）/享乐性需求（Hedonic Needs）

功能性需求指个体会因产品有形的特质而诱发其需求。例如，当消费者有头皮屑困扰，便会主动寻找有抗屑及头皮止痒的发类产品；追求白皙无瑕肌肤的消费者则会大量选购含有美白成分的保养品。

拥有享乐性需求的个体追求的可能是自信、刺激感或一种幻想，遂选择进行冒险活动或尝试新事物。例如，有些消费者喜欢进行跳伞、滑翔翼等极限运动，便是在追求一些生活中的刺激感。

以上不同的分类，来自学者们对需求不同角度的诠释，但不难发现其中存在一些重叠之处。实际上，根据不同的消费者需求，可对应至不同消费行为的产生，因为消费者会通过购买不同属性与功能的产品来满足自身的特殊需求。下面分别介绍四组拥有不同需求的消费族群。

第一，对成就感的需求（Need for Achievement），这群消费者重视的是自身成功的展现，会倾向选择得以展露身价的产品，故多购买一些奢侈品品牌，或推崇科技性的产品以展现自己走在科技最前端。

第二，对情感维系的需求（Need for Affiliation），意即希望能跟别人在一起以获得认同感。这些人多会购买与团体活动相关的产品，像是运动与酒类产品等能与人同乐的商品。

第三，对权力的需求（Need for Power），消费者希望借由产品的使用来显示自己控制周围环境的权力。例如，五星饭店总统套房的专属管家服务，便是用来衬托消费者的权威与控制力的。

第四，对独特性的需求（Need for Uniqueness），这是通过商品或服务的消费来彰显个体的独特价值与特质。例如，即使人手一部 iPhone，有些人的手机上会有许多吊饰或贴钻来凸显个人风格。事实上，追求情感联系与追求独立是一体两面的，前者指消费者期望在群体中找到共鸣，故会倾向选择使用同属性的产品；后者却是期望自我与他人有所区分，因此在产品的选择上会注重个人特色。

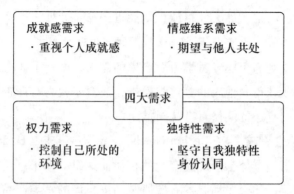

图 4 - 3　四大需求

资料来源：笔者整理。

4.1.4　马斯洛需求层级

除了上述的需求分类外，尚有一个相当知名的理论称为马斯洛需求层级（Maslow Hierarchy），如图 4 -4 所示。在此理论中，需求被划分为五个层级：

图 4 - 4　马斯洛需求层级

资料来源：Solomon, Michael R., "Consumer Behavior：Buying, Having, and Being", Pearson Education LTD, 8th Edition, 2009, P. 162.

4.1.4.1　生理需求

个体生来就具备的本能需求，像是水、食物、睡眠。当消费者渴了、饿了、倦了，这些需求会自然被激起。

4.1.4.2　安全需求

个体对于自身安全的保障需求。远古以前，原始人为了躲避野兽袭击而居住山洞中、现代人会买房布置，都是对安全守护的需求。

4.1.4.3　归属感需求

人不可能独自存活，因此需要被团体所接纳，遂有对归属感的需求，包含对爱的渴望、期望，被朋友及家人接纳和认同等。

4.1.4.4　自我需求

简言之，自我需求是个体对自我成就感及社会地位的追求。这也说明了现代人辛苦工作不仅是为了糊口，同时也借工作来满足自我需求。

4.1.4.5　自我实现需求

此为最高层级的需求，概念较为抽象，为个体对于自我满足及经验累积的追求。

马斯洛需求层级中，往往是先满足最基础的生理需求，因为基本需求相对容易达成，也与生存最为相关。值得注意的是，并非每一阶层皆需完全满足后才能进入下一阶段。就像吃一个馒头有时并未完全满足生理需求，但至少有止饥的效果，因此下一阶层也能随之被启动。此外，每一阶层所需的激励因子不同，当生理需求被满足后，便不再需要激励因子，反而转向需要安全需求的驱动因子启发产生动机。

马斯洛需求层级的理论堪称经典，但仍存在一些不足之处，主要有两点不足之处：

首先，需求层级具有情境相依性。对于不同国家、不同文化或不同职业的消费者而言，可能因不同的情境脉络而有不同的需求重要性与顺序，因此马斯洛需求层级无法完全适用所有的族群。想想看，身旁是不是有些朋友宁可饿着肚子也要购买名牌商品呢？对这群人而言，生理需求尚未满足却先满足了更上层的需求，显示这群消费者是以满足自我需求为最优先考虑。另外，不丹虽然经济环境比不上发达国家，但却被评选为世界上最幸福的国家，正是因为不丹人民重视自我实现的过程，而非生理的需求或享受，也是需求层级失序的经典案例。

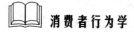

其次，不同需求可通过同一件事达到满足。举例来说，一位主妇在自家的花园里种树，除了满足生理上空气清新的需求，同时也能满足邻居喜爱的社会性需求，显然各需求间未必存在先后顺序，反而能通过一个举动同时满足。

虽然马斯洛需求层级并非完美，但此理论仍被大量应用于营销活动的设计上。许多药品或保险的广告会聚焦于安全需求的诉求，而服饰广告则多半展现自我或归属感的需求。回到品牌方面，在同一个产品类别中，不同品牌可以满足消费者的不同需求。以汽车品类为例，BMW 带给消费者社会地位或自我成就的展现，满足了自我需求，但 Volvo 却给人高度的安全感，造成这种差异的原因来自于各品牌产品定位的不同。

消费者开讲

多合一好不好？

近年来，市面上强调多功能的产品日渐增多，许多厂商为了迎合消费者多个愿望一次满足的口味，推出像结合洗脸油、化妆水、乳液功能为一体的保养品。也有一些品牌仍旧只强调特定功能，像有些专柜保养品强调每个步骤的仔细呵护，因此各个功能皆推出一项专属产品。试想想看，强调多合一的产品真的比较吃香吗？还是强调单一功能的商品会更受消费者的青睐呢？背后的原因可能是什么呢？

4.1.5 动机冲突

每个目标都有自己的价值，有一些能够为消费者带来正向价值的目标，消费者自然倾向去做；另一些带来负向价值的目标，消费者自然想要趋避。然而，当消费者拥有两个目标时，两个目标之间的动机可能出现冲突性，此时便会发生所谓的动机冲突（Motivational Conflicts）。一般而言，动机冲突可分为三种情况：

4.1.5.1 正向—正向（Approach – Approach）

两者皆为消费者想要的正向驱力，但因为资源有限使得两者无法同时满足，即俗话所说"鱼与熊掌不可兼得"。举例而言，小明刚拿到今年的压岁钱，想要换掉用了多年的旧计算机，也想要出国旅行体验异国风情，但无奈包里的钱有限，最后小明只能进行痛苦的二选一。

事实上，在两者皆为正向的拉力下，个体做出决定后，很容易产生认知失调（Cognitive Dissonance）的现象。认知失调意即因冲突发生而出现的一种紧张状态，消费者期望能同时达成两个目标，最后却被迫放弃一个选择，在历经长时间思考或反省决定是否正确时，容易产生失调现象。为防范失调发生，营销人员致力于拉大自家产品与其他产品的差异程度，以降低消费者对于另一产品的想望程度。

例如，决定买房尚未交付定金前，业务人员会不断打电话告知有其他顾客也在看同样对象，借此拉抬自家产品的身价，也增加消费者购买的动机，进而降低后续可能产生的认知失调。另外一种做法则是将试用期拉长，提供退货机制以避免消费者后悔。

4.1.5.2 正向—趋避（Approach – Avoidance）

消费者想要做一件事来满足其需求，但后果却是其想要趋避的，即"既期待又怕受伤害"的心境。许多女性面对甜食的诱惑，就是想吃却又怕身材走样。对此，营销人员在宣传上便有机可乘，像一些低卡、低热量的食品会以美味度不减、食用后毫无负担作为主打，借以虏获消费者的心。

4.1.5.3 趋避—趋避（Avoidance – Avoidance）

当两件事都带来负向结果时，消费者只好"两害相权取其轻"。这种情境较少发生，毕竟带来负向效果的产品也不太可能上架，因此较少发生于营销活动之中。但营销人员仍须设法减轻消费者认知中因产品可能存在的负面结果而产生的紧张及不安感。

▶▶ 4.2 涉入

4.2.1 消费者涉入程度

本章第二部分探讨的重点是消费者的涉入程度（Involvement），涉入程

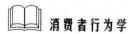

度指消费者所认知到目标对象与个人需求、价值观及兴趣的相关程度。想想看，如果你本身是个汽车迷，在选购汽车时，是否会认为这个购买决定与自身的相关性极高，因此在购买汽车这项决策上花费较多的时间与精力呢？这时消费者的涉入程度相当高，与其需求、兴趣等高度相关。重要的是，涉入程度会影响个体处理信息的动机程度。当产品与自身的相关性越高时，消费者对产品的涉入程度越高，就越会去注意相关的广告信息，并花费较多的认知去解读广告内容，因此涉入与注意力的相关性也是较高的。

先前于第 2 章中，曾经提及注意力是个体对信息处理的高低程度，涉入程度越高、注意力越高，表示信息的处理程度亦越高。图 4 - 5 为学者找出与涉入程度相关的前后因果。基本上，涉入程度包含对广告、产品及购买决策时的涉入，此为涉入的不同面向。

此外，影响涉入程度的前提条件主要有三大项，分别为：个人、物件/刺激物、情境因素。个人因素方面，个体的需求、兴趣、价值观及事情的重要性都会影响后续的涉入程度。物件/刺激物因素方面，则包含刺激物本身与替代品的差异程度、沟通渠道来源及沟通内容。举例来说，同样是"多吃蔬菜水果有益健康"这句话，出自专业医师或好友是否在你心中会有不同的分量呢？这也就导致消费者涉入程度的不同。最后，情境因素的部分主要为购买、使用及场所上的差异。

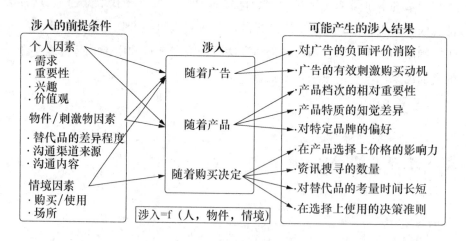

图 4 - 5 涉入程度的高低影响

资料来源：Solomon, Michael R., "Consumer Behavior: Buying, Having, and Being", Pearson Education LTD, 8th Edition, 2009, P. 164.

消费者开讲

送礼 VS. 自用

情境因素当中所讨论到的产品的购买与使用，简单来说，可以被视为送礼与自用两种不同情境所面临的问题。试着想想看，是购买赠予他人的礼物会花费你比较多的心思，还是购买自己要使用的物品会花费你比较多的精力呢？此外，更进一步去想，你认为你的答案会与父母长辈的回答相同吗？如果不同的话，那么影响这些答案背后的可能原因又有哪些呢？

在可能产生的涉入结果中，消费者可能因涉入程度不同而改变对广告的观感或是引发消费动机。针对产品端，则会去了解产品的不同阶级、不同特质，也会对特定品牌产生偏好。在购买决策上，消费者会进一步考虑价格、信息数量、替代品及选择的条件准则。后续在第 9 章将提及，消费者在进行购买决策时会采取不同做法，有些决策会通过快捷方式思考，消费者不须花费太多时间，涉入程度也较低。但有些决策需要搭配足够的信息与知识，消费者的涉入程度也相对较高。涉入程度较高时，较易引起消费者购物后的反思，若消费者反思后产生认同，就会提升对品牌或产品的忠诚度，反之则下降。

当消费者的涉入程度走向较极端的高低两种情境时，便会形成不同的消费行为与样貌。

4.2.1.1 惯性（Inertia）

惯性指消费者的消费是处在极端低涉入的情况。回想看看，有的时候进便利商店购买饮品，是否时常顺手拿了就走，而没有站在饮料柜前思考一番呢？这种出自于习惯的购买便属于惯性行为，在购买时消费者并未思考或处理太多的信息，也往往欠缺动机。正因如此，消费者的惯性行为可说是营销活动的障碍，营销人员必须通过其他方式来激起消费者的兴趣，以提升他们的涉入程度。

一般而言，消费者在购买马铃薯时并不会投入过多心力于此，尤其在

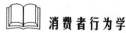

欧洲国家，由于马铃薯为日常主食，因此多为大包装出售，消费者往往是拎了就走，形成惯性的购买行为。为突破消费者的惯性购买行为，瑞士的马铃薯广告商即在广告中将马铃薯的皮削成比基尼的图样，希望借此增加吸睛程度，重新唤起消费者对马铃薯的注意力，试图使其产生新认知。

图 4 - 6　马铃薯广告

资料来源：Solomon, Michael R., "Consumer Behavior: Buying, Having, and Being", Pearson Education LTD, 7th Edition, 2008, P. 130.

4.2.1.2　信仰产品（Cult Product）

信仰产品指能引起消费者如对宗教般狂热的产品。当消费者忠诚度高、奉献度高且对产品充满崇拜时，便会愿意为产品发言。过去在电视游乐器的畅销年代，任天堂与 Sony 各自拥有狂热的死忠粉丝，双方都认为自家产品最为细致有趣，也把彼此视为敌人。近年来，最为人津津乐道的便是 Apple 公司所拥有的死忠"苹果迷"。在美国，甚至有个相当逗趣的动画描绘"苹果迷"对苹果产品的崇拜。动画中，有位消费者前往 3C 专卖店想要采购 iPhone 4，但由于 iPhone 热销缺货，为了销售业绩，店员改推荐 HTC 的手机，但不论店员多么热心介绍 HTC 的优质功能，客人都回答："I Don't Care!"最后客人选择花费大量时间跑到其他店面去寻觅 iPhone 4。虽然动画的内容多少经过夸饰，但由此故事不难看出"苹果迷"对苹果产品的高忠诚度。

消费现场

Apple Newton

Apple Newton，为 1993 年苹果公司所发行的 PDA 产品，可说是世界上最早的 PDA 类型商品。当时网络科技的发展尚不成熟，却仍有一群死忠粉丝为之成立品牌社群，并在其中讨论关于 Newton 的各项使用经验，图 4-7 即在讽刺这些粉丝对 Newton 的死忠诚度。如果说人离开世间时，要带走一件自己最珍贵的物品，Newton 狂热者带走的物品就会是 Apple Newton，显示其社群对该产品的高度信仰。

图 4-7 Apple Newton 讽刺漫画

图片来源：http://www.geekculture.com/joyoftech/joyarchives/378.html。

过去也曾有学者通过文字探勘的方式分析该社群中聊天的内容，发现该社群的几点特质：第一，社群中有许多内容讲述受到迫害的故事，像苹果当时只投注了少量的资源在 Newton 产品发展上,导致 Newton 并未在市场上获得巨大的成功,这些 Newton 狂热粉丝便将其归咎为苹果公司的迫害。第二,其中也有许多信心强化的故事,最初使用者对于 Newton 是否能执行某些任务感到质疑,但总能从中获得好处因而强化对 Newton 使用上的信念。第三,攸关存活的故事,消费者无意将产品摔出车外,产品最后却毫发无损。第四,奇迹发生的故事,产品故障后,过段时间却又自己复原,仿若奇迹降临。第五,卷土重来的故事,使用者们相信总有一天会有人出面整顿 Newton,为其开启未来新的发展蓝图。以上类型的故事不断地流传于社群之中,让使用者彼此相互影响,这便是 Newton 魔力的来源。虽然当时 Newton 普及率并不高,但也因社群人数不多,导致彼此的凝聚力更强。

图 4 - 8　快餐业者游戏画面

资料来源:Solomon, Michael R.,"Consumer Behavior: Buying, Having, and Being",Pearson Education LTD, 9th Edition, 2010, P. 167.

4.2.2　产品涉入程度

上述所谈论的涉入程度为消费者的涉入程度,但对厂商而言,被动等待消费者有需求并非最佳策略,反而是主动设计营销活动去激发消费者的动机并提升其对产品的涉入将更为有利。产品涉入(Product Involvement)指消费者对于产品感兴趣的程度。过去曾有快餐店设计一款游戏,在游戏中消费者能够通过玩游戏了解到该快餐业者的送餐流程,借此增加消费者

98

对该品牌产品的好感与涉入程度。

正因如此，若能有效地提高消费者对产品的涉入程度，便能为企业带来可观的利益。

4.2.2.1 提高消费者的注意力与兴趣

可以通过刺激消费者的享乐需求，借此让消费者停下脚步留意信息内容，运用新颖的刺激物、名人的代言也具有类似的效果。近年来，消费者直接参与或制造信息的模式也相当盛行，借由消费者的亲自参与也能增加其对信息的处理与注意力，这便是 DIY（Do It Yourself）的概念。其他像是贴近消费者生活环境的定制化信息、交互式的活动等皆能有效地提升消费者的注意力及兴趣。

4.2.2.2 紧密的联结性

另外一个关键是，厂商若能在消费者与产品之间形成紧密的联结，这样的友好关系才能持久，也能使品牌与竞争对手之间的差异化程度拉大。若无法与消费者建立联结，仅凭广告的效果，竞争者模仿的容易程度较高，也难以巩固长期关系。要想建立联结，可以通过品牌社群、粉丝俱乐部的维护而进行。近年来，由于 Facebook、Google + 等社群媒体的盛行，在社群平台上经营品牌社群已经是时代的趋势，绝大多数的品牌都建立有自己的粉丝专页，不只可以随时更新最新的商品信息、不定时举行品牌活动，也让厂商与消费者彼此能有互动的机会，增加消费者对品牌的黏着度，进而提高忠诚度。

消费现场

Build – A – Bear

微风广场里有一个相当吸引人注目的柜位，里面充斥着各式各样的熊玩偶，店名叫作"Build – A – Bear"。最吸引人的是，这家店能够让客户定制化并自己动手做属于自己的小熊玩偶。消费者在这家店中能够先依自己的需求去挑选喜爱的样式，然后为其填充棉絮，也可以在小熊玩偶身体中间放置一颗爱心，上面写下自己最大的愿望。除此之外，还可以为小熊玩偶梳毛、取名、采购服饰配件等。而且厂商还贴心地在每个玩偶

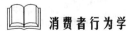

中植入芯片，若是不小心遗失小熊，还能通过芯片找回自己专属的玩偶，这也让消费者更用心对待与爱护这只完全属于自己的玩具熊。除此之外，厂商还会在每年小熊生日时寄送卡片，提醒顾客回来为玩偶采购生日礼物，这些活动的执行都能增进消费者与品牌商品之间的关系，巩固彼此的联结。

图 4 – 9　Build – A – Bear 制作流程

图片来源：http：//www. hellogoldcoast. com. au/listing/attractions/31/build – a – bear – workshop。

4.2.3　购买情境的涉入程度

除了消费者涉入程度与产品涉入程度之外，在不同的情境脉络中，消费者也会有不同的涉入程度，导致不同购买决策的产生。回想前面探讨过的"送礼与自用"的案例，当消费者要购买直属上司的结婚礼品时，由于对象是老板，会因尊重老板或真心感谢老板而花费大量精力与时间在礼物挑选上，也会仔细考虑老板的需求再去选购最为适切的礼物。然而，当对象换成你所不欣赏的表亲时，可能只是随意地买件价值不高的花瓶作为礼品，便不愿再多去理会。

4.2.4　涉入程度的衡量

有没有想过，你对于《消费者行为》这本书的涉入程度是高或低呢？对多数人而言，或许涉入程度这个概念是相当抽象且难以客观评估的。同样地，当营销人员想探究消费者对产品的涉入程度时，也面临许多困难。由于大多数的消费者并不清楚涉入程度的概念与意义，因此研究者在设计问卷时，必须汇集多个面向进行探讨，并将这些结果进行交叉比对后，才能进一步描述出消费者的涉入程度，表 4 - 1 就是过去研究者所设计的涉入程度调查问卷。

表 4 - 1　涉入程度的调查

被评估的产品对我而言是：		
1. 重要的	□□□□□	不重要的
2. 无趣的	□□□□□	有趣的
3. 关联性高的	□□□□□	无关联的
4. 令人兴奋的	□□□□□	不令人兴奋的
5. 无意义的	□□□□□	意义非凡的
6. 吸引人的	□□□□□	不吸引人的
7. 绮丽的	□□□□□	呆板的
8. 无价值的	□□□□□	有价值的
9. 参与融入的	□□□□□	无须参与融入的
10. 不需要的	□□□□□	需要的

资料来源：Solomon, Michael R. ，"Consumer Behavior：Buying, Having, and Being"，Pearson Education LTD, 8th Edition, 2009, P. 63.

4.3　价值观

本章最后的重点是关于价值观的探讨，消费者的价值观（Value）与动机息息相关，动机的产生往往源自于消费者内心根深蒂固的价值观。根据定义，价值观指一个持久存在的信仰，且在一些情境中个体显然偏好此信仰而非选择与其相违背的信仰，像耳熟能详的"不自由，毋宁死"、"万般皆下品，唯有读书高"等，都属于价值观的展现。

举例而言，物质主义（Materialism）的价值观，物质主义者认为通过拥有物来彰显自身的身份地位是极其重要的，一个人的成功与否在于能够表现身份地位的拥有物有多少，拥有得越多代表越成功。在这样的价值观中，强调的是个体而非群体的概念，大多数的消费者喜爱通过珠宝、古董、名车去彰显自己的身份地位。

每个人不同的价值观也会体现于不同的消费行为中，倘若你是一个崇尚"天然的最好"价值观的人，在选择保养品时，便会倾向于挑选含有天然素材的。以明星大 S 为例，抱持不杀生价值观的她改为茹素，并时常出席动物保护活动，也会通过微博传递相关的信息，这就是因自己持有的价值观而做出不同的消费决策，通过产品辅助自己达到价值观的落实与贯彻，也会积极与他人分享价值观。此外，我们对于与自己价值观高度相关的信息也会特别留意。

4.3.1　核心价值

除了个人特有的价值观，宏观看，不同的文化族群亦有属于自己的核心价值观（Core Value），这通常是一整组在此文化中能够被普遍大众接受的价值观。如华人所抱持的集体主义与西方人拥护的个人主义。不仅如此，文化亦有横向传递的效果，虽然国家间会有差异，但也有全球性价值观的出现，不论哪个国家、哪个民族的人都认同的文化价值与信念，像是环保、健康、社会责任等。

核心价值要能够被散布并深植人心，必须通过学习的历程达到。学习历程主要有以下两种：

4.3.1.1　文化适应（Enculturation）

此即在自己成长的国家中学习信仰与价值观，像土生土长于中国台湾的我们从小就接受父母与教师教导的事物，渐渐地便形成具有中国台湾文化的价值观。

4.3.1.2　文化同化（Acculturation）

当个体离开原来生长的文化背景时，到新的文化环境中会吸收其他国家特有的文化，进而影响自己既有的核心价值观，不论正面、负面皆有。这种从其他国家文化中所学得的信仰与价值观即称为文化同化，时常发生在年轻学子作为交换学生或出国留学时。此外，有时价值观的转变不只源自于其他国家，也可能受到社会环境中次文化的影响，像是"宅男次文化"的兴起可能使个体重新形成新的价值观。

值得注意的是，价值观在被学习的历程中往往需要有社会中介者（Socialization Agents）的角色协助养成，包含教师、父母、朋友、同伴或媒体等，通过这些社会中介者每一个人都能在潜移默化中逐渐学得各个国家的文化、独特的信仰及价值观体系。

当不同国家拥有不同的文化与信仰系统时，便会链接至现实生活中的消费行为以及厂商的产品营销策略。以沙特阿拉伯为例，当地民众认为女性的价值应该被留在家中而非彰显出来。当地更有法令规定，六岁以下的女孩不能拍片曝光或出现于广告之中，也不能随意让女性同胞出现于广告之中，这是因为伊斯兰教的信仰中强调女性的特质应该被覆盖，否则会勾起罪恶的行为，因此现实生活也会有相对应的规范来约束。

正如上文所述，由于各地文化与价值观具有差异性，因此同一部广告在不同的国家播放可能会引起不同的观感与见解。过去，日本曾拍摄一部乳房检查的公益广告，广告内容为一位男性不断盯着女性的胸部看，文案则写着女生就该这样注重自己的乳房，该广告确实在日本收到良好的成效，引起广泛讨论。但当同样的广告于法国播放时却引起社会的反对，原因来自于两方诠释的不同，法国女权高涨，认为乳房检查与否是女性自主决定，而不需男性的提示。这样的文化差异，是许多跨国企业在制作全球的营销广告时必须谨慎的重点，同样的内容可能不适用于某地，必须依照不同的文化背景来进行测试并加以调整。

4.3.2 价值观的衡量

要想衡量价值观，需要借助很多不同面向的量表，从中提取几个关键因素与群组后，再加以观察分析消费者在不同的因素中，会发展出如何的消费倾向与行为展现。

4.3.2.1 价值观量表（List of Values，LOV）

这是依据消费者排列价值观的优先级去区分出九大消费者区别，找出每一个价值观联结至消费行为的差异性。举例来说，具有归属感特质的消费者会倾向选择阅读《读者文摘》或《TV Guide 月刊》，在娱乐与饮品上的花费较多，并偏好团体性的活动。若能了解各价值观联结的差异性，企业便能良好地了解期望目标客群，并找出宣传效果最佳的媒介方式。

4.3.2.2 方法目的链（Means – End Chain）

此理论方法中，首先默认产品的每一项特质最终都可联结至消费者的价值观，简言之，消费者去消费每一项产品都根据其特质做抉择，最终是希望这些产品能够体现出自身的价值观。在操作上，方法目的链是通过架梯技术（Laddering Techniques），进而揭露出消费者在某个产品特质与一般结果中的联结性。以手机为例，如图 4 - 10 所示，消费者购买手机考虑的因素有价格高低、外观、软件完整度、品牌知名度等。若再详细追问为何外观为考虑因素时，原因可能是消费者认为这与他外在呈现的样貌有关。再深入去问，消费者可能会说因为在意他人的眼光、希望拥有朋友的认同感，因此注重手机的外观。通过这样一层层的剖析，可以逐步挖掘出此消费者的价值观，他所重视的价值为归属感及认同感。通过架梯技术进行探讨的过程，便是方法目的链的应用。

实际上，这是一个对营销人员与工程人员相当有帮助的工具。很多时候，工程师不能理解营销人员提出的改善需求，认为最新的技术就是最好的，而营销人员也常觉得与工程师沟通不良。通过方法目的链的操作，可以让产品更贴近消费者期望的目标。

上述的案例是由产品特质归结出消费者内隐的价值观，但也可由上往下，由价值观去找出产品应该具备的特质。例如，当厂商已知中国台湾民众重视的价值观为归属感及自由时，便可以此方法逐步引导出何种产品特

104

质最能符合消费者心中的价值观，增加消费者对自由及归属感的体验，这就是所谓的降梯技术（Laddering Down）。

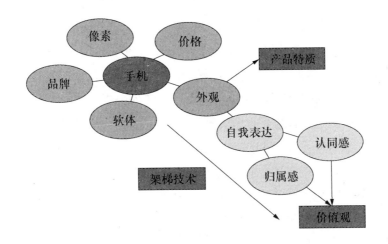

图 4 - 10 方法目的链

资料来源：笔者整理。

使用方法目的链时必须注意，消费者的回答会因人、因地区而有所不同。因此，即使对于同一项产品，询问不同国家的人所得到的产品特质及最终价值观的联结也会有所差异。同样地，即使是同样的价值观，在采用降梯技术时，最终获得的产品特质也很难有一致的答案。消费者本身生长环境、拥有资源的差异性等，都很有可能导致答案的歧异。

另外，方法目的链可同时被执行于质性与量化的研究中，质性的形式多是通过访谈再归结出因素特质。在量化上，可以运用问卷调查，再辅以统计软件分析出不同因素间的相关系数，借此测量出不同产品特质对价值观的影响程度。

4.3.2.3 联合调查（Syndicated Survey）

此调查法通常会由大型的调研公司或广告代理商发起，进行长时间且跨区域的追踪，横跨多个人口结构，且会随时间的推移不断更新信息。最后的调查结果可以出售给各种企业，让他们自行运用于新产品的开发或广告策略的布局上。

4.3.3　价值观的转变

价值观并非亘久不变，在不同价值观的相互调和下往往会产生新的价值观。

BoBo 族即是一例，此名词来自波西米亚（Bohemia）与布尔乔亚阶级（Bourgeoisie）之结合。通常一般人想起波西米亚即会联想到随兴或放荡不羁，而布尔乔亚则是生活规律、注重家庭生活的中产阶级，正好为两种截然不同的性质。这两者结合所形成的 BoBo 族，具有一定的经济能力，但也会随兴地运用所得去做自己想做的事情，这便是一个新兴族群的出现。

社会中大事件的出现也很容易驱动社会价值观的转变，如"9·11 事件"、"9·21 大地震"、"3·11 地震"。这些事件爆发后，一方面，可能会使民众更加注重环保等可持续的价值观；另一方面，民众也可能体悟到人生无常，诱发出把握当下的价值观，让消费者更注重即时的享乐消费。

消费现场

《101 次求婚》

电视剧有的时候是反映社会价值观转变的重要途径。以日剧为例，20 世纪 90 年代时期，《101 次求婚》这部电视剧引发了社会广大的反响。剧中的女主角是个完美而且高高在上的大提琴家，男主角则是相貌及身家普通的一般大众。当时另一部也相当受到欢迎与注目的日剧《东京爱情故事》，剧情内容则是留学归国的女主角，是个带着洋派文化作风的女孩，为了勇敢追求自己的爱情而向男主角示爱，但具有保守文化特质的男主角却显得不知所措。当时这两部电视剧播放的时空背景，都还处在比较传统的日本文化环境之中，当时男女之间的地位高低仍然具有一定的差异，展现的男女特质与电视剧的人物特性存在反差。但这两部电视剧则打破了文化限制，反映出当时传统男女地位的价值观其实正在松动中。时至今日，日本"草食男"及"肉食女"概念的出现，更明确地传达出日本传统价值观的转变。该说是电视剧体现社会的细微的改变，还是预见了这样的未来呢？

106

图 4－11　《101 次求婚》与《东京爱情故事》

图片来源：http：//movie. douban. com/photos/photo/1313279582/，http：//www. dvd - tvplay. com/dvd/2713. html。

📖 本章习题

1. 在线游戏是吸引很多年轻人流连网络的原因，同一个在线游戏往往会出现数万名玩家同时上线的情形。试从马斯洛的需求层级理论探讨这些年轻人背后的可能动机。另外，对于这些年轻人而言，在家上网与在网吧上网其背后的动机又有哪些主要的差异？

2. 我们常说"顾客是善变的"。试以本章的主题"消费者动机"讨论消费者的"变"与"不变"。

3. 当消费者对产品不满意时，往往会面临挫折。以你的观察，市场上是否有利用消费者不可避免的挫折而发展出来专为其排解这种挫折的产品或服务呢？试说明。

4. 假设您为某企业的营销顾问，该企业因为近来推出的广告成效不如预期而感到不知所措，希望能够了解问题的症结所在。据了解，该广告强调产品能够满足消费者先前未被察觉的需要，希望能够提升产品与消费者个人的攸关程度。不过，该广告不但无法显著提升该企业的产品销售，反而刺激竞争者的产品销售，为何会有这样的情形发生呢？你会建议该企业下一步怎么做？

5. 在厂商推出新产品时，有哪些方法可以提高消费者的涉入程度？请试举两例加以说明。

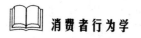

消费者了没

泰山 Twist Water[1]

2010 年，泰山企业抢先推出第一瓶环保包装水，并邀请某歌手作为产品代言人。通过最新科技，同时也出于对政府节能减碳的支持，将塑料瓶子的塑料减少 43%、增加了 70% 以上的回收空间，并减少每瓶碳的排放量 50g，就是希望让消费者在饮用瓶装水时也能够兼顾环保，一起轻松爱地球。

过去，环保概念从来不曾是瓶装水强调的广告重点，泰山的 Twist Water 首开先例，强调喝瓶装水也可以对环境保护尽一份心力。在广告中强打 Twist Water 的最新技术，凸显自己产品与竞争对手之间的差异。这项技术当时是由财团法人塑料工业技术发展中心与泰山共同合作，进行市售产品瓶内压力分析，并通过模拟结果作为依据而进行瓶身结构的设计，瓶身上面交错的波浪纹不只是美感的考虑，更重要的是，它能有助于扭转动作时的一气呵成，更加地浓缩了瓶身的体积。这只全台第一的环保轻量瓶子，还获选成为 Food Bev 媒体 2010 年全球 20 个对未来最友善的容器。

泰山的 Twist Water 还强调台湾一年消耗 11 亿瓶包装水，因此若能通过这样的最新技术，将不仅能大量减少石油提炼，还可增加半栋 101 大楼的回收空间。搭配最关键的 Twist 手势轻松将瓶子捏成长条状，压缩许多空间，清脆的声响也带来一种趣味性。

然而，这个产品与广告在当时推出时候虽然造成了轰动，但同时也引发了一些社会上的争议与讨论，有部分消费者质疑饮用瓶装水本身就是不环保的，为何购买且饮用了 Twist 瓶装水就会变得比较环保？虽然受到了社会舆论的质疑，但泰山的 Twist Water 确实成功打响新生代瓶装水的第一炮，成为镁光灯与消费者的注目焦点。

---

① 资料来源：http：//www. taisun. com. tw/news_ detail. aspx？ classify_ sn =3&sn =9。

问题讨论

1. 此广告诉求的价值观为何？如何被沟通？请评估此广告的效益。

2. 你认为通过价值观作诉求是一个设计营销沟通策略的有效的方法吗？

3. 一般大众对于瓶装水的涉入程度如何（请参考涉入程度历程的图）？请试着提出一个提高顾客产品及广告涉入程度的方案。

第5章 自我

想想自己使用的产品，为什么你会买它？为什么在相同的品项上你会与朋友的眼光不同？这其实都反映出你们对于自我概念上的差异度。此外，从蔡依林瘦身的例子中也可看出现代人审美观的转变，在本章中我们也会学习到关于体态美的定义。现代女孩们追求的到底是病态美还是健康美？这样的现象又是因何产生的呢？

谢老板眉头一皱，发现消费者并不单纯：

1. 什么是自我概念？

2. 自我概念如何影响消费者行为？

3. 什么是不同的性别角色？性别角色如何随时间转变？

4. 什么是体态？为何会产生体态上的扭曲？

 ## 5.1 自我概念

5.1.1 自我概念

当你在做自我介绍时，通常会如何描述自己呢？一个认真的大学生？

一个爱玩客？一个小资女？还是一个吃货男？你的心中可能出现不止一个答案，而这些答案都出于你对自我概念的阐述。

自我概念（Self – Concept）指的是一个个体的信仰，个体相信自己拥有什么样的特质并如何评估这样的特质，如果单单只是说自己有哪些特质，那只是所谓的自我（Self），要能进一步对特质进行评估，才是自我概念的定义。个体可能通过学业表现、工作成就等作为自我概念的评估准则，其他像是外观吸引力、表达能力、喜好、个性也都属于评估的一部分。

特质评估中包含一些方面，像是否心满意足（对于特质是否满意）、正向性（对于特质是否抱持正向的态度）、强度（是否常常提及这个特质）、随时间变化的稳定度（特质是否因时间推移而消逝）、精确度（行为是否能确实落实这项特质）。举例而言，身为一个教授，教学好坏固然很重要，但如何自我评估教学质量呢？这位教授可以通过检视自己教学是否感到满意、客观的结果是否精确具一致性、教学质量是否改变等问题，作为自我评估的方向。

除此之外，自尊（Self – Esteem）也是自我概念中的一环，自尊意指个体自我概念中的正向性，也就是对自我的评价。一个低自尊的人对自身的评价是负面的，在日常表现上也往往会觉得自己表现不佳。相反，高自尊的人因为对自己持有正面态度，因此坚信自己的所作所为，在行事风格上也相对较愿意冒险犯难。由此可见，自尊的高低会影响个体的处事态度以及行为表现。

5.1.2 自我概念的形成

前面提及自我概念的定义，但自我概念究竟是如何形成的呢？基本上，自我概念是由三个自我所建构。首先是理想我（Ideal Self），即个体自己期望变成的样貌；其次是真实我（Actual Self），个体真正外显出较多的特质；最后是社会我（Social Self），为个体想象其他人如何看待自身。

自我概念的形成是复杂的，三个自我彼此交互关联，可能相互吻合却也可能彼此产生冲突。举例来说，小明的真实我认知自己是位教授，若假想我的设定是位教学认真的教师，则真实我与理想我就会相互契合，但若学生或同事评断小明的表现并不理想，那么小明的社会我便会与前两者产

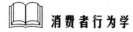

生相违背的现象。

这三个自我的概念也会影响到消费者的购买决策，由于消费者期望通过产品的加持以使自己达到理想我的形象，就像一个职场新人会购买西装以让自己看起来更具专业度。另外，通过产品的使用也可以让个体维持与真实我的一致性。例如，一位小资女孩通常不可能满身充斥名牌行头，但偶尔也可能为了理想形象而破费购买名牌商品，这就是理想我与真实我之间的距离。

回顾第4章动机的概念，曾以隋棠性感的塑身衣广告为例。在广告中，消费者会因理想我的追求而被该广告吸引，期望自己拥有同隋棠般玲珑有致的身材，进而跟真实我的状态做比较，两者之间的差距就是产品购买的动力来源。这样的过程被称为社会比较（Social Comparison），是广告商或营销人员经常运用的手法，用一个具吸引力与说服力的代言人，使消费者在社会比较后感觉到差异存在，因此想追逐理想状态而产生购买的驱力。

自我概念的形塑亦是情境、脉络相依的，当我们身处于不同的环境与文化中，潜移默化中便会生成不同的自我概念。受东方文化熏陶的个体往往较注意集体我（Collective Self），个体的认同来自于整个群体，与他人的关系会对自我概念产生影响力，个体通常由团体的思维出发，因此是一个交互影响而产生的我。西方文化则较强调个体我（Independent Self），每个人都独立发展，将自我的形象掌握于自己手中，自己决定变成什么样的人，因此不同的文化对自我概念确实有所影响。

消费现场

玩芭比娃娃的男孩

吴季刚，一位颇负盛名的国际级设计师，出生于中国台湾云林县。美国第一夫人米歇尔在奥巴马的总统就职晚宴上，身穿吴季刚所设计的一袭象牙白雪纺纱礼服露面，将这位设计师推向了全球竞争激烈的时尚界舞台，一举打开了他的知名度。吴季刚成长于一个强调集体我的文化之中，在这样的文化背景下，个体与群体的关系维护是重要的，但是这个小男孩从小就与一般的小男孩并不相同，他的童年并不是与遥控飞机、各式战机为伍，而是钟情于芭比娃娃，并热爱为它们设计各式各样的造型。从小他就喜欢新娘婚纱礼服，也会要求母亲带着他到各家婚纱店橱窗前，让他可以细细地看，甚至画下来。

这些不同于同年龄男孩子的举动与行为，让吴季刚在中国台湾这种集体我为重的社会中承受极大的压力，他的母亲担心他对中国台湾的环境难以适应，于是便在他9岁那年移居加拿大。然而，在西方强调个体我的社会之中，吴季刚也花了一段时间做调适，但他却拥有更多也更自由的时间与空间去探索自己喜爱的事物，继续画自己喜欢的娃娃、学习绘制服装设计图、剪裁、布料与缝纫等相关知识及技巧，坚定地朝自己的梦想迈进。即使过程中他经历了许多的辛酸与挫折，但终究咬牙度过而能有一番卓越的成就。

5.1.3　多重我（Multiple Selves）

自我概念的建立过程中，牵涉到每个人的角色认定，当身份变换时自然也会有不同的自我概念。必须注意的是，每个人并不会只有单纯的一种身份，而是同时扮演多个不同的角色。试想下，自己拥有哪些身份呢？安分的学生、狂野的乐团吉他手、顶尖的篮球选手、浪漫的男/女朋友、孝顺的儿女、勤奋的中国台湾人等，相信你一定可以想到许多不同的身份。

然而，这些身份是否称职与社会文化有很大的关联性，我们脑海中浮现的好学生拥有认真、准时、踊跃发言的形象。对此，营销人员在产品的营销活动设计上，若能仔细地描绘出产品对消费者扮演特定角色的实质帮助，将更能吸引消费者前来购买。举例而言，在一些调味品广告中，情境多设定成家庭主妇通过调味品的使用，轻松锁住老公与小孩的胃，并获得婆婆的肯定，这就准确地勾勒出该产品对扮演不同角色的帮助。

近年来，除了真实世界的角色外，由于互联网的兴起，同时带动虚拟世界中的角色扮演。许多研究人员对此相当感兴趣，也好奇于虚拟世界的行为是否会与现实世界具有一致性、虚拟跟实体的产品营销是否需要有差异性。许多年轻人会在网上创造自己的虚拟身份，选择虚拟人物图样作为表征，这样的图样可能与自身相似度极高，却也可能完全不同，原因与三个我之间的交互关系有一定程度的关联性，下例"无名小站"可以清楚地

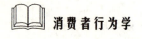

解释其中的关联。

消费现场

无名小站

　　无名小站，成立于 2003 年，为中国台湾极具代表性的一个社群网站，提供用户多元化的社交功能。笔者曾针对其使用者进行调查，观察使用的行为并进行深度访谈，最终发现使用者的行为与自我概念中三个我（理想我、真实我、社会我）的呈现有极大关联。

　　有些使用者期望通过虚拟世界创造第二人生，打造一个心中期望的理想我，因此无名小站上的自己是被美化的。另一群使用者则认为虚拟世界就如同现实世界，且无名小站上的朋友大部分也是既有生活圈中的人，虚拟与实体世界的朋友是相连的，因此这群人的行为与平常无太大差异，无名小站也只是日常生活的延伸，有些使用者甚至认为无名小站中的自己比实体世界更加真实，在实体世界中有时还需适度的伪装，但在无名小站中可以完全地解放，勇于表达自己真正的想法，因而更加贴近真实我的样貌。对他们而言，在线世界提供一种放松的方式，许多说不出口或不愉快却仍须强颜欢笑的谈话，通过在线世界反而得以畅所欲言。对上述这群人来说，真实与虚拟的界限是模糊的，但通过这两个世界能够让自我表达更完整，且妥善地运用双边渠道也可达到人际关系的维护。

　　最后一群人重视的是社会我，期望在线的身份被他人看见，这个形象未必与自身相符，但这群使用者重视的是他的所说所作是否被他人关注。当他撰写日志、在相册内上传新照片，却没有任何人响应或浏览时，这些足迹就变得毫无意义。这群人使用无名小站的目的就像是在表演艺术一般，需要有观众来加值，且在与观众的互动过程中，这些使用者会不断调整自己的行为与态度，由此建构并发展不同的自我。

　　资料来源：高嘉隆、谢明慧：《从剧场理论观点探讨 web2.0 次文化：以无名小站为例》，中国台湾大学国际企业学研究所博士论文，2008 年。

上述无名小站的案例中，点出个体对社会我建立的在意。有一个名词称为镜像自我（Looking – Glass Self），指个体想象别人对自己的反应后进而调整自己行为的一个过程。之所以称为镜像就是因为我们从别人怎么看我，去投射出我是一个怎么样的人。例如，一位教师上课会观看学生们的肢体动作与神情，去推敲自己的教学质量，面对一群发言踊跃且专注的学生或是眼神空洞又不断打瞌睡的学生，其实多少也反映出教师的教学优劣。

延续上述，倘若一位教师相当重视学生的反馈，发现学生上课兴趣缺乏又精神涣散时，可能会质疑自己是否是一位教学不佳的教师，在沮丧之余影响后续的教学准备与投入，学生想当然也不会改变既有的行为与态度，老师接收的信息也不断是负面的，说明自己就是一位教学不佳的教师，久而久之这件事会成真，教学评鉴的结果确实分数不尽理想，这样便称为自我实现预言（Self – Fulfilling Prophecy）。当个体因知觉他人的预期而不断调整自己的行为，像前例中老师知觉到学生的反应而认为自己教学不佳，之后做出的行为就会趋向去印证这个预言。当然自我实现预言未必一定会成真，取决于个体对于他人的评价有多在意，或是当评断的人对自己的重要性高时，势必对后续行为的改变影响力较大，因此，与他人的互动关系在塑造每个人的自我中扮演举足轻重的角色，而在彼此的相处中，我们对于某些行为举动会赋予共通性的意义。举例来说，一个穿着时尚的女子在酒吧中独自喝酒，迎面而来一名男子，女子举起酒杯嘴角微笑并用眼神微微示意，男子就能明白这是一种邀约。以上情况被称为象征互动论（Symbolic Interactionism），与前面章节所介绍的符号学有异曲同工之妙，在生活中我们会运用手势、神情、仪态等作为象征与他人互动，这些符号也辅助我们去向他人表达我们是个怎么样的人，并在互动中去发展出自我概念与形象。

5.1.4 自我意识

日常生活中，是否听过周围的女性朋友每天都必须花费两三个小时梳妆才能出门呢？也有些男性每十分钟就必须照镜子整理一下发型，确保自己的完美形象。但也有些人看起来就十分邋遢、感觉三五天不曾洗澡。会有这样的差异除了个人生活习惯的养成之外，部分来自于自我意识强弱的影响。自我意识（Self Consciousness）指每个人对于自我存在的知觉性，并且存在程度高低的差异性。

根据研究，当个体对公众的自我意识程度越高，越会对服饰有较浓厚的兴趣，也倾向于采购使用较多的化妆品。原因来自于这群人较重视自我形象的管理，因而会花费精力在外显性商品的采购中，涉入程度通常也较高。他们时时刻刻都知觉到自己正在被他人观察，因此会更谨慎地维护外在样貌。同时，这群人也会通过观察他人对自己的反应，而进一步调控行为并改变他人对自我的看法，这即是一种自我监控（Self – Monitoring）的展现，看个体如何在社会环境中逐步调整自己的行为模式。

以职业差别来说，自我监控的特质对业务人员是相当重要的。一个成功的业务人员绝非仅是遵照标准化的流程指示去对待客户，而是能巧妙地观察客户行为，并通过自我监控能力适时地调整自己的销售手法。以销售信用卡为例，销售人员并非只是呆板地告知客户某张信用卡既定的规格及办卡程序，而是能在应对客户的过程中，不断调整改变自己的话术并推荐更适切的产品。

从消费者的角度看，消费者的需求通常来自于他想成为什么样的人，或他具备什么样的身份，因此某种程度上消费者的拥有物即展现出"他"的个人特质。除此之外，产品的使用对某些消费者而言也是种弥补。符号性自我完成理论（Symbolic Self – Completion Theory）指当个体在自我定义尚不完整、缺乏某个特质时，可运用具有相关联符号的象征型产品，去让自己拥有这样的特质。像未成年抽烟就是典型的例子，很多青少年开始接触香烟并不是真的有烟瘾需求，而是出自于对成熟男人形象的追求，当生理年龄只有十七八岁，经常被他人称作"小毛头"时，这群青少年内心对成熟男子汉的渴望，会使他们以抽烟作为一种成熟的表征。

另外，当消费者对于产品代表的意义深信不疑，也相信该品牌产品有助于定义自己的身份时，消费者可能会改变自己去为某个品牌产品做加持，像是在身上刺品牌的标志。消费者希望借此更深化自我概念中的某个特质，而这个特质是与产品共有的，因此消费者的购买行为可视为一种自我价值观的宣示。

消费者在选购产品时，会挑选其特质与自我概念相符的商品。回想前面基模的概念，在看到特定的人和事物时，消费者的脑中自然会出现既定的模组，就像是看见一名穿着笔挺西装、手拿 iPhone 的男子，脑中是不是会认为他是个注重生活、具有一定社会地位的人呢？当消费者选购能与自己形象相链接的产品时，便符合自我形象一致性模型（Self – Image Congruence Model）的概念，其他产品如汽车、香烟、酒等也都有类似的效果。然而，并非所有产品都能与个体形象相联结，尤其是偏向功能性的产品，像是复印机、清洁剂、垃圾袋等，并未有鲜明的形象出现。消费者在选购这些商品时，多半考虑到实用功能，因此较不会以此作为判定个人的性格或形象的对象。

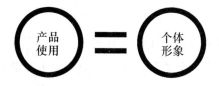

图 5 – 1 自我形象一致性模型

资料来源：Solomon, Michael R., "Consumer Behavior: Buying, Having, and Being", Pearson Education LTD, 8th Edition, 2009, P. 206.

5.1.5 延伸我

产品除了可用来与自我的形象做联结之外，有些个体也会将外在的商品视为自身的一部分，因此当他人在评估自己或自我评测时，这项外在商品也会成为被评估的一环，成为所谓的延伸我（Extended Self）。能被视为延伸我的产品通常是较为个性化的商品，或已陪伴在身边很长一段时间，或是需要花费较多心力取得。一般而言，延伸我涵盖下列四种情境：

5.1.5.1 个体

一般指与个体相关的拥有物，像车、服饰等。举例来说，有些小孩在参加训练营或参加需要外宿的活动时，总会携带抱枕或玩偶陪伴在旁，对这些孩子而言，抱枕与玩偶就是他们的一部分，一定要随时陪伴才会感到安心，这就是将个体拥有物视为延伸我。

5.1.5.2 家庭

这里指居住地或家具等家居产品。试回想，在搬家的整理过程中，是

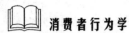

不是总有些物品是家人共有的回忆而舍不得丢弃呢? 那些商品其实也可以被视为是延伸我的一部分。

5.1.5.3 小区

邻近地区或是所居住的城市。近年来,台北市有了新的别名,网友们戏称台北市可自己独立为"天龙国",居住其中的台北人则被称为"天龙人",此名称最初是网友用以讽刺政商权贵,代表一般平民对特权阶级的不满。然而不论是褒是贬,都显示台北人对于居住在台北市的强烈认同感,若你居住于台北且热爱台北市,那么"天龙人"也可能被视为自己身份表征中的一部分。

5.1.5.4 团体

社会性或其他各种性质的团体。有些人会参加某个社团或教会,当你深深融入其中时,便会以此身份为傲,这个社团仿佛也变成你的一部分。

 ## 5.2 性别角色

本章的第二部分,重点探讨男女双方各自的性别角色。实际上,男女双方除了生理结构上的差异之外,在不同的文化中,性别也有其不同的既定印象。在特定的文化社会中,多少会对男女双方的特质与行为有标准的期待,但这些林林总总的准则并非一成不变,随着时代的发展这些准则也有所演变。

5.2.1 传统性别角色

在传统的性别角色区分上,男性或女性的差异是以生理结构做划分;但若是分雄性或雌性时,则以心理的性别认知来做区分。生理上的差异源于先天,因此并非这里所要探讨的重点,反而心理上雄性与雌性的认知差异值得探究。

一般而言,雄性角色(Agentic Roles)的特质大多较为刚强坚决,并拥有特定技能于身,因此男孩子往往被认定为较博学多闻、主动积极,也较为激进。雌性角色（Communal Roles）则以沟通协调为主，因此女孩子最重要的任务是去维护一个群体和谐的相处关系。雄性与雌性的角色区分中，虽然强调是心理上的认知差异，不过却也合乎大众对于男性与女性的典型想象。

追溯其源头，这样的想法并非凭空而来。早在远古石器时代，男性负责的工作就是狩猎，不仅要与猛兽搏斗，也与其他男性族人处于一种潜在的竞争关系。在这样的情境下，男性扮演的就是一个夺取、竞争、具攻击性的角色，他们也必须拥有一些特殊技能才能成功达成目标；反之，女性当时的角色除了种植蔬果杂粮外，也负责孕育与照料小孩，使得女性的性格趋向于维护整个团体的和谐，并学会与自然和平共处。这样自远古时代为求生存而养成的雄雌性分工，在一代代的演化下至今依旧被保存在男女性的特质之中。

5.2.2　女性性别角色的转变

传统性别角色主要是"男主外、女主内"的思维模式，然而在现代社会中，这样的概念已逐步转变。就女性角色来看，新时代的女性开始走出户外、投身职场、享受独立自主的另一种人生。这样的转变迫使营销人员必须调整既有的营销规划与策略执行。举例来说，过去专注于深耕男性族群的运动商品、汽车及其附属品、电子商品市场，转而开始锁定女性族群，原因在于女性也开始偏好野外探险或开创新的运动形态。对营销人员而言，他们要能敏锐地发现转变并快速反映在产品的设计与营销宣传上，才能实时获知顾客的喜好。另外，许多广告也开始强调男女相处的转变与女性的新自主精神，如 PayEasy 的"新女性"系列广告即强调新时代的独立女性消费精神。

消费现场

ATHLETA

近年来，美国知名品牌 GAP 不断地积极向上以及向下延伸发展多品牌，试图以不同的定价、产品功能以及形象涵盖不同的目标顾客族群，像孩童品牌 OLD NAVY、时尚女装品牌 PIPERLIME 等。此外，GAP 也嗅到时代潮流下女性角色的转变风气，因此于 2008 年 9 月以 1.5 亿美元收购了一个专属女性户外运动服饰的新品牌 ATHLETA。这个品牌主要的目标族群是爱好户外运动的女性们，因此当消费者联结至网页时，可以很清楚地看到许多从事各种户外运动的阳光女孩们的平面图片，其中销售的商品也包含了泳装、运动型却带有造型感的服饰、遮阳帽等，让这些热爱运动的新时代女性们，有更为多样化的选择去挑选兼具时尚感的产品。ATHLETA 过去是通过目录与网络进行销售，客户是 25～55 岁的消费者，这个品牌更在纽约高级住宅林立的上西区与上东区，设立囊括瑜伽、慢跑、游泳、健身、健行与滑雪活动的女性运动服饰专卖店，在女性运动消费市场这一块的潜力与商机，GAP 极为看好。

图 5-2　ATHLETA 网页

图片来源：http://athleta.gap.com。

时至今日，女性的性格或角色仍未完全抛开传统的包袱。探究其主要原因，可能来自于在个体成长与社会化的过程当中，社会情境脉络下有太多线索会强化既有传统的男女角色的特质。试想看看，如果今天亲戚有婴儿出生，你会选择送什么样礼物给不同性别的小孩？在服饰上你可能会给男婴选蓝色上衣、女婴则选粉红色裙子；在玩具选择上，你会给女孩采购芭比娃娃、男孩则是战斗机或乐高积木。在这样的潜移默化之中，便间接塑造了男性较为主动攻击，而女性较为顾家和谐的性别角色。因此，在现代社会中虽然男女角色确实逐渐改变，但仍有部分传统的思维在每一代社会化的过程中被传承下来。

5.2.3　男性性别角色的转变

同样地，男性的角色也有很大的转变。传统上，男性在角色上主要可被归类成以下三种模式。首先，男性多为家庭的经济支柱，也就是让整个家庭得以温饱的经济来源。其次，男性可能是离经叛道、不遵守既有刻板印象的，他不愿墨守成规去遵照规范。最后，融合前两者出现的新形象，既要承担养家糊口的责任，却也偶尔想要叛逆一下去追寻想要的梦想与生活。

在性别角色的演化过程中，不难发现男性已经不再只是一味地向外冲，许多男性开始注重自己的外貌，也花越来越多的时间去装扮自己。在这其中有新兴的族群诞生，被称作"都市美男"（Metrosexual），这个族群是典型的都会男子，但该族群对于时尚、家庭设计、美食烹饪、个人护理等有浓厚的兴趣，与传统男性的角色认知有巨大的差异。在都市美男族群中，最经典、将该族群特质发挥得最淋漓尽致的被尊称为"魅力超男"（Ubersexuals）。

消费现场

"草食男"

"草食男"这个名词从日本发起，是日本作家深泽真希在 2006 年所创造出的用语。"草食男"泛指 20~34 岁的一群男性，他们与过去传统男性角色不同，不再对事业充满扩展的野心，反而个性温和且爱好和谐。

Uniqlo 总裁曾感慨地指出，现今社会中愿意一马当先向国际开拓事业新格局的年轻人越来越少，多数都倾向保守稳健、可掌控、可照顾家庭的生活，对外派意愿持续下滑。相反，女性虽然相较之下外派的意愿上升，但却仍有家庭的包袱等问题。

究竟"草食男"为什么会在日本出现而非其他国家呢？事实上，以往日本经济稳健发展之际，企业内部采取的是终生雇用制，对当时的社会新鲜人来说，只要进入一家企业按部就班地做事，总会步步高升至理想的职位，生活也相对有保障。然而，现在的日本这些制度已不复见，经济条件不稳定，纵使高校毕业生，在激烈的竞争环境中也可能面临失业的窘境。对于现实的无力感不断堆砌之下，"草食男"族群应运而生，他们倾向于做自己能够掌控的事情而较不愿积极冒险，对事业的野心也较小。由此可见，新族群的产生来自于背后社会力量的驱动，而这股力量又来自于经济环境条件的改变，彼此环环相扣而造就出新现象。

资料来源：吴和懋：《从"草食男"透视日本未来二十年》，《商业周刊》，2012年第1265期。

5.2.4　其他性别角色的族群

除了前述的男女性别角色之外，社会中仍存在其他的性别角色，而这些角色以往或许被忽略或者被曲解，但现今我们必须正视并加以了解。

5.2.4.1　雌雄同体（Androgyny）

如字面所示，为同时具备男女性特质的个体，简言之，即是俗话说的中性人。韩国曾经做过调查，询问男女性对自己的评估，令人惊讶的是，几近过半的人都认为自己具备中性人的特质。在中国台湾这个比例也日渐提高，在这个族群的认知中，男女性之间不该存在严格的条件规范，这些特质是可共有的。

5.2.4.2　完全的性别区隔（Sex – Typed People）

这个族群对性别具有强烈的刻板印象，因而对于男性化与女性化的特质有一定的基模。对该族群的人而言，女性应当对环境线索够敏锐也要够细心，而男生则是以宏观角度看整体的变动性，因此在产品设计上也同样会去迎合这两个族群做出差异化。

举例来说，一般想到香烟就较容易联想到男性，但香烟这个产品，其中 Marlboro 品牌较为阳刚且偏向男性，而 Virginia Slims 则较为偏向女性，如图 5 – 3 所示。再以空调为例，若广告内容诉求的是空调的冷房功能、省电功能有多强，主打产品效能吸引到的会是男性族群。但若广告内容塑造一个温馨的氛围，诉说为家庭带来和乐融融，想必较容易吸引女性的注意力，因此营销人员必须了产品属性是否存在性别区隔，才能进一步规划出适合目标客群的营销计划。

图 5 - 3　香烟广告比较

图片来源：http：//pzrservices. typepad. com/vintageadvertising/vintage _ virginia _ slims_ y ouve_ comes_ a_ long_ way_ baby_ ads/，http：//compositionsection51. word-press. com/2009/11/17/misleading - man - 2/。

5. 2. 5　梦幻市场

听说过"GLBT"吗？这四个缩写的英文字母代表营销人员心目中的梦幻市场，包含男同性恋（Gay）、女同性恋（Lesbian）、双性恋（Bisexual）与变性人（Transgender）。这一族群在性别认定上与社会大众稍有不同，可以说是社会中非主流的次文化，然而，这群消费者的消费实力却不容小觑，其消费行为也独树一帜。

过去许多研究者花费不少心思在探索这块市场，研究数据显示，GLBT族群约占美国总人口数的 4% ~ 8%，其一年平均消费力却高达新台币 2500 亿 ~ 3500 亿元。以男同志为例，调查结果显示此族群教育水平高于平均水平（40%、大学，7%、博士，为美国平均值的 2 ~ 6 倍）、家庭收入高于平均值 2 倍，他们也较乐于享受人生，不仅在社交上活跃，对于旅行、服

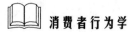

装、酒精、音乐、书籍及艺文活动都有所钻研。正因如此，有研究者将男同志称呼为经济精英，以家庭观点看，男同志通常不会有子嗣，因而拥有更高的可支配所得去进行自己喜爱的休闲活动。必须注意的是，这几个族群为社会的次文化，由于其非主流的信念而在社会中屈居劣势。传统思维中，大多数人对于这个族群仍存在歧视或不理解。近年来，凭借媒体的力量，像美国一个实境秀"Gay男五人组"（Queer Eye for the Straight Guy）的播放，如图5-4所示。节目中邀请五位具有时尚独到眼光的男同志，协助一些人在节目上改头换面，或是改装家中布局等，在美国大受欢迎。随着时代的演进、媒体的传播，民众对于该族群的刻板印象或许能获得缓解。

图5-4　Queer Eye for the Straight Guy

图片来源：http：//warrior45.tistory.com/category/%E2%94%81%E2%94%81%E2%94%81%20Q。

对同性恋者而言，从辨认自己的身份到坦然接受中间通常会历经六大阶段，这些阶段也塑造了他们不同的消费行为与习惯。

5.2.5.1　认同困惑期

这个时期中，同性恋者因开始察觉自己与周围亲友的不同而感到矛盾或困惑。例如，男同志可能在同学们讨论电视剧女主角时兴趣缺乏，反而对男主角充满憧憬。

5.2.5.2　认同比较期

延续上一时期，由于察觉自身的差异而拥有社会的疏离感，甚至自身必须去压抑或隐藏相异之处，这便是有些同性恋者会以异性恋的形貌示人的原因。

124

5.2.5.3　认同容忍期

当发现自己难以压抑或完全确认自己的身份后，同性恋者渐渐理解自己与他人不同的性向，开始结识其他同志友人。

5.2.5.4　认同接受期

同性恋者不再抗拒自己的身份，进而完全接纳自己的性向，其人际关系将重组并将自己置身于该次文化之中。

5.2.5.5　认同骄傲期

加入次文化生活圈中，由于遭受社会主流文化的压力而感到挫折愤怒，可能转变成对异性恋者的仇视。

5.2.5.6　认同整合期

此为最后的阶段，同性恋者会恢复平静，并将其性取向视为自我认同的一部分。

前三个时期可统称为探索期，同性恋者处在确认自己身份的阶段中，因而存在困惑或抗拒，在产品的选购上会倾向低调，多选择较为隐性的网络市场，借此剖析自己的真实性向。后三个时期称为活跃期，也就是正式认同自己的性向后，在属于自己次文化的团体中会回到较为正向积极的态度。因此，在产品消费上也会对于前期的负面失落做弥补，专注打造自己心目中的理想形象，开始追求名牌、打扮自己以提升自尊心，并在次文化圈中寻求归属感。

最后则是淡出期，此阶段可能因前两个时期接触到次文化圈的负面经验，或者是找到感情发展稳定的伴侣而逐步淡出次文化圈。由于性别倾向只是自我概念中的一小部分，在产品的选购与使用上，相较其他主流文化的人并无太大差异，因此开始着重信赖与安全感，同时开始进行老年生活的规划。

5.3　体态

本章最后一部分所探讨的是人的体态，即人外在的样貌。这也是一般大众最直接联想到关于自我概念的要素之一,在此,不仅要探讨个体如何看待自己的体态,还要进一步了解社会文化所塑造出的理想体态是什么。自我概念的描述除了前面提及的身份、性别角色之外,多半人最直觉的联想一定立刻从外在谈起,像拥有明亮的眼睛、高挺的鼻子等,这些消费者对于自己外在样貌的主观评估都称为体态(Body Image)。

体态在自我概念中是相当重要的要素,某些生理特征对于自我概念勾勒的重要程度甚至超过其他要素。有一个名词称作对生理的关注程度(Body Cathexis),指个体对于自己身体体态的感受程度,有些完全不花费精力在打扮上,但也有些人对于外在相当在意。对后者而言,他们购买外貌相关产品的频率会比前者高出许多。

5.3.1 理想美

每个人对完美体态的追求可以说是来自个体对美的期盼,期待他人眼中的我是美的、备受赞扬的,但什么才是美的样貌?显然,每个人对美的定义不尽相同,然而大众对于理想美仍有共同的想象。理想美可说是一种外在的典范,外在则包含了生理特征、衣着、妆容风格、发型与身材等。

根据调查,有研究整理出在西方国家中备受欣赏的特定生理特征。

5.3.1.1 适宜的五官

个体五官的组成高度影响个体的外貌,要拥有吸引人的脸蛋,还要拥有圆亮的大眼睛、高颧骨、坚挺的鼻梁等。

5.3.1.2 良好的体态

通常指健康与年轻的体态,这也印证了俗话说的"健康就是美"与"年轻就是本钱"等概念。

5.3.1.3 对称性

脸蛋或五官若能够拥有良好的对称性,也是美丽的要件。简言之,比起眼歪嘴斜,平衡的对称仍较具美感。

5.3.1.4 女性曲线及沙漏形体态

沙漏形体态就是台湾人说的:"腰瘦、奶膨、屁股硬邦邦",但这只是一种对于曲线的观点。在拉丁美洲的社会中,吉他形身材最受欢迎,这些国家文化讲求的是孕育、肥沃,女性下半身不该只是纤细。然而,这样的观点却也不断受到其他文化的冲击而改变。以巴西名模吉赛儿为例，她的身材显然较属于沙漏形，这些拉丁美洲对美的定义及文化无形之中已受到发达国家的影响。

5.3.1.5　强健的男性特征

类似于上述的女性曲线，男性也有相对应的体态象征。其中，肌肉可谓力量与男性强壮的象征，如结实的六块肌、胸肌或是倒三角体形都是男性较为推崇的理想体态。

消费现场

美貌 = 有能力？

长得漂亮的是不是就比较能干呢？相貌出众的人表现也比较好吗？也许你会觉得荒谬，根据研究结果，俊男美女在职场上的薪资确实较平均水平高。

事实上，造成此结果的原因，来自于社会拥有"美就是好"的刻板印象。当企业的高级主管对部属不熟悉却必须评估其能力时，通常主管会试图寻求一些具替代性、可观察的变项作为判断依据准则。此时，生理特征即为一项替代准则，外观、体态是平时观察他人时最基本也最常用的判断要素，正因如此，俊男美女较易被判断为能力较佳而拥有高薪。

另外，欧美的调查显示，职场中"肉肉男"（平均体重高于大众10%）的薪资水平也较高，但"肉肉女"却没有相同的结果。造成前者的可能原因是，当男性认真打拼时往往会饮食不正常，导致体重不减反增；升官发财时，由于享受人生也可能造成体态的发胖。值得注意的是，后者不具有此优势的主因在于，传统社会规范与刻板印象的影响，俗谚说："天下没有丑女人，只有懒女人"，"肉肉女"被视为不重视自己的外在，并延伸联想到对工作的不尽责，因此"肉肉女"反而屈居劣势。

理想美除了依文化而有所差异外，随着时代的演进亦有不同关注的焦点，不同时代的人各自追求不一样的理想美。1880 年左右，精致的脸蛋与病态美是最受欢迎的，类似红楼梦中林黛玉的美感。

1890 年则是丰腴美当道，像是圆润丰满的杨贵妃，体态丰满健康才是最美的女人。

1990 年，焦点落于童颜美女，拥有洋娃娃般孩童脸蛋的少女最为吃香。现代社会中，美的标准较为多元，因此只要懂得修饰自己身材达到最佳状态便是吸引人的。这股风潮也不限于女性，男性也对自己身材维持愈来愈有自觉，男性保养变得普及化，而美体与各种营销工具也不断推陈出新，以吸引消费者的青睐。

上述提及的各种标准主要从西方人的观点出发，西方优势文化族群惯于将皮肤颜色、眼睛形状作为一个人地位、复杂程度、社会推崇性的参照标准，而位居文化劣势的民族较易于受到这些优势文化影响，因而接纳并遵从该美感指标。

消费者开讲

一白真的遮三丑?

有句谚语说"一白遮三丑"，即指只要皮肤白皙，即可掩盖外貌上的其他缺点，白皙肌肤可说是美丽的重量级指标。在中国台湾以及其他亚洲地区，黄色皮肤才是先天上主流的肤色，然而，消费者却积极地追求皮肤的美白。

在中国台湾市场中，主打"美白"功能的保养、化妆品有如过江之鲫，更有业者推出服用的美白保健食品，强调由体内开始美白。以上趋势皆说明，拥有白皙皮肤可说是亚洲地区绝大多数女性消费者的目标。然而，这样的趋势究竟从何而来? 为何皮肤白皙在中国台湾地区是如此重要的美丽判断指标呢?

对营销人员而言，必须注意美丽的运用。上述曾提及，厂商可以选用美丽的代言人，通过"理想我"的呈现驱使消费者消费产品。然而，广告中模特的美往往是过于梦幻且不切实际的，反而可能造成消费者未必会信赖产品本身的真实性。对此，联合利华旗下品牌多芬曾为了破除这样的惯势，推出一系列"真实美"的宣传活动，广告中邀请普通人来为产品代言，如图 5-5 所示。这些普通人身材一般，也有皱纹、雀斑、白头发，但他们对自己的外貌非常满意，高喊“真实才是美的”。此广告带来的反响相当热烈，不仅吸引观众的目光也获得许多消费者的赞扬，突破社会中对于“美”的追求的樊篱。

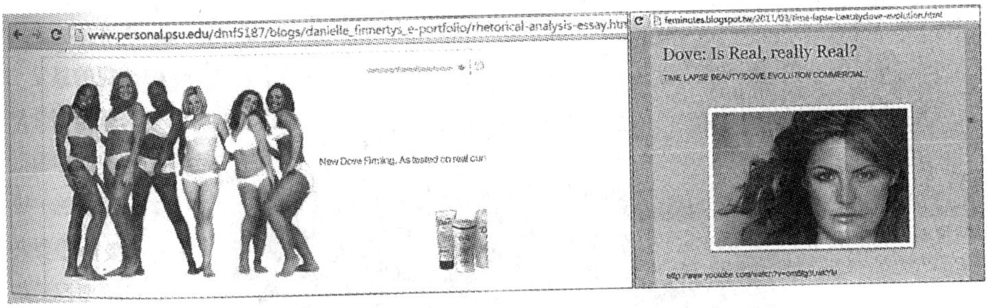

图5-5 普通人广告

图片来源：http：//www. personal. psu. edu/dmf5187/blogs/danielle_ finnertys_ e - portfolio/rhetorical - analysis - essay. html，http：//feminutes. blogspot. tw/2011/03/time - lapse - beautydove - evolution. html。

5.3.2 体态的扭曲

个体对于美丽的追求程度不一，受到社会对于美的概念影响程度也有所不同。有些消费者，如多芬广告中的普通人，对于自己所拥有的一切外在感到相当满意。然而，也有一些消费者坚信相貌与身材的质量是自我价值的展现，因此狂热地追求拥有模特般的完美体态，却导致对体态的扭曲观念与思维，甚至形成疾患。

近年来，受到传播媒体与娱乐事业的发展影响，越来越多的年轻女性对于自己所拥有的体态产生扭曲观感，这些女性容易产生饮食失调的现象，像厌食症或暴食症的发生。除此之外，还有一种疾患称为身体畸形性疾患（Body Dysmorphic Disorder），年轻女性较容易罹患这样的疾病，甚至越趋普及。这群人认为自己在外观上有所缺陷，像对体形的错误认知，即使已经骨瘦如柴但面对镜子中的自己仍觉得是肥胖的，如图5-6所示，最终导致厌食症或食后催吐行为的反复发生。

另外，由于医学美容技术的蓬勃发展，微整形与美容手术成为风潮，许多消费者选择整形来改善自己不满意的外在部分。除了直接整形改变外观外，个体也可以间接的方式装扮自己，像使用装饰品来凸显个人特质，如蕾丝缎带、耳环项链等饰品。值得注意的是，不仅是外在的装饰品，还有其他更接近体态的身体装饰，如刺青、身体穿孔等。过去，刺青或身体穿孔为一些社会弃儿的最爱，如今却越来越普及，许多年轻人喜欢用刺青作为自我概念的展示方法。然而，消费者在进行刺青或身体穿孔时务必三思，这种身体装饰，是会显现在身上长达一生的，若将来后悔想要消除，不只要花费大量的金钱，还可能要忍受数倍的疼痛。

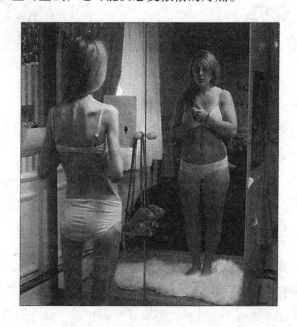

图片来源：http：//cdn. ology. com/bundles/ologysocial/up/img/post/post_ large_ latest_ lesser_ side/post_ 4fd240281632e0. 33849498. jpg？v27。

图 5 - 6 体态的扭曲

本章习题

1. "理想我"即个体自己期望变成的样貌，"真实我"是个体真正外显出较多的特质，而"社会我"则为个体想象其他人如何看待自身。请依照上述三个自我概念之定义，试举例分别说明这三种自我概念曾经如何影响您在消费上的决策。

2. 请试图在您的生活周围找出分别具有"高度自我监控性格"与"低度自我监控性格"的两位朋友，并观察他们在消费决策与行为上有何差异。

　　3. 产品除了可用来与自我的形象做联结之外，有些个体也会将外在的商品视为自身的一部分，因此当他人在评估自己或自我评测时，这项外在商品也会成为被评估的一环，也就是所谓的"延伸我"。在生活中，您或您的朋友是否特别爱好某品牌或某产品，且认为它就是可以代表自己的？请举出两个实例，并说明您或您的朋友为什么会认为某品牌或某产品可以代表自己呢？

　　4. 在传统文化中，性别角色区分有一定的既定印象，然而现代社会中，性别界限逐渐模糊，男性与女性的性别角色或是其他性别角色族群的出现，对于营销实务产生一定的冲击与挑战。试问，面对这样的角色转变，您认为身为一个营销人员应该如何应对？而根据各种不同的性别角色族群，又该分别采取何种营销策略较为适宜？

　　5. 请试着回想一至两个过去曾发生过产品代言人无法有效地提升产品销售成绩的案例，并利用本章所提供的理论说明为何该代言人会失败；若您是该公司营销部门主管，您会选择谁当代言人？为什么？

消费者了没

孙芸芸 VS. 侯佩岑

　　2011 年，时尚名媛孙芸芸接下澎澎沐浴乳的代言，厂商试图以高质感呈现广告内容，强调产品所含的珍珠粉与玻尿酸让身体都亮了起来。厂商原先预期通过名媛孙芸芸的广告加持，应该能够为产品带来一波新的商机，并且提升商品质量感，但是不料广告一出却惨遭网友痛批。多数民众认为产品广告代言人的选择并不适切，指出孙芸芸本身身价不凡，过去她所代言的家电产品也都走高价定位，在一般人的眼中她有着名媛高贵的形象，因此许多民众也并不相信她会选择平价的沐浴乳洗澡，直炮轰广告代言不实。另外，还有网友质疑厂商是否借机拉抬产品价格，利用她的个人特质来塑造产品高价位的形象。为了减缓纷至沓来的广告与产品批评声浪，厂商只好在数周内选择停播广告，来年，取而代之的代言人则是形象亲民的"宅男女神"安心亚。

图5-7 孙芸芸代言图

图片来源：http：//www. gagi. com. tw/upload/images/image/GAGI - commodities/ 0926 - c/0102010008 - 1. jpg。

图5-8 侯佩岑代言图

图片来源：http：//www. mepopo. com/image/1/12177。

132

另外，"甜姐儿"侯佩岑几年前为花王旗下品牌 Biore 的新产品线沐浴乳代言。广告当中，侯佩岑饰演一位工作辛苦的上班族，下班后不被各种可以放松的 SPA、按摩店等选择所诱惑，而是选择直接回家。回到家中，Biore 沐浴乳就是她一天辛苦后的 Happy Ending，舒服的热水澡配合柔嫩肌肤让人在一天结束之后能够有个好睡眠。"甜姐儿"侯佩岑也难得性感亮相，这则广告一问市，便成功地牵动了消费者的心，创下此产品的销售佳绩。此后，Biore 也不断地研发各种新风味的沐浴乳，并连续数年邀请侯佩岑代言商品，销售成绩更是一路长红。

注：①澎澎沐浴乳为中国台湾一知名本土品牌，市场定位为较低价大众化品牌，过去代言人为天心。②Biore 为日本花王公司旗下的品牌，Biore 品牌本身其他产品线包含卸妆棉、洗面奶等，通常产品会以知名国内外明星作为代言人。

问题讨论

1. 同样代言沐浴乳，为何孙芸芸与侯佩岑所获得的反响完全不同呢？请从产品与代言人的关联性思考出发。

2. 以澎澎沐浴乳为例，建立顾客的自我意识状态（Creation of Self - Consciousness）对品牌有帮助吗？如果有，该用何种方式来建立目标市场的自我意识状态呢？

3. 为自己建立一个消费自传（Consumption Biography）。将自己喜欢的拥有物（Favorite Possessions）列出，并试着思考自己通过拥有物想呈现出的个性为何。请身边的人判断你的拥有物是否与个性相符程度，产生高低结果的原因又为何。

第6章　性格与生活形态

消费奇案

Try it！纯吃茶

你曾经喝过纯吃茶吗？提到纯吃茶，你首先会联想到什么呢？是否会联想到一股青春的冲劲呢？中国台湾的茶饮料市场竞争性极高，可说是众食品厂商兵家必争之地。在这个不断汰旧换新的茶饮料市场中，纯吃茶数十年来屹立不摇，实有其独特之处。

1993年，统一企业首度推出纯吃茶品牌，在设定品牌定位时，试图赋予其年轻活力的价值，塑造出年轻人热血、青春、勇于冒险尝试的联结性。纯吃茶的广告中，往往以一群年轻男女为主角，他们会去尝试许多新鲜事，像是单车环岛、三对三斗牛、夜冲等活动。正如同它的品牌口号"Try it"，这些年轻人永远怀着阳光的心、大胆去做，同时也随手带着统一纯吃茶，陪伴他们每一次冒险挑战。

除了传统的媒体广告外，纯吃茶也通过举办活动来塑造品牌形象，像图6-1的热血照片活动征稿，便是通过活动进一步与消费者沟通青春活力的品牌精神。回到一开始的问题，若请你形容纯吃茶这个品牌，它是否像新鲜、勇于冒险的年轻人呢？事实上，这些拟人化的特质即为品牌个性，也就是纯吃茶这个品牌期望给予消费者心中的联想。

图 6-1　纯吃茶营销活动

图片来源：照片由联合报系提供。

　　另外，纯吃茶所吸引的目标客户也确实多是年轻的学生族群，因为年轻学生会认同纯吃茶品牌价值与自己个性的相符程度，或希望自己是拥有相同性格或特质的人，勇于抓住青春的尾巴。

　　本章的内容正是要探讨并分类消费者不同的性格与特征，这些性格与特征会影响到消费者选购商品。正如上文所述，每个品牌产品都有自己的品牌个性，导致个体在选择商品时，也会将此作为考虑因素。除此之外，本章另一重点探讨的是消费者的生活形态，就像纯吃茶品牌主打的生活形态不会是完全的乖乖牌，而是敢冲敢拼的人生。不同生活形态会驱使消费者购买不同的商品以符合其生活形态，因此对个体的消费行为也有举足轻重的影响力。

谢老板眉头一皱，发现消费者并不单纯：

1. 拥有不同性格的消费者如何回应他所接收的营销刺激？

2. 消费者的生活形态如何影响营销策略？

6.1　性格

俗话说："性格决定命运。"每个人的性格不同，因此造就了每个人不同的人生际遇。究竟性格是什么？你通常怎样描述自己的性格呢？性格（Personality）指个体独特心理特质的组合，以及这些特质如何持续并一致地影响个体对环境线索与刺激的响应。举例而言，保守性格与挑战性格的人，对于外派工作会抱持不同的态度。保守性格的人想的是外派工作所充满的不安全感与陌生感，因此偏向拒绝；挑战性格的人却看到外派工作的新鲜与趣味而欣然接受。

值得注意的是，性格虽然强调对刺激的一致性响应，但并不代表消费者的性格永远不会转变。在特定情境下，个体的性格可能发生改变，如大病过后，可能性情大变，变得不再那么暴躁或轻易发怒，或者遭逢一些重大危机事件后，也可能改变个体一直以来的性格。

6.1.1　心理分析论

关于性格的解释，知名心理学者弗洛伊德，通过心理分析论（Psycho-analytic Theory/Freudian Theory）的架构，联结性格与潜意识的动机，并提出人有不同面向的三个我。

6.1.1.1　本我（Id）

完全遵照享乐原则的本我，以满足身体和心灵上所有的需求为主要目标，就像心中的小恶魔，会不断地鼓吹你满足现有的欲望。

6.1.1.2　超我（Superego）

超我则与本我背道而驰，超我会驱使个体遵照社会规范行事，以高道德标准要求自己，就像心中的小天使，会不断地鼓励自己遵守规范。

6.1.1.3　自我（Ego）

自我指根据实际原则去调节本我与超我后呈现于外的我。自我会在追求欢愉与道德规范中拉扯，就像天使与恶魔的战争，最后个体会根据现实原则，以一种社会大众可接受的方式让自我得以同时满足本我与超我的需求。

弗洛伊德的想法类似于中国传统上的性恶论与性善论。显然地，最根本的我需要满足性、饥饿等需求，也拥有攻击的倾向。另外，人有良心，良心驱使个体遵循世俗的规范，压抑本我的欲望。

正如上所述，性格正是通过调节欢愉（即 Id）与道德责任感（即 Superego）冲突所产生的结果。也由于每个个体调节程度的不同，而造成不同的性格特征，以本我为主的人可能倾向于及时行乐、较为冲动行事；以超我为主的人则可能偏向完美主义、循规蹈矩；以自我为主的人则较为圆滑且深思熟虑。

图 6－2　弗洛伊德

图片来源：维基共享资源。

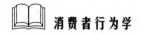

消费现场

原住民与飞鼠

过去，在中国台湾原住民的聚落里有许多不可思议的传说，其中之一是，原住民相信只要吃下飞鼠的排泄物就可以强身健体、长葆健康。也因此，许多原住民会特地去猎捕飞鼠，并食用其排泄物。

随着时间的推移，中国台湾的动物保护观念逐渐抬头，动物保护的相关法令逐步完善，而飞鼠也被列为保护类动物而禁止猎捕。在这样的禁令下，原住民就面临了本我与超我的冲突。本我会驱使原住民去满足自我需求，即使犯法捕猎飞鼠也在所不惜；反之，超我则使原住民倾向遵守法令而停止捕猎。

身处在本我与超我的彼此冲突下，原住民最终基于现实考量，找出解决冲突并满足需求的方法。他们仍然会上山猎捕飞鼠，但并不伤害其性命，而是随身携带珍珠奶茶大小孔径的吸管，在不伤飞鼠性命的前提下，以其他工具来满足他们的需求，达到本我与超我的平衡。

6.1.2　动机研究

根据弗洛伊德心理分析论，可延伸出与动机相关的研究。这类研究以心理分析论的架构为基础，但更强调潜意识层级的动机，并假设个体在潜意识中拥有一些不被社会所接受的需求，这些需求得以通过其他方式转移并获得满足。

据此，弗洛伊德学派学者可说是为产品及其广告的意义下了更深层的批注。某些产品除了具备功能性需求让消费者在有意识的状况下购买外，同时也具备象征性意义让个体在使用时得以转移并满足其本我潜意识中存在但不容于社会的需求。营销人员必须洞察消费者的这些需求，并运用于营销宣传上。学者狄托（Dichter）曾针对多样产品进行研究，并以此挖掘出相关的潜意识动机，如表6-1所示。事实上，一项产品所能链接的动机不仅一项，像冰淇淋即同时与安全感及奖酬有所联结。

表6-1 动机与产品的联结

动机	联结的产品
权力—男人味—壮阳	电动工具、改装车、咖啡、红烧肉、刮胡刀
安全感	冰淇淋、家庭烘焙、医疗照护
性欲	甜点、手套
道德纯洁—洁净	白面包、棉织物、沐浴用品、燕麦片
社会认同	玩具、糖、蜂蜜、肥皂、美容产品
个体主义	美食、进口车、伏特加、香水
地位	苏格兰威士忌、地毯
女人味	蛋糕、洋娃娃、丝绸、茶、家庭古玩
奖酬	香烟、糖果、酒精、冰淇淋、点心
对环境的掌控	厨房用具、木筏、运动用品
去异化	家居装饰、滑雪、晨间广播
魔幻神秘感	汤、画作、碳酸饮料、伏特加

资料来源：Solomon, Michael R., "Consumer Behavior：Buying, Having, and Being", Pearson Education LTD, 8th Edition, 2009, P.247. Adapted from Jeffrey F. Durgee, "Interpreting Dichter's Interpretations：An Analysis of Consumption Symbolism", in the Handbook of Consumer Motivation, Marketing and Semiotics：Selected Papers from the Copenhagen Symposium, eds. Hanne Hartvig-Larsen, David Gien Mick, and Christian Alstead (Copenhagen, 1991).

　　以跑车为例，男性多半对跑车有所憧憬，跑车不仅能让他们享有驾驭速度的快感，在狄托的研究中，跑车更与男性的性欲有所联结。实际上，男性皆有对性的需求，但性泛滥在普通大众中是不被接受的，因此男性必须将此需求转移并以其他方式来满足。跑车正是男性们转移的目标商品，驾驭跑车能使男性在潜意识中使本我获得性需求的满足，同时这也是符合超我社会规范的替代方案。因此，看看各种跑车广告或者车展，不难发现跑车旁边时常搭配一位美女做宣传，便是借此在激发男性潜意识的动机与需求。

　　除此之外，根据研究结果，甜点或手套等商品也与性欲相联结。这是由于人在食用甜点时，往往有舐的动作出现，这个动作容易令人联结至性欲。而手套则是因为男性会将女性脱手套的动作联结至脱衣，因而也产生与性欲相关的联结。其他像打保龄球的联结也相当有趣，研究结果显示喜爱打保龄球的人在潜意识中对于权力有所渴望。

　　上述的动机研究固然对营销人员在设计营销广告上可能有所帮助，但也受到部分学者的质疑与批评。首先，这些研究并未经过大样本的调查，

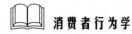

其结果的普及性有待商榷，且这些调查多半是质性研究的访谈结果，其信度与效度较难完整测量，较难使人信服。其次，质性研究所得出的结果相当主观，或者研究者的推论过于间接，可能导致最后获得的研究结果失去客观性，甚至无法切中核心。再次，关于心理分析论也有所争议，由于弗洛伊德学派许多观点皆由性的角度出发，在诠释上往往与性有所联结，致使其他可能性被忽视。最后，对于相信动机理论实用价值的人而言，他们反对营销人员借此作为广告手法欺骗消费者。

然而，在一阵批评声浪中也有对动机理论的赞扬。首先，比起大样本的研究调查，动机理论的总研究花费相对节省，但以个体单价而言却是所费不多。其次，动机理论确实提供给营销人员一些线索，使得营销沟通上能更贴近消费者内心的需求，而动机理论也可作为辅助性工具，将其与大样本的研究结果相互对照，以印证最终的研究结果。最后，虽然动机研究多半与性挂钩，但毋庸讳言，其中有一些诠释确实得以被应用，因此动机研究仍具有其贡献与价值性。

6.1.3 新弗洛伊德理论

在弗洛伊德之后，许多尊崇理论学派的学者也纷纷循此提出新的理论见解，统称为新弗洛伊德理论（Neo – Freudian Theories）。新弗洛伊德理论的学者们认为，弗洛伊德过于着重从生物的角度出发进行性格诠释，反而忽视了环境变动性与社会关系。因此，新弗洛伊德理论的核心观点，强调个体性格受到生物本能的影响并不大，而取决于个体如何与周围的人，事，物相处，以下列举四位较为出名的学者进行阐述：

6.1.3.1 卡伦·霍妮（Karen Horney）

卡伦·霍妮提出社会心理理论（Socio – Psychological Theory），认为人的性格主要是在社会化的发展阶段中逐渐建立，最终可能养成三种不同的性格。一是顺应性人格（Compliant），这类型的人较为依赖团体，多半能对周围人进行关怀，也善于与其他伙伴和平共处；二是疏离性人格（Detached），社会性关系建立与维护较低，常独来独往且独善其身；三是激进性人格（Aggressive），与人相处着重于竞争关系，重视胜利感与成就感。这三种人格并没有孰优孰劣的问题，只是一种分类依据，每一种人格各自都有在不同情境中的长处与短处。

6.1.3.2 阿尔弗雷德·阿德勒（Alfred Adler）

阿尔弗雷德·阿德勒强调每个个体都有自卑情结存在，因此，拥有充分且强烈的动机去克服与他人相较之下的劣势之处。

6.1.3.3 哈里·斯塔克·沙利文（Harry Stack Sullivan）

哈里·斯塔克·沙利文认为个体性格的养成处在不断演进的历程中，且个体会致力于减弱社会关系中的焦虑不安感。

6.1.3.4 卡尔·荣格（Carl Jung）

卡尔·荣格是分析心理学（Analytical Psychology）的创始人，类似于弗洛伊德的学说，其认为性格的形塑与潜意识有关，然而他主张集体潜意识（Collective Unconsciousness）才能真正解释动机与性格之间的关系。集体潜意识源自于远古时代的累积，进而流传为人的不同原型（Archetypes），这些不同的原型会拥有不同的性格特征。

通过集体潜意识，营销人员可根据不同潜意识的需求去形塑差异化的品牌个性。美国的 Brand Asset 公司，借此发展出具体品牌个性的原型模型，并搭配与其相应的人物角色。每种角色都有光明面与阴暗面，分别有不同的性格，但这些性格是一般大众共有的认知，我们也对这些概念有一定程度的理解力。光明面角色如图 6-3 所示；黑暗面角色则如图 6-4 所示。

魔术师—思想
逻辑的、分析的、洞察的

贤者—和平
智慧的、有远见的、指导的

长老—信念
庄严的、权威的、鼓舞人心的

女族长—秩序
组织的、系统的、支配的

天使—梦想
乐观的、无邪的、纯洁的

大地之母—身体
平稳的、真诚的、养育的

女巫—灵魂
神秘的、感官的、诱惑的

女王—存在
随意的、舒适的、社交的

女演员—感觉
迷人的、戏剧的、复杂的

战士—自我
自信的、强大的、英勇的

吟游诗人—快乐
快乐的、自由自在的、敏感的

小丑—精神
诙谐的、有精力的、勇敢的

图 6-3 光明面性格角色

资料来源：Brand Asset Consulting, "A Young & Rebicam Brand Company".

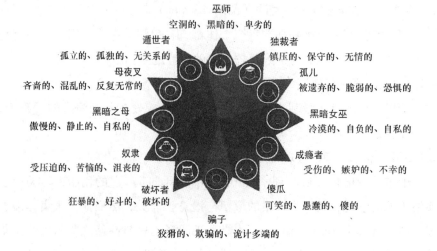

图 6 - 4　黑暗面性格角色

资料来源：Brand Asset Consulting, "A Young & Rebicam Brand Company".

举例来说，克莱斯勒公司就曾采用此概念进行相关研究。研究者让受测者躺在舒适的软垫上，并在黑暗中播放轻柔的音乐，让消费者进行自由联想。塑造这种环境的主因是为了使受测者所处的环境逼近于梦中的情境，借此激发其潜意识的思维与想法。研究结果发现，美国消费者内心最深处的需求为创业家精神、独立自主与发明力；同时，他们心中也是稚气未脱且自我沉溺的；他们还具有怀旧情怀，怀念过去的好时光，而那段时光，一切都显得简单并安全，让人们对自己拥有较好的感受。

上述的结果其实就是美国人民的集体潜意识。一方面，美国本身发展时间较短，相较于其他国家较为年轻；另一方面，美国尚未有重大革命性的变动产生，仍稚气未脱，但也具备较佳的创造力，同时也可能闯祸带来破坏性影响而从中调整学习，像 2008 年的次级房贷风暴。克莱斯勒公司将研究结果延伸至产品概念车的设计上，其概念车在外部结构上强调坚若磐石般的安全可靠，内部的设计则着重安全舒适的极致享受，结果看似相当一般化并无突破性的创新概念，但其诉求背后关键来自于美国消费者在孩子般的个性外表下，内心对安全感的渴望。

6.1.4　特征理论

特征理论（Trait Theory）是性格理论发展下的分支理论，其精华在于将许多的人格特质汇整分组，将相似性高的特征归类成一个群集。正因如此，特征理论提出，人的性格是能够被衡量且辨识的，研究者可以通过各类量表测量个体的人格特征。更重要的是，这些量表大多数是通用的，量表中的各级也都能适用于不同的国家中，每一个个体的差异性仅存在程度上的差异性。实际上，每一个个体由于拥有不同特征，自然他们所彰显出的消费行为不相同，下面列举五个特征稍加概述：

（1）创新性，为个体喜爱尝试新鲜事物的程度，创新性高的人较愿意购买市场上新出售的产品。

（2）物质主义，强调对于产品的取得与拥有，个体看重的是拥有这些产品或服务带给自身的意义。

（3）自我意识，指个体对于他人面前的自我形象监控程度，故产品必须与自我形象具有高度的一致性。

（4）认知需求，关于个体喜爱思考事物的程度及其花费多少时间去处理品牌的信息。认知需求程度高的个体会重视搜集以及解读信息的整个历程，因此对产品信息的涉入程度通常较高，进行购买决策时也会花费较长的时间。

（5）节俭，即个体节约使用手边持有资源的程度，这类型的个体可能大多喜爱自助式产品（DIY），在自助的过程中，由于能够节省不少成本而获得最大效益。

同样地，特征理论也面临部分学者的质疑，尤其是特征理论的解释力与预测力。当消费者在采购商品时，各种不同的特征会共同影响最终的购买决策，因此，要衡量出哪一类型的个体具备何种消费行为的难度极高，其信度与效度相对不稳定。除此之外，特征理论的量表过去多用于医疗研究，特别是心理医生会以此衡量病患的状态，导致量表的设计趋向一般性，较少有产品专属性。正因如此，企业在使用量表时，其预测力较低，再加上使用时必须先预设购物情境，由此所产生的预测偏误较大。

为改善预测偏误，有些企业会自行在量表上添加专属于产品的问题，但仍无法完全解决问题。试想一下，同样是具备节俭特质的人，有些个体是在饮食、家居等项目上节俭，有些个体则可能是在娱乐活动上节俭。因此，即便添加产品专属的变项于量表中，也难以衡量出不同产品的差异性，导致无法进行跨品类的比较，其实用性就会降低。

6.1.5 品牌个性

当消费者将属于人的特征套用至品牌产品上，并将品牌产品视为个体，由此归结出其所具备的一组特质时，此即为该产品的品牌个性（Brand Personality）。

品牌个性为品牌资产中相当重要的一环，此概念的出现源自于泛灵论（Animism）。泛灵论当中包含两个重要观点：一是万物皆有灵，有些东西用久了，会不会感觉有一股特殊的气味或气息，这便是万物皆有灵的概念，即每一项商品都有自己的灵魂蕴含其中；二是对象能被拟人化，指可以运用人所具备的特质去描述一项对象。品牌个性的相关讨论便由此延伸而出，其中最具代表性的学者为戴维·艾克（David Aaker），他曾发表过许多相关的学术文章，并归类出五大品牌个性构面，如下所示：

（1）真诚的（Sincerity）：包含健康的、真实的、美丽的、愉悦的。

（2）刺激的（Excitement）：包含创新的、合乎潮流的、大胆的、冒险的。

（3）精巧的（Sophistication）：包含典雅的、迷人的、赏心悦目的。

（4）有能力的（Competence）：包含可信赖的、成功的、领先地位的、安全的。

（5）粗犷的（Ruggedness）：包含阳刚的、热情的、不修边幅的。

然而品牌个性究竟从何而来？回想一下，第 2 章最后提到的符号学理论，事实上，品牌个性的塑造即是通过符号移转的方式来完成。营销人员可通过大众媒介的设计对消费者传递品牌想要传达的个性特质，消费者正是通过每一次与品牌的接触与体验而对品牌个性有所认知。根据厂商采取的品牌行动不同，消费者会自行去推论此品牌的特质，如表 6 - 2 所示。举例来说，当品牌拥有较长时间的保质期或 24 小时免费客服专线时，消费者倾向认为这个品牌是值得信赖的。当品牌经常性提供折扣优惠时，消费者将可能视品牌为较廉价且不时尚的。

表 6 - 2　品牌行动与其特质

品牌行动	特质推论
品牌会数次被重新定位或不断改变口号	任性的、精神分裂的
品牌在持续运用相同的特征物做广告	熟悉的、舒服的
品牌索高价且拥有独家通路	势利的、精巧的
品牌经常性地提供交易优惠	便宜、落后的
品牌提供五年的保质期或免费的消费者热线	可信赖的、可依赖的
品牌提供许多产品线的延伸	多功能的、适应性的

资料来源：Solomon, Michael R., "Consumer Behavior: Buying, Having, and Being", Pearson Education LTD, 8th Edition, 2009, P. 253. Adapted from Susan Fournier, "A Consumer – Brand Relationship Framework for Strategic Brand Management", Unpublished Doctoral Dissertation, University of Florida, 1994, Table 2.2, P. 24.

关于消费者对品牌个性的印象，大多是通过直接询问消费者作为调查方式，其问题皆相当直接，像"你觉得这个品牌如何"、"你下次会想再购买此品牌的商品吗"等问题。近年来，也有研究会通过想象的形式，邀请消费者做自由联想，此时询问的问题便较为间接。举例来说，可以请消费者想象"有哪些品牌和自己的关系就像朋友一样"、"如果可以跟自己的爱车对话，你最想对它说什么"、"想象你用的洗发露是一种动物，它会是熊猫、狮子、猫咪还是小鸟"等问题。但也由于这些问题过于天马行空，有时消费者会感到语塞而难以回答，因此，也可以请消费者以绘图的方式来表达想法。当消费者说出对品牌的想象或是描述产品用户的形貌与情境时，无形之中便表达了他们对品牌的观感，也间接展露出他心目中认为品牌所应具备的形象。对此，营销人员应进一步追问为何消费者选择以某种动物作为表征，才能更精准地了解品牌于消费者心中的个性。正因为每一个详细的营销活动都可能影响消费者对品牌的观感，变动性极高，因此"Prosumer"的概念逐渐被重视，"Prosumer"一词为"Consumer"与"Producer"两个词的结合，意即消费者不再是单纯的消费者，他们同时也是品牌商品的制作者，营销人员要能够与消费者共同创造出最适宜的品牌个性。

▶▶ 6.2 生活形态

6.2.1 生活形态的定义

生活形态（Lifestyle）指个体消费的形式与常态，此能反映出个体如何运用他的时间与如何花费他手边所拥有的金钱。

近年来，关于生活形态的研究越来越受重视。过去仅运用人口统计变量对市场中的消费者进行分群的做法已经不适合，由于这种做法只能找出谁（Who）属于同一群体，却无法察觉这群人生活样貌（How）或形式（in What Way）。然而，消费形态会受到时间推移而不断蜕变，营销人员必须能洞察消费者最爱、最常做的事，进而了解他们如何花费可支配所得，借此将消费者区分出不同的群体，并定义出他们不同的生活形态。营销人员的根本目的是希望能够使每位消费者通过消费相关产品去享受他的人生，并在消费这些产品或服务的同时，让消费者达到社会的身份认同。

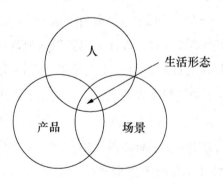

图 6-5 生活形态的三要素

资料来源：Solomon, Michael R., "Consumer Behavior: Buying, Having, and Being", Pearson Education LTD, 8th Edition, 2009, P. 261.

若进一步解构生活形态，可以发现其中包含三个最重要的组成元素，分别是人、产品、场景，即营销人员必须要理解消费者如何在不同的场景与情境脉络下使用不同的产品。举例来说，根据人口统计变量的研究，可能会发现学生族在手机选购上较为重视外观新潮度，由调查结果可以归纳出学生族群的偏好，却较难了解为何手机外观对学生族群如此重要。然而，通过对生活形态的调查研究，研究者发现一名大四学生最常使用手机的时段在其上课时间，对这位大四学生而言，手机能彰显出他想对外呈现的面貌，因此外观是重要的，代表着他的品位。此外，上课时间漫长乏味，手机要能提供充分的娱乐性，像 MP3、影片、游戏 APP 等功能，让他打发时间。正如上文所述，营销人员要能通过不同面向来分析出不同族群的生活形态与需求，并从中发展出适宜的商品设计与营销活动。

　　营销人员若能良好地掌握消费者的日常生活情境，并配合此情境开发相对应的产品服务，对于新兴市场的开发将有正向的影响效果。在新兴市场中的消费群与发达国家的消费群在生活形态上有高度的差异性，因此其消费行为也截然不同，若是单纯复制过去的经验，难以完全迎合新兴市场的消费习惯。

消费者开讲

康师傅前进俄罗斯？

　　康师傅，现今已是一个家喻户晓的知名品牌，在中国台湾与大陆都相当火红，尤其泡面是其极具竞争力的热销商品。其成功的关键因素在于市场的完整布局、可负担的亲切价位、本地化的口味调整、强力放送的趣味广告等。

　　康师傅的负责人曾想过一个问题，既然康师傅在中国的发展已如此成功，是否可能将这样的产品销往其他国家呢？在众多的国家中，俄罗斯就是他们思考的对象之一，在天寒地冻的俄罗斯能吃上一碗热热的泡面绝对是人生的一大享受。试想一下，康师傅将泡面产品推向俄罗斯市场是否真的可行呢？可行或不可行的原因分别为何呢？

此外，通过生活形态调查，研究人员还可以进一步检视消费者如何选择不同类别的产品。由于产品与产品间的消费未必是完全分割独立的，通过了解消费者的购物模式，企业也能从中找出联合品牌（Co - Branding）的策略可能性，即不同的企业携手合作、共同宣传旗下的品牌与产品。消费者购买不同类别产品的原因主要如下：

6.2.1.1　产品互补性（Product Complementarity）

产品互补性指不同产品在各自的象征性意义上具有某种程度的关联性，像是一些高级餐厅中会看到红酒品牌的广告活动，即因为餐厅美食与美酒在消费者心中的象征性意义皆属于具有品位的生活形态，因此两者的共同宣传得以吸引消费者消费。

6.2.1.2　消费星象（Consumption Constellations）

消费者会运用一系列的产品去定义、沟通并表现其社会性角色，举例来说，同样提着 LV 皮包的消费者，一位走在嘈杂的菜市场，另一位出没在贵妇百货 Bella Vita，你的想象与观感便会有所差异。因此在针对不同个体时，营销人员必须观察其在衣、食、住、行、育、乐等各方面的消费，才能找出其所属的消费族。对企业而言，营销人员可从中发现，哪些产品的结合能够更加巩固消费者的角色地位因而设计出更适宜的联合品牌策略。

6.2.2　心理绘图

本章开篇曾经提及仅采用人口统计变量作为研究变量是过于粗略的做法，消费者纵使依照人口统计变数被划分于同一族群中，也有可能表现出迥然不同的消费行为。正因如此，有研究者通过心理绘图的概念，将性格变量结合至生活形态相关的知识，其中包含心理学、社会学及人类学等因素，进而使消费者的分类更加明确。

心理绘图的技巧可以帮助营销人员定义出市场中的消费分群，并非单纯地以年龄、收入、居住地区等因素作为划分依据，而是加入考虑性格或生活形态等因素，从中深入探讨不同形态消费者的消费决策。

心理绘图的概念较为抽象，以下列举料理产品与生活形态的案例，如表 6 - 3 所示，不同生活形态的消费者可能对应到不同的需求商品。研究者分析出哪些生活形态或是哪些性格的消费者具有什么样的特质，而这些特质基本需要哪些产品来加以满足其需求，因此在不同的差别上企业都能以差异化的产品加以应对。

表 6 – 3 生活形态与性格

生活形态	性格
活跃的生活形态（蔬菜）： 热爱户外活动、体态匀称、工作狂、活跃于社交活动	心智敏锐的（蛤蜊巧达浓汤）： 有才智的、复杂的、有创造力的、追根究底的、睿智的、重视营养的
重视家庭生活（鸡肉面）： 家庭导向、上教堂的、传统的	社交的（辣椒汤）： 热爱参与派对、外向的、趋势引领者、赶上流行的
宅男/宅女（西红柿）： 待在家中、好的厨师、热爱养宠物、喜爱独处	运动型（奶油浓汤）： 运动健将、富竞争力的、热爱冒险
热衷于动脑（法式洋葱圈）： 科技达人、环球旅游者、爱书成痴	关怀的（蔬菜浓汤）： 朴实的、感情丰沛的、追求乐趣、乐观

资料来源：Solomon, Michael R., "Consumer Behavior: Buying, Having, and Being", Pearson Education LTD, 8th Edition, 2009, P. 253. Adapted from Susan Fournier, "A Consumer – Brand Relationship Framework for Strategic Brand Management", Unpublished Doctoral Dissertation, University of Florida, 1994, Table 2. 2, P. 24.

有关生活形态的研究中，AIO 量表最常被用来测量消费者的生活形态。AIO 量表中的 A、I、O 分别指：活动（Activity）、兴趣（Interest）、意见（Opinion）。研究者可以通过观察消费者的这些变项推敲其生活形态。

事实上，除了这三项指标外，还会加入一些人口统计变量，让研究人员更容易分辨出哪一族群的人通常做什么活动、拥有什么嗜好，或对于何种议题感兴趣，两者相辅相成搭配会让研究结果更加贴近现实生活。如表 6 -4 所示。

表 6-4 AIO 量表

活动	兴趣	意见	人口统计
工作	家庭	自我本身	年龄
嗜好	家居	社会议题	教育程度
社交活动	职业	政治	收入
假期	社区活动	商业	职业
娱乐	休闲活动	经济	家庭状况
俱乐部成员	时尚	教育	住宅
社区	食物	产品	地理位置
购物	媒体	未来	城市规模
运动	成就感	文化	人生阶段

资料来源：William D. Wells and Douglas J. Tigert, "Activities, Interests, and Opinions", Journal of Advertising Research, 1971 (11): 27-35.

除 AIO 量表外，另外一个价值观与生活形态系统（Values and Lifestyle Survey, VALS）运用也相当普遍，此系统系由美国学者经过大样本调查后所得的分析结果。事实上，此系统的第一代研究结果在经过细致分析后，发现每个群集之间的辨别力不足，故已演化出第二版本，图 6-6 即为第二代的结果。第二版本中，加入了资源因素，原因在于个体的生活形态除受性格的影响外，还取决于手边资源的多少，包含经济资源、社会资源等。

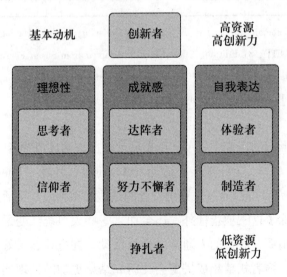

图 6-6 价值观与生活方式系统

资料来源：SRI International。

150

价值观与生活形态系统图的横轴为个体追求的三种动机（理想性、成就感与自我表达），纵轴则是资源与创新力的高低。通过横轴与纵轴，可以划分出九种生活形态的类型。举例而言，在自我表达动机驱动上有两种类型的人，一是体验者，二是制造者，两者的差异在于前者拥有相对充沛的资源，能尽情去体验并挑选自己想表达的形象；后者则资源相对匮乏，必须尽力创造自我的角色与形象，而这两种类型的人生活形态势必也具备一定的差异性。

当营销人员运用心理绘图技术时，搭配 AIO 或是 VALS 系统更能精确地定义目标市场，并更有效地沟通产品的独特性以吸引目标客群。此外，了解目标客户的兴趣、休闲与对大众事务的关心程度后，厂商也能将产品与社会各项议题结合，达到共同营销，让消费者无形之中更关注于这项产品，提升其涉入程度。

消费现场

马丁尼族与啤酒族

在中国台湾，过去曾有广告公司研究不同酒类的品牌性格，并借此将消费者区分成马丁尼族、葡萄酒族、绍兴族与啤酒族四大族群。每一个族群都反映着不同的性格特征、消费行为特殊性或生活形态。事实上，这样的分类并不限定于特殊品牌所使用，而仅是以酒的种类来做区分。

这种广告公司的大样本研究，如果企业有兴趣且认为会对自家的营销策略有所帮助的话，就可能会自费去购买这样的数据库或研究结果。企业购买报告之后，可以通过进一步的分析而了解自己的目标群。因此，每家企业虽然都购买且拥有一样的研究报告结果，但是由于各自的着重点不同，致使最终呈现于消费者眼前的营销策略也有所差异。

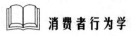

表6-5 马丁尼族与啤酒族

马丁尼族——享受物质、追求流行	葡萄酒族——主动热情、不受拘束
背景特征：北部地区，25~39岁，未婚或新婚	背景特征：中部地区，20~24岁，未婚，专科/大学教育程度
·以崇尚流行自居者 ·喜欢到有气氛、有格调的地方购物 ·经常购买同一品牌的系列产品 ·只要是喜欢的产品都会迫不及待地买下来 ·喜欢用信用卡或签账卡购物 ·用钱的方式经常是有多少花多少 ·较不喜欢安定或有保障的工作	·喜欢过流行的生活 ·不喜欢遵照长辈的指示做事 ·总是花较多钱买质量较好的东西 ·对周围的人事物皆相当热情 ·较会主动采取行动 ·假日时不常和家人聚会 ·较不注意自己的经济状况
绍兴族——随遇而安、朴实封闭	啤酒族——精打细算、见多识广
背景特征：南部地区，40~44岁，初中以下教育程度	背景特征：中南部地区，30岁以上，已婚
·生活圈较封闭 ·对时下的流行事物漠不关心 ·很少吸收新知识 ·谈不上有任何的社交活动 ·购物方面不讲究质量或品牌 ·较不注意别人的看法 ·较喜欢安定的生活	·常会注意商品特价活动信息 ·购物前会询问亲友意见 ·购物前通常会先想好预算 ·与家人相处时间较长 ·与亲朋好友往来相当密切 ·容易受折扣促销诱惑 ·购买有实际需要的商品

资料来源：笔者整理。

本章的最后，介绍的概念为地理及人口统计变量，此变量结合了消费者的花费、社会地位等相关因素，以及各类的地理信息。相近的地理区位有时也会形塑出类似的消费行为与生活形态，像中国台湾南部与北部人的消费就有所差异。美国过去有部影集英文名称为"Zip Code 90277"，剧情描述的就是90277这个区域的人的生活形态。

简言之，你是什么样的人与所身处区域息息相关，过去曾有研究团队大规模地搜集美国各邮递区域的消费者信息，最终汇整出66个群集，并依据收入、家庭价值与职业等要素，最终区辨出不同的生活形态与对应的消费行为，被称作"PRIZM"。根据研究结果，证明了地理区位确实对消费者的消费行为与生活形态有所影响。

本章习题

1. 请根据美国 Brand Asset 公司所提出的品牌个性原型模型及人物角色（如本章中图 6 - 3 与图 6 - 4）分析：①iPhone；②HTC；③Samsung；④NOKIA；⑤Motorola 等手机品牌分别应属于何种性格角色？并说明理由。

2. 知名学者 David Aaker 曾提出五大品牌个性构面，其中包含真诚的、刺激的、精巧的、有能力的与粗犷的。试问，当您看到这五种品牌个性时，脑中浮现的第一个品牌分别为何？为什么？

3. 请在您的亲朋好友中找出三人，试着利用 VALS2 的价值观与生活形态（见图 6 - 6）分析他们在购物行为上有何差异？例如品牌选择、购物地点、付款方式、对促销的反应等。

4. 如何使用个人价值观来区分金融理财服务的市场？在发展中国家，使用这个方法是否也会与在工业化国家的市场中一样适用？

5. 请帮以下六个汽车品牌，包括 BENZ、BMW、AUDI、VOLVO、TOYOTA、FORD，建构一个品牌个性构面清单（至少四种），并找 10 个消费者，分别针对此六种品牌的各项个性构面给予评分（1 分为最低、5 分为最高），请问您发现哪些品牌差异呢？这些不同的品牌个性是如何形成的？分别会吸引到哪些不同的消费群购买呢？

消费者了没

与时俱进的麦当劳

说到麦当劳，你首先会想起什么呢？仔细回想，近几年的麦当劳广告，虽然最终都会出现标准化的 "I'm lovin' it" 与品牌标志作为影片的结尾，但是在内容的诉求上其实是不断的推陈出新的。

较早的麦当劳广告为"快餐"，其内容诉求在于忙碌的上班族，因为早上赶着出门，有时候连买早餐的时间都没有。但自从有了快餐之后，消费者只要开车到麦当劳的快餐车道，即可快速点餐与取餐，完全无须下车。广告内容主打方便快速的快餐服务窗口，解决了大多数上班族没时间购买早餐的烦恼。

前几年，麦当劳又开始锁定"夜猫族"。不只推出了24小时不打烊的服务，更于深夜时段推出大薯一律买一送一，让这些"夜猫子"们夜晚除了有地方可以聚会之外，更可以享用麦当劳提供的超值优惠。

2008年前后，全球经济陷入一片不景气的低迷当中，消费者普遍钱包缩水，为了刺激买气，麦当劳对此推出超值午间套餐。过去动辄百元多的套餐，现在只要79元起的优惠价格就可以享受得到，这个定价的方案吸引了大批消费者中午在麦当劳门口大排长龙。

麦当劳曾因不健康、营养成分低等负面形象而不断遭受抨击。2008年，美国政府为了预防美国孩童体重过胖的情况恶化，更下令规范儿童餐必须将配餐薯条改为生菜色拉。因一般消费大众健康意识抬头，全世界大部分的麦当劳餐厅都已提供将薯条兑换成生菜色拉的服务，目的就是希望能够虏获具有健康意识的消费者的心。

随着时代与价值观的演变，麦当劳的广告也随之不断升级。从一开始强调快速便利、超值享受到健康快餐的概念，这些都是为了与不同生活形态的消费者进行沟通，希望能够激发起这群目标客群的需求以及购买的欲望。

图6-7　麦当劳优惠

图片来源：http://www.mcdonalds.com.tw/#/food/extravalue/。

问题讨论

1. 为麦当劳和主要竞争厂牌建构一个品牌个性构面清单（至少 5 个）。接下来，请一小群的消费者（至少 5 人），就这些品牌个性构面，对这两个品牌进行评分。你发现了哪些品牌差异呢？这些不同的"品牌个性"是否与这两个品牌用来进行品牌差异化的广告及包装策略相关？这两个品牌如何塑造其特有的品牌个性？

2. 在上述麦当劳的广告中，主要运用的手法是将生活形态与产品的消费进行联结，你觉得它们的沟通效果如何？

第7章 态度

iPhone for Steve

2011 年 10 月 14 日，全球消费者引颈期盼的苹果 iPhone 推出了 4S 版本，却未能引起原本期盼的正面广大反响。外界原先预期苹果应该会推出功能更为强大的第五代 iPhone，而新机 iPhone 4S 纵使拥有双核心芯片，增加了 Siri 语音秘书功能，相机像素亦有所提升，甚至搭配云端管理服务系统，但机种规格的改善幅度有限，屏幕仍停留在 3.5 寸，就连外观也与 iPhone 4 如出一辙。虽然 Siri 语音控制的确吸引了许多消费者的好奇心，颠覆以往手机固定的指令设定，但是 Siri 辨识成功率常因个人说话速度、语句通顺程度、咬字清晰与否等因素而受影响，在市场一片看坏的情况下，苹果 iPhone 4S 的销售预期自然不被看好，不仅没能引起 iPhone 4 拥有者的换机潮，亦激不起一般消费者购买 iPhone 4S 的兴趣。然而，就在新机发布的隔日，即传来苹果创办人乔布斯辞世的消息，造成社会一片哗然。

一直以来，乔布斯都是苹果的精神领袖，举凡新产品的发表会，必定少不了乔布斯的身影，其简明扼要的风格、独特的个人魅力，不只树立了苹果公司的品牌风格，甚至也吸引了不少粉丝崇拜。乔布斯辞世的消息一出，世界各大媒体及报纸杂志立刻头条报道，在 Twitter 或 Facebook 等社群平台上，也涌入大量悼念乔布斯的言论及粉丝页面。一夜之间，在媒体及网友的眼中，iPhone 4S 成了乔布斯的纪念机——"iPhone for Steve"，超越了单纯的手机功能。在如此的氛围下，iPhone 4S 一转先前被外界看衰的窘境，许多人纷纷表示："一定要买乔布斯纪念机"，iPhone 4S 一夜之间由黑翻红，当天预购量便突破了 100 万部。

想想看，为什么对于同样一个产品，消费者前后的态度可以有如此大的差异呢？事实上，消费者在购买产品的过程中，其态度受到许多外在因素影响，除了消费者本身主观对产品的判断外，也会受到社会力量的左右，再加上产品类别不同，其态度的形成过程亦有所差异，因而造就个体不同的消费行为。正因如此，了解消费者态度形成的过程及原因，能有效帮助营销人员了解在不同的情境下，应如何推出合宜的产品与营销策略，才能准确地房获消费者的心。

谢老板眉头一皱，发现消费者并不单纯：

1. 态度的形成过程为何？
2. 什么是一致性原则？其如何影响消费者行为？
3. 态度模型及其在营销上的运用为何？
4. 消费者态度的转变过程为何？
5. 什么是可能牲模型？营销人员如何应用它来说服消费者转变态度呢？

7.1 态度的形成

7.1.1 态度及其形成过程

态度（Attitude）是个体对人、事、物、广告或议题等目标物的一般综合判断，通常是长久维持而不易改变的。态度的运用相当广泛，它常被用来预测个体的偏好、行为意图以及最后产生的行为，意即个体对其他个体、事物或对象的态度，会影响到其后续对该对象所反映的行为，因此，态度一直是心理学或研究消费者行为中备受注目的议题。举例而言，当消费者认为 A 商家所贩卖的咖啡价格昂贵但质量却不如预期，导致消费者对 A 商家形成负面态度，那么该消费者便会减少到该商店消费的次数。

7.1.2 态度的功能性理论

态度的存在是因为它能够为个体提供特定的功能，可以把它想成态度 = F(X) 的概念，X 即为态度形成的原因，解释正面、负面态度为何会产生。态度形成的原因主要可以区分为以下四大类：

7.1.2.1 实用性功能（Utilitarian Function）

态度的形成是因为态度对象具有某种实用性，且此种实用性通常能与特定的奖赏或惩罚相联结。例如，消费者认为麦当劳的食物很好吃、购买方便，能为其带来满足，则会对其形成正面态度。同时，消费者却认为星巴克的咖啡很贵，不仅花费过高且质量普通，因而对其形成负面态度。

7.1.2.2 价值呈现功能（Value – Expressive Function）

态度的形成是因为态度对象能够帮助消费者展现其自我概念与价值。例如，消费者认为 LV 的皮包能满足其品位需求，并展现其个人概念，则会对其形成正面态度。

7.1.2.3 自我防备功能（Ego – Defensive Function）

态度的形成是因为态度对象能帮助避免外在威胁或形成内在负面感受。例如，嚼食绿箭口香糖，以消除口中异味，避免朋友对自己产生负面观感。

7.1.2.4 知识功能（Knowledge Function）

态度的形成是因为态度对象能满足知识上的需求。例如，浏览 Facebook 能获取朋友的动态消息或其他信息，因而对其形成正面态度。

正如上文所述，态度的形成与背后的价值、动机息息相关，并会影响消费者的购物决策行为。值得注意的是，态度的形成可能是由个体对以上多种功能综合判断而形成，并非一定只由于单一因素。在了解消费者态度形成背后的原因后，营销人员可以通过强调产品或服务的益处，以迎合不同族群消费者的需求。

158

粉丝有等级?

　　世界杯足球赛一直是全世界注目的焦点,每四年总会掀起一阵全球足球热潮,各国球迷纷纷挥国旗、涂鸦变装就是为了替自己的国家支援打气,希望其能获得冠军头衔。回想一下,身旁的亲朋好友,是不是有些人平常完全不接触球赛,但是每到世界杯比赛时总会加入看足球比赛的行列呢?是不是也有些朋友每年追足球联赛,翘首企盼的就是这每四年一次的世界杯呢?想想看,这些足球运动迷可以分成哪些等级呢?对于这些不同类别的足球运动迷,世界杯足球赛分别可以满足他们什么态度功能呢?

图 7 - 1　2014 年世界杯足球赛

图片来源:维基共享资源。

7.1.3　态度投入程度

　　消费者对于人、事、物的态度会因为对态度对象的投入程度高低而有区别,导致所形成的态度具有强弱之分。依照对对象投入程度的不同,可将态度区分为以下三大类,将由弱到强分别阐述。如图 7 - 2 所示。

内化	·投入程度：最高 ·态度成因：态度已内化为消费者价值体系的一环

认同	·投入程度：中等 ·态度成因：为了迎合另一个体、与其一致

顺从	·投入程度：最低 ·态度成因：为了获取益处，避免负面影响

图 7-2　态度投入程度

资料来源：Solomon，Michael R.，"Consumer Behavior：Buying，Having，and Being"，Pearson Education LTD，7th Edition，2008，P. 242.

7.1.3.1　顺从（Compliance）

属于投入程度最低的态度分级，态度的形成是因为对象能为个体带来好处或者能避免惩罚。其成因较为表面，因此巴西举办世界杯足球赛也较容易被改变。举例而言，小明对于新款的智能型手机没有太多了解，在选购新手机时，由于 HTC 的新机正好是学生项目的促销机，可以获得半价的通话费折扣，小明立刻选购 HTC 的新机，这便是小明对选购手机的投入程度颇低，只因可以享受折扣好处而形成正向态度。

7.1.3.2　认同（Identification）

属于投入程度中等的态度分级，态度的形成是为了顺从单一个体或与所属的群体一致。想想看，当身旁的亲朋好友都对摩斯汉堡有正面的态度，自己也会因此而倾向在该商店消费。

7.1.3.3　内化（Internalization）

属于最高投入强度的态度分类，此时态度已深植于内心，并成为消费者价值系统的一部分，态度对象可被视为延伸的自我。

以厂商与渠道商之间的关系为例，当品牌厂商供货给家乐福、Costco 这些渠道，其背后原因多半是为了销售订单，为了获利而与之合作，因此其态度属于顺从，再由态度功能性理论来看，追求的是实用性功能。若提高层级探讨，品牌厂商发现所有竞争品牌都铺货进家乐福，且消费者在家乐福购买商品的概率最高，那么品牌厂商可能因为认同家乐福的品牌而与之合作。最终，品牌厂商也可能与家乐福形成策略联盟，开发独家商品等，两者的营运体系部分融合。此时，品牌厂商对家乐福的态度投入程度最高。

7.2　态度阶层效果

若是将态度加以拆解，可以发现态度主要由三项因子所构成，分别为：认知（Cognition）、情感（Affect）、行为（Behavior）。其中，认知指消费者对于特定对象的信念、知识结构及信仰；情感指消费者对于对象的感觉或感受；行为是对于特定对象消费者所反映出的行为或产生的意图。

态度阶层效果（Hierarchies of Effects）是用来解释三个因子之间的互动，依照认知、情感及行为三者在消费者决策中的不同出现顺序，会形成不同的态度阶层效果。图 7 - 3 呈现出最常见的三种态度阶层，分别阐述如下。

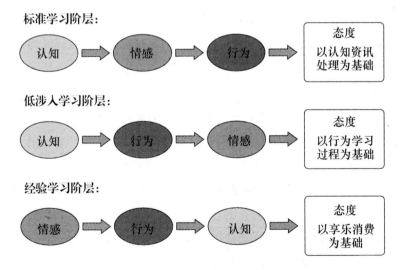

图 7 - 3　态度阶层效果理论

资料来源：Solomon, Michael R. , "Consumer Behavior: Buying, Having, and Being", Pearson Education LTD, 8th Edition, 2008, P. 285.

161

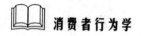

7.2.1　标准学习阶层

此态度阶层的形成是先有对对象的认知，接下来产生情感，最后做出相应的行为。此种态度的形成过程以信息处理为基础，在产生特定行为之前，会大量搜集相关的信息，进而对所拥有的信息进行评估处理、产生感觉，最后产生相应的行为。

标准学习阶层（Standard Learning Hierarchy）属于理性的决策过程，常出现在复杂、需大量搜集信息的购买情境中，因而被称为高涉入学习阶层（High‐Involvement Hierarchy）。例如，消费者在购买计算机、手机等科技产品时，通常会收集众多资料，以了解产品属性，像容量、重量或处理器速度等，进而产生产品耐用、质量佳、轻巧等认知，最后对产品产生正面观感，并选购特定商品。

标准学习阶层的假设是消费者在购买决策的过程中是高度涉入的，在广泛搜集信息、产生偏好，进而决定购买的行为过程后，容易产生较高的品牌忠诚度。

7.2.2　低涉入学习阶层

与标准学习阶层相同，低涉入学习阶层（Low‐Involvement Hierarchy）的第一步也是先产生对对象的认知，然而其认知过程是属于低涉入的，仅对对象属性进行初步的理解或认识，并未进行详细信息的理解及判断。判读评估后，在有限的知识基础下，即产生相应行为，最后才依照对象使用经验而形成情感。

此种学习阶层的态度形成以行为学习理论为基础，消费者并不会进行过多信息的处理，进行购买决策的时间较短，购买情境也相对简单，消费者会对特定的刺激物产生立即的反应。举例来说，消费者在意识到商品促销时，即立刻产生购买行为，最后才依据商品的使用经验，进而产生好恶的感觉。

低涉入学习阶层中，消费者的态度及行为，会直接受到简单刺激物的影响，而非产品属性相关的详细信息。如消费者在货架上看到1折的特价标签，会立刻产生物超所值的认知而选购产品，而不会一一与其他货架上的品牌做比较。必须注意的是，虽然凭借着简单的刺激物，营销人员就能成功地进行产品的营销，但是在低涉入的情况下，消费者极易因为消费上的诱因而转变态度，因此，消费者并无强烈的品牌忠诚度。

7.2.3　经验学习阶层

经验学习阶层（Experiential Hierarchy）是先对对象产生情感，在情绪及感觉的基础下进而出现对应行为，最后才产生认知及相关的信念。其中消费者态度的形成以享乐消费为基础。举例而言，当商品的包装精美，加上销售员的态度良好或者是消费情境气氛较佳时，消费者倾向对商品一见钟情，会立即产生购买行为，在使用后，进而对产品的实用性、好用与否做出认知上的评估。

经验学习阶层中，由于消费者的购买行为主要受到情绪驱动，并以享乐消费为基础，因此在营销手段上，应该设法渲染正面情绪，如通过购买点上的刺激物，来触发客户情绪，才能增进产品被购买的可能性。

另外，经验学习阶层的理论中，还有一项独立假说（Independence Hypothesis），假说内容指出，个体在认知上的判断并不一定会造成情绪上的反应，两者是独立运作的。试想，消费者在选购开架品牌的防晒乳时，可能会先评估其防晒系数、清爽程度等属性，并进行权衡，但最后购买的产品可能并非权衡后得分最高的品项，消费者有可能因为产品包装的可爱程度而由此产生情感上的喜好，进而直接做出购买决策。

7.3　认知一致性理论与相关模型

7.3.1　认知一致性理论

认知一致性理论（Consistency Principle）是探讨消费者在认知、感觉、行为三项要素之间的协调，一般而言，认知、感觉、行为三项因子的方向应为一致。然而，当消费者购买产品并使用后，发现该商品的属性与原先预期不符，即可能产生认知失调（Cognitive Dissonance）现象。当认知失调产生后，消费者会有强烈的动机去维系三者的一致性，使之与过去的经验或认知形成一致性。举例而言，当消费者认知到"抽烟会致癌"，但同时自己却是个老烟枪，即为认知失调的例子，此时消费者可能会通过消除（Eliminating）、附加（Adding）、改变（Changing）的方法来消除失调现象。

消除意指去除掉其中的信念或认知，以帮助形成一致性，像开始戒烟。附加指加入新的信念或信息，以使认知达成协调，像看到隔壁80岁的老伯伯天天抽烟，但未得癌症，因而判断吸烟并不一定会致癌。最后，可通过改变信念的方式，如烟商提出的实验数据及报告，即打破吸烟易致癌的信念，使吸烟者的认知能够具有一致性。

7.3.2 平衡理论

平衡理论（Balance Theory）则是探讨三项关联元素间的平衡关系，而这三项元素包含个体本身、个体对态度对象的认知、其他人或对象。其中，自身与态度对象或自身与其他人及物件的关系称为情感联结（Sentiment Relation），而态度对象与其他人或对象的关系称为单元联结（Unit Relation）。

元素与元素之间会存在正向或负向的关系，当三个元素间关系失衡，个体会设法去寻求平衡，下面以简单的例子说明平衡理论的应用。

试想以下情境：

（1）小慧想与小明约会，因此小慧对小明抱有正向态度。

（2）小慧不喜欢男生戴耳环，小慧对男生穿耳洞带有负向态度。

（3）小明戴着耳环来学校上课，小明对耳环持有正向态度。

根据平衡理论可以发现，此情境中的三项元素分别为小慧、小明、男性戴耳环，此三项元素之间的关系如图7-4所示：

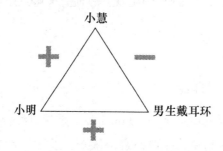

图7-4 小慧、小明与男生戴耳环之间的原始关系

资料来源：Solomon, Michael R., "Consumer Behavior: Buying, Having, and Being", Pearson Education LTD, 8th Edition, 2009, P. 295.

平衡理论中，所谓的不平衡状态指三要素之间的关系相乘，最后获得负向结果，三者便是处在不平衡的状态下；反之，若相乘后结果为正，则为平衡状态。根据图7-4，可以发现三项元素之间处在不平衡的状态下，若要回

164

复平衡状态，小慧可以根据以下四种方法，通过对某些元素的态度转变，重新取得平衡。如图 7-5①所示，小慧可以选择不再喜欢小明，使原先对小明的关系改为负向，即可获得平衡。如图 7-5②所示，小慧也可爱屋及乌，改变原先对男生戴耳环的负向态度，使之由负转正，同样可获得平衡。此外，图 7-5③则是小慧寻找其他外在的理由，将小明戴耳环的原因合理化，如小明是舞蹈社团表演所需，不得不佩戴等，并非自愿，使小明与戴耳环之间的关系合理化。最后，小慧也可以选择不再与小明有任何关系，也不再对耳环做出任何评价，如图 7-5④所示，小慧与小明之间联系消失。

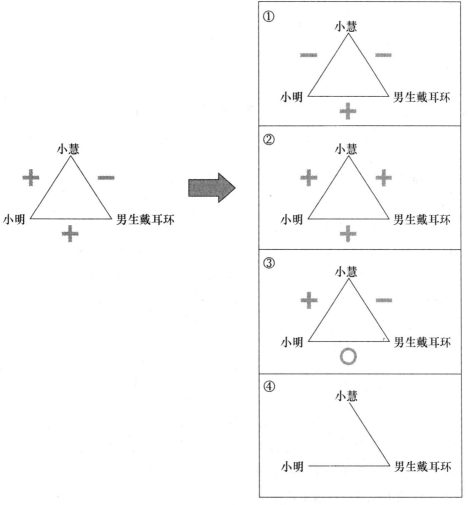

图 7-5　平衡理论之应用

资料来源：Solomon, Michael R., "Consumer Behavior: Buying, Having, and Being", Pearson Education LTD, 8th Edition, 2009, P. 295.

事实上，平衡理论在营销上有不同的运用。其中，个体可以通过与流行或受欢迎的对象形成单元联结，以促进其他人对个体的正面情感联结。举例而言，由于苹果 iPhone 在当下被视为流行的商品代表，受到相当多人的喜好，因此个体可以通过 iPhone 的购买，使他人对自己产生正面态度。此时，观察的主体由自己转变为他人，其关系显示如图 7-6 所示。

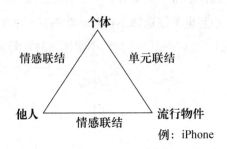

图 7-6　平衡理论之应用

资料来源：笔者整理。

除此之外，名人代言也是运用平衡理论的例子。举例来说，小慧相当喜欢小 S，因而也会爱屋及乌，喜欢小 S 所代言的牛仔裤，因此在个体、他人及对象三者联结中形成平衡的正向关系。许多厂商喜欢找明星代言商品，以此制造话题并激起消费者对商品的正向态度。值得注意的是，代言人自身必须真正为产品的爱用者，才能与该商品形成正向联结。倘若代言人被观察到使用其他厂牌的产品，则会影响到个体对产品的喜好度。抑或代言人发生负面新闻，也会影响到个体对商品的观感，因此选择代言人必须谨慎，避免带来后续负面效果。

7.3.3　自我知觉理论

自我知觉理论（Self - Perception Theory）指个体对自身行为背后原因的诠释，人们会依照对自身行为的观察，判断其对某项物件的态度。举例而言，当小慧每天都购买 7-11 便利商店的 City Cafe，小慧就会认为她对 City Cafe 是持有正面态度的。

基本上，自我知觉与低涉入学习阶层（C → B → A）息息相关。个体在有限的知觉下，会产生相应的行为，最后出现对商品的情感。其中，重

166

复性购买的行为，即为自我知觉理论的验证，个体会认定出现重复性购买或习惯性购买的原因，是因为自己对商品有一定的喜好。另外，该理论亦与行为学习阶层（Behavioral Hierarchy；B → C → A）相关，即个体在未产生任何内部知觉的情况下，即付诸行动，最后才相应产生对产品的知觉及情感。总结来说，在自我知觉理论下，个体会对于在仅拥有一点点认知或毫无认知情况下所做出的行为进行诠释，推敲自身对对象的态度为何，以维持态度与行为的平衡一致。

自我知觉理论亦被营销人员广为运用，由于消费者会通过观察自身的行为，以调整、推测、解释自我的态度，因此营销人员可借此改变消费者的态度，主要有以下两种技巧。

7.3.3.1　登门技巧（Foot – in – the – Door Technique）

登门技巧指销售人员通过争取到几分钟与消费者对谈的时间，让消费者意识到自身愿意与销售人员对谈，即代表着自己对销售人员有正面态度，因此，营销人员可通过短暂的时间，争取到产品售出的机会。像卖场里面的试喝、试吃，推广人员便是运用这样的手法，通过邀请消费者试吃，暂时留住消费者，让消费者认为自己愿意试吃便是对商品有愿意尝试的想法。

7.3.3.2　漫天要价法（Door – in – the – Face Technique）

漫天要价法指销售人员先对客户提出很高的要求，在遭受消费者拒绝后，再提出一个相对合理或较小的要求，而消费者基于补偿心理及罪恶感，通常会答应销售人员的请求。回想一下，自己到发廊消费的经验，发型设计师是否都会建议你染、烫以追求造型呢？若是自己接连地婉拒，最后是否会考虑接受设计师提议较为便宜的护发套餐呢？一般而言，营销人员会混用两种手法，通过不断地观察消费者态度的变动及自我知觉的变化，采取不同的手段，以有效地营销其产品或服务。

7.3.4　社会判断理论

社会判断理论（Social Judgment Theory）指当人们受到外界对于某态度对象的新信息时，会倾向于与自己所持有的信念或知识做对比，进而将信息进行吸收或同化。个体对态度对象的初始态度，是接收信息时的参考框架，当新信息进入，个体会依照既有的框架将信息进行分类。

167

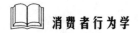

不同的人们对于新信息的接受范围有所差异，因而有各自不同的接受与拒绝区间（Latitudes of Acceptance and Rejection），落入接受区间的信息会被自然接纳；反之，落入区间外的信息则会被拒绝接受。举例而言，长辈通常对于染发持有负面印象，认为染发就是不良少年，因此在其既有的认知框架下，认为染发者的表现是差的。因此，当接收到染发但却表现良好的信息时，会将其置于拒绝域当中，并找寻各种理由说服自己，以将信息合理化，并继续既有的态度。

从消费者行为的角度看，当个体对于某项商品是高涉入的，则他将对既有信念与认知较为深信不疑，因此对该品类其他品牌商品的接受区间将较狭窄，对于与自身认知相异的信息接受度就会较低，倾向将之纳入拒绝域。正因如此，此类消费者易形成较高的品牌忠诚度；反之，低涉入的消费者对于信息的接受度较广，对于同品类其他品牌商品接受区间较宽，容易接受新知或与产品相关的新信息，也较难建立对单一品牌的忠诚度。

 ## 7.4 多重属性态度模型

多重属性态度模型指消费者对于对象的态度，是基于个体对目标对象多重属性的信念或评估所综合而成。由此可知，它是一种高涉入的学习阶层，是由理性的角度出发判断，进而采取相应的行为及情感。一般而言，多重属性的态度模式包含三大元素：

（1）属性（Attribute），指态度对象的特性，及其一般性的特征。以大学为例，学术声望、师资素质、硬件环境即为大学的属性之一。

（2）信念（Belief），指个体对态度对象属性的评估及认知。像学生会选择就读美国哈佛大学，就是因为相信其在学术上有良好、优异的表现。

（3）重要性权重（Important Belief），权重指个体对于态度对象属性的重视程度及特定属性在个体心目中的重要性。例如，学生可能会认为学术与体能并重的大学，优于仅注重学术研究者。

7.4.1 菲什宾模型

菲什宾模型（Fishbein Model）是指消费者对特定物体的态度，是由对该对象属性所抱持的信念强度与该属性在消费者心目中的权重相乘后累加而得。此模型注重的是对象与属性的相关联结度，以及消费者所持有对特定态度对象的显著信念。以下将通过小慧选择大学的简单例子，说明菲什宾模型的运用，见表 7-1。

表 7-1　小慧大学选择决策

属性	信念强度				
	权重	台湾大学	东京大学	哈佛大学	北京大学
学术声望	6	8	9	6	3
离家距离	7	9	3	3	3
学费	4	2	2	6	9
女学生数	3	2	2	6	9
体育表现	1	1	2	5	1
派对氛围	2	1	3	7	9
图书馆藏书	5	7	9	7	2
态度分数		163	142	153	131

资料来源：笔者整理。

由以上可知，对于小慧而言，学校的离家距离是她最在意的属性，而该校的体育表现如何，则是她最不注重的属性。在权重与各所学校属性信念强度相乘加总后可知，态度分数最高的台湾大学将是小慧的第一选择。

7.4.1.1　强调相对优势

由表 7-1 可知，北京大学表现最佳的属性为学费低廉、女学生数量多，并拥有良好的派对氛围。因此，它可以主打学费便宜、女学生众多的重要性，以提升该属性在消费者心中的权重。

7.4.1.2　强化与重要属性的链接

小慧除了离家近这项属性外，亦相当重视该校的学术表现，北京大学可以通过办学成果的公开，强调该校在学术表现上的显著成长，以向学生

169

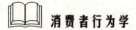

传递该大学在学生所重视属性表现上的进步或创新。

7.4.1.3 创造差异化

可以提出学生未注意到、其他学校没有的独特正面属性，以开创"蓝海"，突破重围。例如，北京大学可以强调该校与其他各国姊妹校交换学生的机会众多，学生可以自由参与交换计划。

7.4.1.4 影响竞争对手

北京大学也可能通过比较性广告，借此降低其他学校在学生心目中的属性评分。然而，这个方式可能由于违反社会规范而受到社会舆论攻击，因此并非良好的改善方案。

7.4.2 合理化行动理论

菲什宾模型指出，消费者对对象的态度会直接影响消费者的行为，然而，根据实证结果，发现两者的关联度并不高。有的时候，消费者即使知道特定对象总和属性分数最高，最终也可能不会选择该对象。因此，后续学者以菲什宾模型为基础，提出了延伸改善的模型——合理化行动理论（Theory of Reasoned Action）。

合理化行动理论在态度分数与行为间加入了"行为意图"的考虑因素，以此解释消费者不选择最佳对象的原因。以上述小慧选择大学的例子来看，中国台湾大学是其最佳选择，但态度到行为转换的过程中，可能受到其他因素影响。假设今天小慧父亲因为经商失败，家境中落，便会影响到小慧的行为意图，学费支出成为影响小慧决策的重要指标，导致最终决策改变。

除此之外，合理化行动理论也加入考虑"社会压力"因素。一般而言，社会大众、同伴、父母的意见，会影响到个体所做的决策，因此个体在决策的过程中，社会的压力不容小觑。对此，学者提出了主观规范（Subjective Norm）来计算社会压力对个体的影响。主观规范为他人对从事特定行为所抱持的信念与个体顺从他人意见动机强弱的函数。以下将提出消费者对新产品或新科技的接受度来解释合理化行动理论的运用，见图7-7。

170

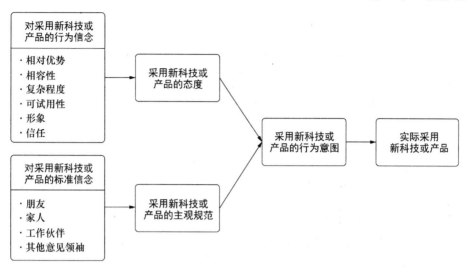

图 7-7　合理化行动理论于新产品/新科技的应用

　　根据合理化行动理论，当有新产品或新科技问世时，消费者首先会对该对象产生属性认知，如新科技相对优势、使用复杂度及形象的判断等行为信念。同时，也会产生来自朋友、同伴的规范信念。在参照两者并评估过后，个体会产生对新科技的态度及受社会影响所带来的主观态度及主观规范。最后，主观态度及主观规范共同影响并形成消费者采用新科技或产品的意图，造就了最终实际采纳新科技或产品的行为。

　　由此我们可以发现，在加入了社会压力及行为意图两项因素后，能更精准地预估消费者的最终行为，也补足了菲什宾模型的不足之处。然而，合理化行动理论仍有其预测行为上的缺陷存在。举例来说，合理化行动理论并未清楚划分消费者个人直接或间接的经验对态度形成所造成的差异。此外，合理化行动理论的分析，针对的是计划性购买的产品，却未考虑非计划性、冲动性的购买在行为、认知及时间上的差异，同时它也没考虑到消费者由购买意图转化为实际购买所花费的决策时间，若时间间距过长，准确性将大幅下降。再加上，使用合理化行动理论时，各个阶段所用以评估的态度对象可能会出现不一致。其他像文化差异或个体对行为结果的预期，都可能影响消费者的态度，但在模型中皆未被考虑。

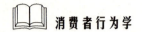

 ## 7.5 态度转变与说服

了解消费者态度形成的原因及影响态度的因素后，对营销人员而言，更重要的是了解如何改变消费者的态度。那么消费者的态度转变过程为何呢？哪些准则可能影响个体转变其态度呢？根据心理学研究发现，在特定情境下，个体对于目标对象的态度有某些特性存在，最常见的六大特性，如下所示。

（1）互惠原则，指获得对方的好处之下，自身也会相应地对对方产生好感。举例来说，今天消费者在百货公司的新年福袋中抽中汽车头奖，自然会对该百货公司抱持强烈好感。

（2）一致性，指个体行为和态度的一致性。当个体常常接触某特定态度对象，则个体会推断其对该对象是具有正面态度的。

（3）稀有性，若态度对象具有稀少、限量的特性，则个体倾向对其产生正面态度。

（4）从众性，指一般人对于大众所接纳的态度对象倾向持有正面态度。举例来说，当身旁的亲朋好友都使用 iPhone 时，自己较容易对 iPhone 抱有正向的好感。

（5）权威性，若特定信息由权威者来传递，则个体较易对其持有正面态度。近年来，中国台湾出版的各类书籍封面上都能见到大大小小的名人推荐，就是希望通过这些人士来建立消费者对出版品的好感。

（6）好感度，若信息是由个体喜欢的来源或人物等传递，则个体接受的可能性较高。想想看，品牌厂商选择的代言人是否都形象良好、长相美丽？

通过以上对消费者心理的了解，营销人员可以通过各式沟通手法来改变并说服消费者，使其对特定产品产生正面态度。说服（Persuasion）指一种积极、正向改变消费者态度的企图，也是营销人员与消费者沟通的核心目标。在策略上，营销人员必须考虑几个问题，包括谁是传递信息的最佳来源？信息内容应如何被建构？哪些媒介最适合与消费者沟通？目标客户的特性如何影响到他对广告的接受度？这些问题都是本节所欲探究的重点内容。

7.5.1　传统与现代的沟通模型

传统上，营销人员需要通过层层的渠道才能与消费者进行沟通，如图 7 - 8 所示。首先，营销人员作为信息的来源，并进行信息的建构，最后才能通过中间媒介将信息传递给消费者。信息传达出去后，消费者虽然可以通过客服专线、回函等方式来进行回应与反馈，但其在整个沟通链中仍扮演着被动的角色。

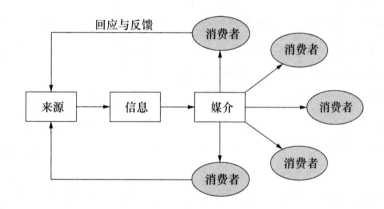

图 7 - 8　传统沟通模型

资料来源：Solomon, Michael R. , "Consumer Behavior: Buying, Having, and Being", Pearson Education LTD, 8th Edition, 2009, P. 315.

时至今日，消费者在沟通过程中所扮演的角色有极大的转变。随着新科技的发展，消费者有更多的主控权决定信息或资讯是否被接纳，像是随选视讯系统、搜寻过滤功能或来电显示等，消费者可以自行选择接受某些信息。再加上互联网的发达、社群媒体的兴起，人与人间的互动性日益提高，消费者不再是被动的信息接收者，也可能是信息的传递者，如图 7 - 9 所示。

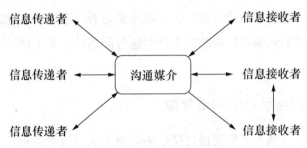

图 7 - 9 现代沟通模型

资料来源：Solomon, Michael R., "Consumer Behavior: Buying, Having, and Being", Pearson Education LTD, 8th Edition, 2009, P. 316.

现代沟通模型中，作为信息传递者与信息接收者的桥梁，沟通媒介扮演着相当重要的角色。沟通媒介主要可划分为三大类，分别为：自有媒体（Owned Media）、付费媒体（Paid Media）及赢来的媒体（Earned Media）。在信息相对不透明的时代，经营自有媒体需要庞大的资金投入，因此除非是拥有巨额利润的公司，一般企业倾向通过买电视广告或媒体版面的方式进行营销活动。然而，随着时代发展，厂商经营自有媒体障碍大幅下降，通过官方网站的建立或自有 APP 的开发，营销人员即可获得信息传递的自主权。

然而，有了自有媒体后，更重要的是该如何通过赢来的媒体进行自有媒体的推销，以增加产品或服务的曝光机会。所谓赢来的媒体是指社群网络，像 Facebook、Twitter 等平台，消费者能自由地在平台上与朋友进行沟通，信息的传递也变得更加透明、流畅。因此，若能增加自有媒体在社群网络上被讨论的机会，或通过"病毒营销"的手法，企业或产品的知名度将能大幅增加。另外，像博客、影音分享网站等沟通媒介，或者是通过无线装置来营销产品的移动商务（M - Commerce）也逐渐转变为近年来的主流，成为与消费者沟通的新手段。

在新沟通模型出现的情况下，愈来愈多的企业或营销人员开始依赖社群媒体的力量与消费者进行沟通，因为它的成本相对低廉，还能够与消费者有所互动。然而，这样的沟通手法仍有其潜在的问题，这些沟通媒介需要定期维护与导正，以确保消费者的声音被听见、诉求被回应。此外，在营销人员与消费者具有同等影响力的情况下，经营上或营销策略上需要更加谨慎，因为一旦负面消息传出，信息将被更快速地传递，其影响力也更加不可估量。

7.5.2　信息来源

对于同样一则信息，通过不同的人或媒体进行传递，就会引发消费者不同的反应。这种由于信息来源不同导致接收者产生相异信息解读的现象，被称为来源效应（Source Effect）。对于消费者和营销人员而言，通常会通过两种指标对来源进行评估，分别为来源的可信度与来源的吸引力。

7.5.2.1　来源可信度（Source Credibility）

来源可信度是指信息来源是否客观、公正、值得信任，或者是否为专家所言。一般而言，当消费者对于既定态度对象未具有主观意见时，对来源所提供的信息的信赖程度会提升。然而，当消费者认定来源有所偏颇时，将会影响其对产品的态度，消费者对产品的信任也会下降。

来源偏误分为两大类，分别为：知识偏误（Knowledge Bias）及报道偏误（Reporting Bias）。知识偏误是指来源对于某一方面的知识提供欠缺正确性。报道偏误是指来源具有特定方面的知识，但却欠缺正确传达的意愿。例如，医生为了宣传新书而不断上健康保健类型节目，通过分享新知的过程，以达成书籍的推广。因此，来源的可信度也受到这两种偏误的影响，而形成消费者对信息的不同接受度。

7.5.2.2　来源吸引力（Source Attractiveness）

来源吸引力是指消费者所感知到的来源的社会价值。当所指的来源为一特定名人时，即可以其外观长相、人格特质、社会地位或与个体的相似程度等，判断来源吸引力的高低。

其中，月晕效应（Halo Effect）是用以解释这种现象的最佳辩证。月晕效应指当个体在某方面表现良好时，他人倾向于认为该个体在其他的方面也有突出的表现。举例来说，相貌端正的人通常会被认为比较聪明、品性良好，因而在求职的过程中也会较为顺遂。另外，来源国效应也是月晕效应的一种展现，像"Made in Germany"与"Made in China"即给消费者不同的观感。

正因如此，在此倾向之下，外在形貌具有吸引力的来源，较容易促成消费者态度的转变，因为它不仅是强有力的刺激物，能直接吸引到消费者的目光，也能有效使消费者将对来源的正面印象转移到产品之上。特别是当吸引力被当作产品属性评估时，消费者对产品态度转变的可能更明显。回想看看，牛仔裤广告中的女模特，是否身材姣好、双腿修长，让你觉得那条牛仔裤特别好看呢？

7.5.2.3 睡眠者效应（Sleeper Effect）

此效应指随着时间的流逝，人们所不喜爱的信息来源，仍可成功有效地将信息传递出去。简言之，即使在来源的可信度和吸引力都低的情况下，个体仍可能会接纳信息。实际上，沟通的成功与否与信息的来源及信息内容息息相关，但通常个体对于两者的记忆是分开处理的，由图7-10我们可以更进一步地解释睡眠者效应的运作。

根据图7-10，若不考虑信息本身，当消费者所接收到的信息来源是较可靠的，则消费者态度改变的程度较高；反之，若来源的可靠度低，消费者态度的改变程度相对就较低。然而，随着时间的推移，态度的改变程度会趋向一致。消费者对于可靠度较高的来源持正面态度，但随着时间的推移，对于其所传递的信息及来源将逐渐淡忘，因此形成负斜率的线；而消费者对于可靠度较低信息来源所传递的信息也倾向于逐渐淡忘，但同时对于信息来源的负面性也会随着时间的移转而渐渐模糊，因此形成了正斜率的线。故长久而言，无论信息来源可信度高低，其传递的信息所造成消费者态度改变的程度是趋向一致的。

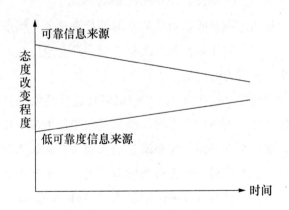

图7-10 睡眠者效应

资料来源：Adapted from http：//en. wikipedia. org/wiki/File：Sleeper_ Effect. jpg。

176

值得注意的是，睡眠者效应有其假设，睡眠者效应除了在信息来源及信息内容本身之记忆被分开处理架构下运作外，也假设信息来源和信息本身被强调的程度是一致的。举例而言，偶像剧常常为了提高收视率而制造剧组主要演员间的绯闻，但最后通常仍可实现电视剧宣传的效果。然而，若演员所传出的绯闻过度被渲染或炒作，甚至出现造假，进而招惹媒体大幅报道，则可能加深消费者对负面来源的印象，电视剧的宣传效果或信息的传递反而就难以达成了。

7.5.2.4 代言人（Endorsers）

名人代言一直是企业惯于使用的营销手法，名人通过商品代言赚进大把钞票，厂商也因为名人能够有效吸引消费者的目光进而提升产品的销售量。产品在代言人的支持之下，能够促进消费者对产品正面态度的形成，也能提升公司形象。因此，公司常常选用与产品属性或形象相符的代言人做广告。

必须注意的是，在不同的文化及产品意义下，或者是对于相异的国度或区域，代言人的选用也会有所差别，以符合各地不同的民情。但厂商在使用代言人时有其风险存在，因为面临着代言人行为的不确定性，当代言人的负面消息一出，常常对公司整体及产品带来相当大的冲击。

消费者开讲

外遇风波

2005 年，棒球选手王建民在大联盟初次亮相后，宏碁（Acer）随即相中这位新兴的棒球之星，不只签下王建民长期的代言合约，甚至还推出过王建民 19 胜限量 Aspire 5583 型笔记本电脑。代言期间，宏碁计算机更推出许多周边商品，像造型 USB、搭赠签名球等，在市场上成为话题。王建民与宏碁的合作长达 7 年，并全方位地代言企业形象与产品线，宏碁希望能够由这位棒球之星达到吸睛与吸金的双重效果。

2012 年 4 月，却惊爆王建民婚外情案件，指出王建民曾于 2010 年发生外遇。事件爆发后，王建民立刻上火线面对媒体，坦承确实有过 8 个月的外遇期，并向社会致歉。这样的负面消息传出后，在社会舆论中投下一

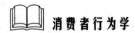

枚震撼弹。想想看，当代言人发现这样的负面事件时，厂商有哪些可能的做法来应对呢？背后的理论依据为何？

7.5.2.5 非人代言人（Nonhuman Endorsers）

除了常见的明星代言人外，厂商也常常通过人类以外的代言者来宣传商品。常见的多是虚拟形象的卡通人物、动物、吉祥物等。这些非人代言人虽然比起真实人类更好掌控，也不会有代言人行为风险存在，然而，这些非人类的代言者需要时间建立其消费者知觉和知名度，因此尽管能有效降低风险，但厂商仍需投入一定的时间和成本来建构其专属的形象，以利于与消费者进行有效的沟通。

7.5.3 信息内容

信息内容为与消费者沟通时不可或缺的重要角色，有效的信息内容能够充分传递给消费者产品的属性，以达成营销人员所欲传达的诉求。然而，信息该如何被传递，其内容又应如何建构，才能提升与消费者沟通的效率呢？

7.5.3.1 图像 VS. 文字沟通

一般而言，图像等印记较能直接刺激消费者的感官，也能够带来情感上的撼动，容易使信息烙印在消费者心中。当营销人员面对低涉入的消费者时，图像法是较佳的营销手法。

文字上的信息则能传递详细的信息，多被运用在较高涉入的情境中。通常产品属性等相关信息或细节会在文字信息中被呈现，需要多次的曝光才能让消费者留下较深刻的印象。最有效营销手法是两者并用，结合图像与文字的信息，通过具体对产品属性的描述与比较，搭配呼应的图像，不仅能够吸引消费者注意，也能正确地传递信息。

7.5.3.2 重复性

当消费者重复接触到同一则信息或广告时，态度会有何种转变呢？消费者的反应及对信息的接受度可以用双因子理论（Two - Factor Theory）解释。双因子理论指随着广告的接触次数增加，对消费者的影响会逐步由正转负的过程。我们可以通过图 7 - 11 做更进一步的理解。

178

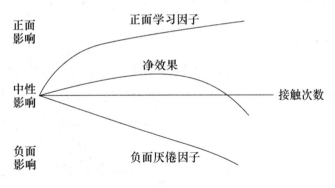

图 7-11　双因子理论

资料来源：Solomon，Michael R，"Consumer Behavior：Buying，Having，and Being"，Pearson Education LTD，8th Edition，2009. P. 329.

随着广告的曝光，消费者接触信息的次数也逐步提升，此时有两种效果同时运作。因为不断地接触信息，会产生正面的学习效果，消费者对于产品信息的了解程度，将跟随接触信息次数的增加而提升。另外，广告的强力曝光也会造成消费者的疲劳及厌倦，习惯过后便会忽略信息的存在，故过度曝光会带来负面的影响。加总两者的影响后，可得到广告信息的净效果。因此，厂商须斟酌商品或广告的曝光程度，才能达成最大的正面影响。

然而，由于个体对信息接受及容忍程度不一，加上不同的广告手法及创意的影响，故并无标准的衡量方法可以提供厂商作为广告投放次数的参考。但营销人员可尝试使用不同版本但环绕于同一主题的广告，以创意取胜，避免消费者产生厌倦。

7.5.3.3　单面或双面论述

营销人员在广告中陈述商品或服务的属性及优劣时，可以通过单一面向或双面向进行呈现、论述。单一面向的呈现手法，在广告或信息中仅提及产品的正面属性或因子；反之，双面向的手法中，则会陈述产品的优劣之处，但优点的论述强度及比例，须能覆盖并反驳产品所拥有的缺点。一般认为，双面向的手法能够提升来源的可靠性，并能降低报道偏误，对于高教育水平等较具批判性思维的目标客群，或者是尚未成为某产品忠实客户的消费者而言较为有效。然而，双面向广告在实际操作上有其困难，因为消费者未必能集中精神看完所有的信息或广告，可能仅看完负面论述即换台，反而造成负面效果。此外，对厂商而言，双面论述的广告其执行成

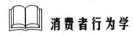

本亦较高。

7.5.3.4　广告结论

当营销人员在传递信息给消费者时，并不一定要采取直接明确的手法点破所欲沟通的诉求，应视不同的情境，建构相异的广告手法。当广告所传递的信息难以被消费者诠释，或是当消费者欠缺了解产品的意图时，在广告中给出明确结论是较佳的宣传手法；反之，当传递的信息与个人相关时，则可采取较内敛的手法，可以通过开放的方式引起消费者的注意与兴趣。

7.5.3.5　比较性广告

当传递的信息或广告中，明显提出两个以上的知名品牌，并针对当中某些属性进行对比，以达成广告诉求者，被称为比较性广告。举例而言，美国的 Arby's 快餐连锁店，其广告标语为"不同于麦当劳，所有 Arby's 的炸鸡三明治都是由 100% 天然的鸡制成"，这便是比较性广告的经典案例。

纵使比较性广告能充分凸显自身产品的优势，但由于各区域的文化不同，法律规范也有所差异，因此在执行比较性广告时，厂商应秉持充分揭露信息的原则，以免引起消费者的负面观感，或者引起竞争对手的状告及法律争议。在操作手法上，除非产品具高度差异性的特点，或者能提供数据及具体实例进行佐证，应采用避免比较性广告，否则将难以获得消费者的信任或者青睐。

7.5.4　信息诉求

信息诉求可以划分为四大类，分别为感性或理性诉求、性诉求、幽默诉求及恐惧诉求。营销人员依据不同的产品种类或对不同目标客群的分析，而采取相异的广告手法。

7.5.4.1　感性诉求 V S. 理性诉求

选择感性诉求或理性诉求，应视消费者能否在品牌之间发现产品的相异之处。当产品属性并无太大差异时，一般倾向采取感性的广告手法，以增加产品被消费者记住的可能。

一般而言，感性诉求的广告对于低涉入的消费者较为有效，诉诸其感性思维，欲动之以情；反之，采取理性诉求能与消费者充分沟通产品属性或特征，诉诸理性思维，欲说之以理。纵然以理性为主轴的广告较能使消费者回想起广告内容，但传统上衡量广告效度的方法，并不能充分使消费

180

者传达出观看感性广告后的情绪。故感性或理性诉求的实行，需视产品属性及消费者不同的需求做权衡。

7.5.4.2 性诉求

以性为诉求的广告通常会通过性特征的凸显来吸引消费者的注意，而不同的国家对于性诉求的广告会有不同的态度。一般而言，在平面广告中以暴露或裸露的模特作为宣传的一部分时，较易引起同性消费者的负面观感，使其不愿意进行产品信息处理或产品购买。

当厂商企图以性诉求作为广告的主轴时，通常是由于该属性为产品的一部分，常见的像香皂、沐浴乳或者是内衣的广告。虽然以性诉求来执行广告较容易吸引消费者的目光，但仍需注意尺度的把握，以与消费者进行有效的信息沟通。

消费现场

在线游戏之性诉求广告

2009 年，"杀 Online"在线游戏以女星郭书瑶一句"杀很大"的台词，红遍各大媒体，成功博取了版面，也吸引到消费者的注意。女星瑶瑶姣好的身材，也成为许多网络游戏爱好者讨论的议题及对象，更获得"宅男女神"的封号。

图 7 – 12 杀 Online

图片来源：http：//www.youtube.com/watch？v＝zsoA5GalaJI。

近年来，愈来愈多的在线游戏皆以性作为广告的诉求，其中究竟隐含什么样的意义呢？其实，在线游戏的性诉求相当程度上与角色属性有所联结，能够凸显产品的特性，并吸引消费者的注意力。这一则广告利用女星郭书瑶展现的童颜巨乳，向网络游戏爱好者与宅男进行性的诉求，的确不只高度吸睛，也在电玩社群网站引发了热烈的反响与讨论。另外，网络游戏爱好者及宅男们在接收到类似信息后，也会进一步进行分享或刺激搜寻的动作，能够成功帮助厂商达成传达信息的目的。如此一来，产品信息在经过讨论后也能够被有效扩散，这也是为什么在线游戏的厂商，常常以性诉求作为广告主线之因，也常促使其他电玩游戏厂商跟进。

7.5.4.3　幽默诉求

不同国家的消费者对于幽默的定义不同，因此同样一部以幽默为诉求的广告，不一定能同时吸引到不同族群的目光。一般而言，当产品的属性或形象适于使用幽默诉求时，它通常能吸引消费者的注意力。另外，幽默诉求也可提升消费者对信息的接受度，让消费者在轻松自在的情况下，白然地接收并处理信息。在操作上，由于要呈现出完整、以幽默为主线的广告，势必需要有故事性的发展，因此广告长度可能增加，提升了消费者分心的风险，故长度的把握相当重要。此外，广告内容需避免对特定潜在消费者的嘲弄，以免除目标客群的负面情绪。

7.5.4.4　恐惧诉求

此诉求强调，若消费者不改变其行为或态度，则可能会招致负面的结果，像是许多保险公司会使用此种手法，以刺激消费者意识到购买保险的必要性。

恐惧虽然是各个民族的消费者所欲趋避的，但并非所有以恐惧为主轴的广告都能引起消费者同样惧怕的反应。若企业欲使广告效益发挥到最大，广告中呈现的威胁程度必须适中，同时也要提出问题的解决方案。此外，传递信息的来源必须有较高的可靠程度，总体而言才能使消费者注意到此议题或产品，进而形成态度或行为的转变。

7.5.4.5　以艺术形式呈现信息

除了用以上各种不同的诉求将广告呈现给消费者外，广告人员也常常以文学的要素与消费者沟通。常用的手法主要有通过寓言故事、暗喻、明喻或双关语的方式。寓言故事的主角可以是人、动物或是无生物，通过虚拟的角色，传递抽象化的概念。暗喻是将两个属性相异的对象做关系上的联结，于句子中常出现是、为等喻词，例如月亮是一把镰刀、时间为一条河流等。明喻则是对照和比较两个对象的关联，于句子中常出现像、如、仿佛等喻词，如夏日的太阳好像女孩的笑容、飞机如同天上的飞鸟等。双关语则是通过文字游戏和图片的配合，使一个句子能解读出多种含义。通过较活泼的寓言故事、比喻、双关语等手法，能有效吸引消费者注意力，达成信息传递的目的。

消费现场

油漆就像上妆

香港 ICI Dulux 油漆以明喻的手法与其目标客群沟通，通过标语与文案的呈现，成功攫取消费者的目光。此油漆平面广告主要的目标族群为女性，认为女性是室内设计的重要决策者，通过广告台词"油漆就像上妆，必须顺滑无瑕、防水、色泽持久"，搭配女性脸部、睫毛及唇部的特写，强调其产品的饱和度、持久度及惊艳度就如同女性的彩妆一般，耀眼闪亮。以精辟的文字搭配简明易懂的图示，有效地达成与消费者沟通的目的。

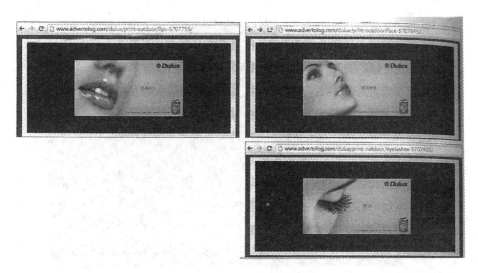

图 7 – 13　ICI Dulux 油漆平面广告

图片来源：http：//www. advertolog. com/dulux/print – outdoor/face – 5707855，http：//www. advertolog. com/dulux/print – outdoor/lips – 5707755，http：//www. advertolog.

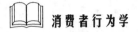

com/dulux/print – outdoor/eyelashes – 5707905。

消费现场

Coca Cola ZERO

成立至今已有超过 120 年历史的可口可乐，为了迎合时代的潮流，不断致力于新产品的研发与口味的提升。2005 年，可口可乐公司意识到消费者健康意识高涨，因而推出了零热量、零糖分的 Coca Cola ZERO。为了充分对消费者传递新产品的信息，除了革命性地改用黑色包装来凸显产品的差异外，也使用双关语的手法，欲传递产品零热量、零糖分的诉求。广告的标语呈现着 "Why can't big nights come with ZERO morning afters"，诉说着即使在一夜狂欢后，隔日的早晨依旧能清爽无负担，传递出 Coca Cola ZERO 能够给你真正的畅快过瘾，却不会造成身体的负荷。通过图像及标语的搭配，成功凸显产品的特色，也成就了 Coca Cola ZERO 在全球各地的畅销。

图 7 - 14　Coca Cola ZERO 平面广告

图片来源：http：//www. coca – cola. lt/zero/。

184

7.5.5 推敲可能性模型

推敲可能性模型（Elaboration Likelihood Model）指当消费者面临或接触到产品信息，进而产生注意力及信息诠释时，他可能会通过两种途径：中央路径（Central Route）和周边路径（Peripheral Route），促成其态度及信念的改变。如图 7 - 15 所示：

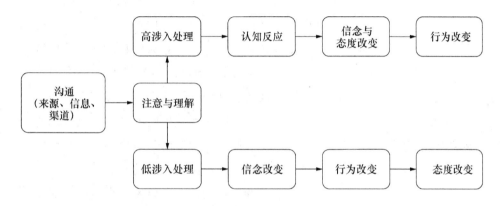

图 7 - 15　推敲可能性模型

资料来源：Solomon, Michael R., "Consumer Behavior: Buying, Having, and Being", Pearson Education LTD, 8th Edition, 2009, P 337.

实行中央路径的消费者通常对于产品有较充足的知识，因而有较高的能力和动机，进行产品信息及属性等相关信息的处理。在接收到信息后，会先进行信息的初步判断，进而产生信念或态度的转变，最后才产生行为的改变，是属于高涉入的信息处理流程。

另外，对于较无能力及动机处理产品信息的消费者而言，则会实行周边路径。由于无法对产品的信息做深入了解及分析，因而倾向对产品相关的周边信息投注较大的注意力，会以周边的信息或线索来帮助态度的转变与形成。在接触信息后，会产生认知的改变，进而直接做出相应的行为，最后才产生态度的改变，是属于低涉入的信息处理过程。

根据推敲可能性，依照消费者对产品信息涉入程度的不同，来源和信息内容传递的有效性也会受到影响。以吃牛排为例，通常高涉入的消费者追求的是牛排本身，由于对牛肉的部位、产地等皆有研究，因此营销人员对于这群高涉入的族群，应提供充足且有力的商品信息，迎合消费者的需求；反之，低涉入消费者在意的是牛排所发出的"滋滋声响"，由于对于牛肉属性不甚理解，因此着眼点在于附餐的丰富性、环境氛围或者是刀叉摆设等周边信息，因此面对此群消费者，营销人员应多着墨在产品本身的包装、外在形象等，以制造声势、迎合消费者的喜好。值得注意的是，中央路径或周边路径的实行，可能会有同时并存的现象，但会以其中一种路径为主导。举例而言，艺人小 S 代言 Brappers 牛仔裤，直观上，消费者在观看广告时，会将重心放在明星小 S 的身上，消费者信息处理途径是实行周边路径。由此可知，聘用明星代言产品，可能是想吸引较低涉入的消费者，引起其对产品的注意。然而，若再深入剖析，小 S 具有吸引力的潜质，可能会被消费者评估为产品属性的一部分，厂商企图通过正面印象的转移，让消费者对其牛仔裤产生正面的观感，因此也能够吸引到高涉入消费者的注意。故消费者所实行的路径为何，或者厂商是以哪些人作为目标客群，并不能仅以代言人的有无做评估，需考虑到产品的属性以及消费者的考虑点为何，才能深入了解目标客群实行的途径，以做出合适的营销决策，并达成说服、改变消费者态度的目的。

本章习题

1. 态度具有四项功能：实用性功能、价值呈现功能、自我防备功能、知识功能。请分别找出应用上述四种功能作为广告诉求的实际案例。

2. 请以构成态度的三个主要成分（认知、情感、行为）来说明一个人对于"捐血行为"的态度。

3. 态度阶层效果告诉我们三种不同的关系形态，包含了标准学习阶层、低涉入学习阶层、经验学习阶层。请试着以您自己亲身经历来举出这三种效果的产品消费经验。

4. 2012 年 12 月，某企业在新产品上市前进行了一项消费者对新产品态度的调查。调查结果发现，有 80% 的受访者对该项产品抱持正面的态度。然而，该产品在 2013 年 5 月上市后，业绩却让人非常失望。关于态度调查与产品业绩之间的差异，您会如何解释？

5. 现今在网络上我们常常可以看到许多推荐新产品的文章，这些文章对于消费者有正向的口碑效果，是产品宣传的利器。请试着举出两个例子，一则是能够让您信服的文章，另一则是让您怀疑有作假可能的文章，并详细说明该文章是使用何种陈述方式来推荐产品的？此外，为何两种文章会让您对该项新产品产生信任或不信任的态度？

消费者了没

SUZUKI "铁拳 TEKKEN" 机车

2011 年，SUZUKI 以隐喻及双关的手法，为自家 TEKKEN 机车做广告宣传。该机车广告以拳击手认真的神情作为开端，随后骑士骑乘机车奔驰、与拳击手比赛的画面不断地交错出现，最后则点出 Slogan："火力拳开，就是要赢。"

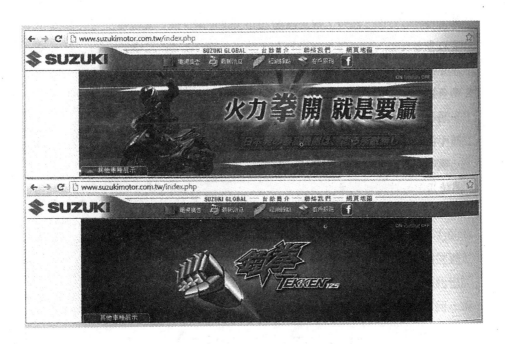

图 7-16　SUZUKI "铁拳 TEKKEN" 机车广告

图片来源：http://www.suzukimotor.com.tw/index.php。

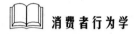

整部广告的诉求简单明了，除了 Slogan 使用双关技巧，让消费者朗朗上口外，广告中通过拳击来隐喻机车的性能，以拳击手爆发的震撼力比喻铁拳机车强大的火力；以拳击手比赛时灵活的脚步传达给消费者铁拳机车机动、灵活度高的性能，使观众能够直观感受，也容易与产品属性做链接。拳击手认真的神情，与上场前确实地进行手部保护措施，则象征铁拳机车拥有良好、质优的周边配备，也传达出 SUZUKI 总是以最严谨的态度制车的精神，为机车骑士做好一切把关工作。最后，广告中以拳击比赛进行比喻，也是暗暗地告诉消费者，铁拳机车与其他竞争对手相比，是各方面性能都能胜出的冠军品牌。

从消费者是否能清楚掌握产品信息的角度来看，SUZUKI 机车广告以拳击作为隐喻的沟通方式十分成功。首先，拳击与铁拳机车本身就拥有共同的属性，因此不论是 Slogan 上或是广告画面中，都能轻易引发消费者的联想。再者，广告在剪接技巧、铺陈手法上十分明确，拳击手出场后紧接铁拳机车出场、手部保护动作后紧跟着介绍机车配备、强力出拳后接着极速奔驰的画面、拳击手脚步移动接着出现甩尾片段等，各个节奏皆精准地引导观众抓住产品的每一项特性。最后，综观广告呈现的画面，结合音乐及快节奏，观众可以很清楚地感受到广告所营造出的帅气、Man Power 氛围，进而对此广告与产品产生正面态度。

问题讨论

1. 搜集 3~4 个将隐喻或共鸣应用于广告中的案例。

2. 你认为这些广告的效果如何？你会建议这些广告商采用较为直接的广告方式吗？为什么？若不建议，原因为何？

第8章　个人购买决策

消费奇案

百货周年庆大战

"买三千送三百"、"刷卡红利五倍送"、"独家强效美白组合"……每年秋季开始，中国台湾百货业无疑进入"战国时期"，国内外品牌的百货业者全部蓄势待发，纷纷以独家商品、现金回馈等方式吸引消费者前来，试图在周年庆期间全力冲刺年度获利表现。

谢老板、小明、慧慧是在同一家公司上班的同事，三个女孩时常在午休时间聚在一起聊聊八卦、谈谈时事。最近百货公司周年庆大战自然也是她们茶余饭后的话题，三人也对此互相分享自己的购物心得。

谢老板是个美妆保养达人，平时下班的兴趣就是看美容保养网站，关注最新上市的保养品，顺便参考别人的使用心得。每次购买前，谢老板都会在网站上多方比较后才出手购物。

小明则是现代"鱼干女"，平时上班光鲜亮丽，下班回家就是颓废的宅女一枚。对于保养品一窍不通，总是看谁有做折扣活动或是有她爱的明星代言就随意乱买，总是花许多冤枉钱却买到不适用的产品，时常被谢老板嘲笑为冤大头。

慧慧与谢老板、小明不同。慧慧已经结婚五年，虽说对保养没有像谢老板那么在行，但为了不要当个黄脸婆，多少还是会注意保养信息。然而面对五花八门的品牌产品，慧慧时常摸不清头绪，有时为了比价花一下午的时间，却仍是一头雾水。

随着百货周年庆大战白热化，谢老板早早就从她常看的美容产品比价网站看好网友们最推荐的保养组合，在慎选产品成分与功能并比价后，谢老板决定预购新光三越的独家特惠美白组合，现在就等着去把货提回家。

小明却是在家翻滚时偶然看到电视新闻上关于百货公司周年庆的消息，正好想起她的乳液快要没了，刚好趁这个机会去捡捡便宜。抱持着周年庆就有便宜组合的心情，小明踏入离她家最近的 SOGO 百货。面对眼花缭乱的众多商品加上汹涌的人潮，当小明看到她最崇拜的林志玲代言了 A 品牌的最新抗皱乳液，而且周年庆期间购买乳液特惠组合还送志玲姐姐限量年历，小明立刻决定下手购入，就此快乐地回家。

上次慧慧生日时，老公为她买了一组 SKII 的美白组合作为生日礼物，自此她就相当喜欢 SKII 的商品，因此慧慧希望通过这次周年庆买入折扣组合备用，但是在搜寻各家百货的独家组合时，慧慧却不知该从何下手，想要在网络上搜寻各家百货的比价信息，却总觉得信息七零八落。好不容易花了一整天时间收集数据，慧慧最终才下定决心到远东百货购买。

百货公司周年庆是每一年中国台湾消费市场的重头戏，各家百货纷纷祭出撒手锏吸引消费者目光，周年庆期间的营业额甚至可占各家百货年度营业额的 1/3。上面三位消费者分别在周年庆期间展现不同的购买决策过程，同学们可以试着回想过去自己在周年庆期间的消费经验，是否多少都受到各家百货业者的营销方法所影响呢？

谢老板眉头一皱，发现消费者并不单纯：

1. 为什么消费者面对同样的情境却会有不同的购买决策？背后的理由为何？

2. 消费者的购买决策流程为何？

3. 什么样的消费者会花费较多的时间去搜集信息？

4. 消费者真的理性吗？

5. 消费者可以通过哪些方法选出最后的购买决策呢？

本书由此章开始进入消费者行为中的第二大部分，前面章节中大多在

讨论有关心理层面上的因素，包括认知、动机、态度等。本章则由消费者的决策过程切入，包括前面讨论过的相关内容如何应用在消费者的决策情境之中。

 ## 8.1　消费者决策过程观点

消费者决策过程从一开始的确认问题、信息搜集、评估到最后做出选择，甚至是购物后的行为，全部都属于消费者决策过程。本章节着重探讨前面的确认问题、信息搜集、评估这几个阶段，关于购买后行为及特别情境下的购物行为将在第 9 章有更详尽的叙述。

针对消费者的决策过程，由于消费者购买决策拥有不同面向而发展出不同理论观点，分别是理性观点、行为影响观点、经验观点。

8.1.1　理性观点

理性观点（Rational Perspective）是把消费者视为一个理性的个体，因此消费者决策应该是一个理性的决策过程。可是所谓的理性决策究竟是什么意思呢？如果消费者是理性的，消费者自然会把决策风险降到最低，为了达到这个目的，他会愿意尽最大努力去收集信息来帮助他做出理性决策。

事实上，消费者的理性决策其实与第 7 章中讨论到的态度阶层效果有关，因为决策与态度两者其实是相互影响的。当消费者搜集到足够多的信息，就能根据收集到的信息评出目标物的各项属性分数，并且通过这些分数的加加减减做出最后决策。以上的过程便是典型学习行为（Standard Learning Behavior）的表现，因为消费者完整考虑所有的要素。身为一个理性的决策者，会自动进行全盘考虑，直到消费者认为他已经搜集到足够的资料时才会进行决策。

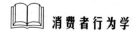

8.1.2 行为影响观点（Behavioral Influence Perspective）

若消费者做决策时受到外在环境的线索影响，这便近似于第7章中提到的行为学习过程。在行为学习过程中，消费者只需接触到环境中一些刺激物，就会直接做出决定而产生行为，使得消费者并没有先从认知开始，而是直接产生行为。举例来说，同学们每天早上起床都要吃早餐，在去上学的途中经过7-11，同学们很自然地走进去买个早餐再走到学校。其实同学们并没有在认真考虑和比较各家早餐店的优劣之后才决定吃7-11的早餐，只是在过程中看到了7-11这个刺激物，消费者就非常习惯地决定走进去购买。

8.1.3 经验观点

经验观点（Experiential Perspective）是对应消费者的感情喜好，通常与消费者过去的经验有关，因此当消费者使用经验观点决策时，往往是受到过去使用或决策经验的驱使。举例来说，情人节的时候，小明送给女朋友一盒Godiva的巧克力，小明的女友非常开心，因此等到七夕情人节或是圣诞节时，小明可能会再考虑送Godiva的其他商品，因为他知道女友会相当喜欢。

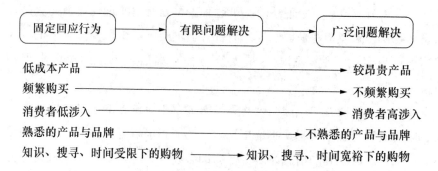

图8-1 消费模型变数

资料来源：Solomon, Michael R., "Consumer Behavior: Buying, Having, and Being", Pearson Education LTD, 8th Edition, 2009, P. 352.

进一步延伸以上三个观点，可以发现这三个观点刚好对应消费者不同的消费模型，有一些变量可以帮助营销人员区分消费者不同的消费行为。

简单来说，成本高不高、风险大不大、消费者愿意花多少时间及成本去收集信息等，以上因素都会促使消费者产生不同的消费行为。而消费者的购买行为大致可分为三种：固定响应行为、有限问题解决与广泛问题解决。

8.1.4 消费者购买行为

8.1.4.1 固定回应行为（Routine Response Behavior）

此即消费者没有花太多心思在消费决策上，通常是制式、惯性地做一些消费。回想上面所提的吃早餐案例，同学们上学每天都要吃早餐，通常每天早上都会去那几家固定的早餐店购买，这便是一种固定回应行为的展现。其他像手机账单每个月都要固定缴费，这种规律且成本不是太高的消费，消费者多会采取固定回应行为。反向说，这样的固定回应行为却是营销人员面对的巨大挑战，像是罐装茶饮市场，当消费者走进便利商店连想都不想就拿起某品牌的绿茶时，这对其他厂商而言，就必须想方设法地去突破或是解冻这种固定行为，才有可能让消费者重新动脑筋去做不同的决策，否则将无法改变消费者的消费习惯。

8.1.4.2 广泛问题解决（Extensive Problem Solving）

广泛问题解决通常在消费者涉入程度比较高的状况下发生，涉入程度较高代表消费者所要购买的产品或服务可能是成本比较高、风险比较大或是消费者所不熟悉的，尤其耐久性产品多属于此类，例如汽车、大型家电等，或者是与消费者个人概念相关的产品。中国台湾人常说看一个人的家就可以看出他的品位，所以买房子除了满足居住需求外，也是消费者自我概念的展现，因此消费者会花更多时间去做评估比较。举例来说，今天同学要购买智能型手机，由于价格高昂、买错不好用的话又无法立即更换，所以在选购新手机前会做许多功课，像比较各家电信业者方案、浏览各款手机评比等，审慎评估过后才出手购买。

8.1.4.3 有限问题解决（Limited Problem Solving）

此消费行为正好介于前两者之间。当厂商推出新产品或服务时，消费者面对这些新的刺激物会多想一下，稍微评估后再决定，但评估的层次没有广泛问题解决高。例如，每天买早餐虽然对许多消费者是偏向固定的行为，但也并非完全一成不变，当消费者每天光顾的早餐店推出新产品时，消费者会花一些时间比较新产品与原产品的差异所在，最后做出购买决策。

消费者完整的决策过程可以分成几个阶段，如图8－2所示，其中牵涉到许多前面章节讨论过的内容。首先，消费者在决策过程的开始一定是发现有想要解决的问题，也就是问题辨识阶段。这个阶段其实与第4章中谈到的动机相关，因为动机会驱动消费者，就好像人肚子饿了就会去买东西吃，不同形态的动机会驱使消费者去做不同事情。确认问题之后，消费者才会开始搜寻信息，进而试图解决问题，搜寻信息与认知有关，因为在认知中初始会先由感官开始接受刺激物，进入感官门槛后，消费者的注意力是否放在这个刺激物上，注意到怎么诠释这个被接收的信息，这些都会在消费者搜寻信息的过程中，逐渐积累成为消费者的认知，因此面对不同产品、不同品牌，消费者都有不一样的认知。

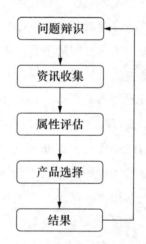

图8－2　购买决策流程图

资料来源：Solomon, Michael R. ，"Consumer Behavior: Buying, Having, and Being"，Pearson Education LTD, 8th Edition, 2009, P. 351.

搜集到足够的信息后，消费者就要开始评估。简单来说，假设今天某位同学想要买一部新手机，在多方打听、上网搜寻后，还剩下三部手机在想购买的候选名单上，分别是 iPhone、HTC、Samsung。此时消费者就会进行选项评估，针对剩下的三款手机去评估，评估的内容与第7章讨论的态度有关。当消费者在评估不同的产品时，其实就是在评估每一个产品的属

194

性及其重要性，消费者相信这个产品的每一个属性可以达到几分，就是消费者对产品的信念与态度，做完评估后的结果，可以帮助消费者做出最后的购买决策。

做完决策后整个购买流程尚未结束，消费者在买完商品后，还需要思考是否对产品感到满意。整个消费决策过程结束后，其实消费者也吸收到了新的信息，而当结果出现后，可能又有新的问题产生，又会使消费者回到最开始问题辨识的步骤。另外，厂商或营销人员该思考的是消费者买完这次后，未来还会不会再次购买、消费者会不会对厂商的产品或品牌产生认同感，甚至进一步推荐给其他的消费者。

事实上，延续本章开头所讨论的三种不同的问题解决方法，若消费者已经买过一次 HTC 手机，当他下一次要再换手机时，很可能这位消费者已经习惯于使用 HTC 的手机，这时他不见得会再从问题辨识开始，很可能会直接跳到产品选择的步骤，由此可见，并非每一次消费都会从第一个步骤开始。

 ## 8.2　问题辨识

正如上文所述，消费者在进入购物决策前必须先了解需求所在。基本上，问题辨识（Problem Recognition）可被分为以下两种：需求辨识（Need Recognition）和机会辨识（Opportunity Recognition），如图 8 - 3 所示。

8.2.1　需求辨识

需求辨识（Need Recognition）是当消费者发现有些东西没有了，比他正常需求水平低，这时消费者就会产生回复正常水平的需求。举例说，小明每天都要喝 500 cc 的牛奶，某天早上小明打开冰箱发现没有牛奶了，低于小明的正常需求水平，因此他会产生需求辨识，接下来小明就会去附近的商店购买牛奶。通常当消费者面对东西没有了、东西损坏需要更换的时候，便会产生需求辨识。

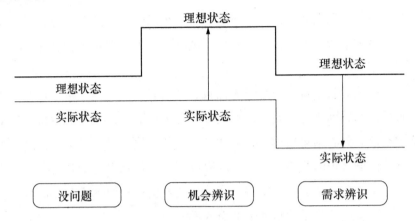

图 8 - 3　需求辨识与机会辨识

资料来源：Solomon, Michael R. ，"Consumer Behavior：Buying, Having, and Being"，Pearson Education LTD，8th Edition，2009，P. 355.

8.2.2　机会辨识

机会辨识（Opportunity Recognition）与需求辨识的不同之处在于，机会辨识的发生较多来自于消费者的自我提升，着重在理想水平，类似升级的感觉。机会辨识的驱动力主要来自于两个层面。第一种情况是，假设下个月 iPhone5 即将上市，小慧虽然已经有了一部 iPhone4S，但看到 iPhone5 即将上市的消息，想到那些更新的手机功能，也让小慧想要更换她的手机。这就是为什么厂商时常推出升级版或是新配方，就是希望刺激消费者即便现有的东西没有损坏，他们仍会升级。另外一个驱动力则来自于消费者本身身份的改变，比如说今天某位同学大学毕业了，也找到一份稳定的工作，可能过去学生时代一直住在与同学共租的雅房，现在毕业后就开始想换成环境好一点的套房，这就是由于个人生活阶段的改变造成新需求的出现。

8.2.3　需求提醒

营销人员在此扮演的角色即是提醒消费者有这样需求的存在，但在刺激的方法上，有两种不同的做法，分别是刺激主要需求（Primary Demand）和刺激次级需求（Secondary Need）。两者的差别在于一个是刺激整个品类

196

的需求，另一个是刺激个别品牌或商品的需求。

8.2.3.1 刺激主要需求（Primary Demand）

刺激主要需求即是刺激整个品类的需求。举例来说，2008 年中国台湾爆发三聚氰胺毒奶粉事件。由于对健康安全的考量，中国台湾消费者对奶粉的购买量大幅下降，这时奶粉厂商们可能会联合起来共同宣传使用奶粉的益处，希望重新促进奶粉的销售，包括政府单位也加入澄清奶粉事件的后续处理，证明市面上的奶粉已经没有危害，以期能重新振兴奶粉市场。但刺激主要需求时，并不会特别强调购买哪个特定品牌的奶粉。

8.2.3.2 刺激次级需求（Secondary Demand）

刺激次级需求是个别厂商最常操作的，也就是营销自己的品牌，说服消费者购买自己的商品。同样以奶粉市场为例，刺激次级市场就是 A 牌奶粉厂商不断地打广告去说服消费者，买他们的产品会比买其他竞争品牌更好。

8.3 信息搜寻

消费者确认其需求后，就会开始去寻找相关的信息。当消费者进入信息搜寻（Information Search）的阶段时，根据其搜寻状态的不同，又可再分为以下两种类型。

首先，购买前搜寻（Prepurchase Search）是消费者在某次购物前，找寻数据的行为，在生活中相当常见。例如，消费者发现家里的空调出现故障，为了购买空调，消费者在购买前会收集数据，确认买哪一款空调最为合适。另外，持续搜寻（On - Going Search）则是消费者在日常生活中持续主动地收集资料。举例来说，有些人本身对单反相机非常有兴趣，即使他所拥有的相机还没有损坏，他还是会持续追踪有关于单反相机的新产品或是新信息。

事实上，购买前搜寻与持续搜寻的主要差异在于消费者涉入的不同。购买前搜寻是消费者对购买行为涉入程度高。简单来说，由于消费者是为了买空调而去找寻信息，重点在于购买空调这个行为本身。而持续搜寻的消费者则是对产品本身有高度涉入，源于对产品的兴趣，才持续收集与产品相关的信息，较偏向任务导向，这些消费者希望通过寻找信息满足其对产品的关心，因此这两者会产生不同的结果。

对购买前搜寻的消费者而言，他是为了购买而搜寻，所以搜寻可以帮助他做出更好的购买决策。另外，持续搜寻类型的消费者是因为兴趣而一直吸收新知，长期下来会对产品累积较多知识，但也较容易产生冲动性的购买，当他看到新产品问世后，很容易被引起购买欲望。对这一类型的消费者而言，除了购买行为的满足外，更重要的是他在信息搜寻过程中所获得的成就感。消费者搜寻信息的过程中，可以再细分成内部搜寻（Internal Search）或外部搜寻（External Search）两种取得信息的方式。内部搜寻是消费者由自身或他人的经验中取得信息，当消费者已经用过 iPhone 和 HTC 的手机，下一次消费者要换手机时，会先回想过去自己使用的经验、询问亲友其他品牌的使用经验或是回想自己曾看过哪些手机广告等问题，以此完成信息搜集。正如上文所述，内部搜寻由于是消费者通过自己或周围亲友的经验获得信息，因此是成本相对较低的搜寻方式。

外部搜寻则又可分为刻意搜寻（Deliberate Search）与意外搜寻（Accidental Search）。刻意搜寻的情况是消费者坐在计算机前浏览相关网页，借此取得相关信息。简单来说，今天小明因为上大学需要购买笔记本电脑，为此，小明特地上各大 3C 论坛查询最新的商品规格，这便是一种刻意搜寻的行为；反之，意外搜寻则与此不同。试想以下情境，消费者此时可能有买手机的需求，但他并未特意去搜寻与手机有关的信息，而是在路上逛街时偶然看到最新的手机广告，此时，消费者也能吸收到与手机相关的新资讯。

信息搜寻看似简单，但要获得有用信息也必须付出相当的时间成本才可以顺利取得。对不同的消费者而言，由于对产品所拥有的知识量不同，其实也会影响他们寻找数据所耗费时间的多寡。

消费者开讲

达人与门外汉

回想看看，日常生活中在购买一些较为专业或昂贵的产品时，是否会想要先搜集一些信息或他人的建议再进行最后的购买决策呢？以高科技产品为例，当消费者要购买笔记本电脑时，究竟是计算机工程专业的计算机达人会花较多时间搜寻信息，还是一个计算机门外汉会花较多时间去搜集信息呢？或者，是一位对计算机有点懂又不太懂的普通人会耗费最多时间与精力呢？造成他们搜寻时间长短不一的可能原因又是什么呢？

响应上面的讨论，由图8－4可以明确地看出，对产品知识较为匮乏以及对产品知识了解甚多的消费者，比起拥有中等产品知识的消费者都花费更少的时间在信息搜寻上。也就是说，很懂跟很不懂的消费者都不会花太多时间去找信息，反倒是对产品有一点了解却又不太了解的消费者会耗费大量的时间去钻研。事实上，拥有较多产品知识的消费者，根据其所拥有的专业知识，能够让他们快速取得有用的信息，或者单凭他过去所累积的产品知识就足以应付相关的消费决策，因此不会花费太多时间；相反，对产品完全不懂的消费者则是毫无头绪，既不知从何下手找寻数据，也不是很想去深入探索，所以很快地他们就会放弃搜寻。最特别的反而是处在两者之间的平均消费者，这群人对产品的知识掌握不深不浅，比起不知从何下手的人还是知道一些搜集信息的方法，但比起专业人士却又不知哪些才是重点，反而需要花更多时间过滤信息。

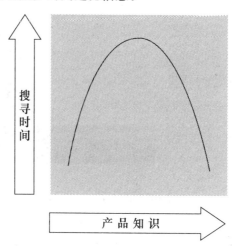

图8－4　搜寻时间与知识含量比例

资料来源：Solomon，Michael R.，"Consumer Behavior：Buying，Having，and Being，Pearson Education LTD，8th Edition，2009，P. 360.

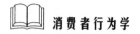

消费现场

眼花缭乱的文章

　　随着网络科技发展与普及，消费者取得信息的成本大幅地降低，再加上在线社群平台的兴起，消费者取得信息的方式更为多元化，这也使得众家厂商在信息散布及沟通上必须更为费心。根据 Alexa 信息公司的统计调查结果显示，Mobile01.com 为中国台湾流量排名第十四的网站，Mobile01.com 主要为 3C 类产品信息的在线交流平台，许多消费者在购买 3C 产品后，都会到这个平台上发表使用心得或提出产品相关疑问，在线讨论相当热烈。

图片来源：http：//www.mobile01.com/category.php? id = 5。

　　近年来，中国台湾吹起一阵文章风潮，许多消费者在购买 3C 产品后，会在第一时间将产品通过图文网志的形式，以介绍产品并写出自己试用的心得，作为其他消费者在购买时的信息参考。

Mobile01.com 上充满各式各样产品的文章，一般消费者若在购买前上这个网站去搜寻相关信息，可能会经常看得眼花缭乱、目不暇接，这样的形式虽然提供给消费者信息收集的方式，却也可能让消费者耗费更多的时间在信息搜集上。另外，这种分享模式的兴起，也吸引了许多厂商看准宣传商机，聘请大量的知名写手，到各大论坛上撰写文情并茂的文章，通过感人的文章，增加产品吸引力与说服性，希望借此能吸引更多消费者对自家商品的青睐。

资料来源：http：//www.alexa.com/siteinfo/mobile01.com，http：//www.mobile01.com/。

产品知识多少会影响消费者所花费的时间与精力，对营销人员而言，了解不同层级的消费者，才能更精准地与其沟通，这也是在市场调查中，时常出现请消费者自评对产品了解程度的原因。

事实上，消费者对产品的知识掌握多少并非区分花费时间的唯一因素，通常还与消费者认知到的风险有关。消费者为什么会花较多的时间搜寻信息，原因可能在于消费者认为做这个决策有一定的风险存在，因此不敢贸然决策。如果购买这个商品没有或几乎零风险存在的话，其实消费者根本不需多加思考，可以直接做出决定，因为任何结果都不会对消费者有所危害。消费者认知到的风险大致上可分为以下五类：

8.3.1 财务风险（Monetary Risk）

这是很多消费者第一时间会想到的风险，因为一旦买错商品会立刻产生财务损失，其中对价格敏感度高的消费者更在意财务风险。对学生族群的消费者而言，由于手中能够支配的钱较为有限，因此在购买时会极力避免财务风险的发生。

8.3.2 功能风险（Functional Risk）

有时候购买商品的功能不如预期，而商品能否真正解决消费者所面临的问题，对务实导向的消费者特别重要。例如，消费者在购买吸尘器时，会审慎考虑这项商品是否真能达到预期的效果。

201

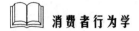

8.3.3　身体风险（Physical Risk）

身体风险最常出现在购买机械器具、药品等与身体较为有关的商品上，另外像年纪较大的消费者，也会担心买到劣质商品，导致在使用时会因质量不佳而造成身体伤害。

8.3.4　社交风险（Social Risk）

当消费者在选购与个人概念或自信程度有关的商品时，若选到错误产品，消费者会担心是否会遭受他人的异样眼光。以买手机为例，今天小明买了一部山寨机，不论是明知道是山寨机仍购买，或是不知是山寨机才买，都可能会因此被同伴笑话，所以为了避免这样的情形，小明会避免选购山寨机，以防止社交风险的产生。

8.3.5　心理风险（Psychological Risk）

简单来说，心理风险是消费者在购买某些商品后，会不会在心中产生罪恶感或是不快乐的感觉。试想以下状况，很多女孩都喜欢吃甜食或巧克力，甜食总是让自己心情愉快。当某一天女孩肚子饿了，在考虑是否买巧克力蛋糕作为点心时，她心中可能会想，花钱买蛋糕吃会让她变胖，如果这块蛋糕还不好吃就会让心情更差，这就是心理风险所在。

综合以上五种认知风险的类型，可以发现风险并非只有常见的财务风险存在，且不同消费者在面对不同产品时，会遇到不同的风险，而认知到的风险越多，越会驱使消费者去搜集更多信息来辅助决策。

 ## 8.4　消费者的不理性

从本章开头到现在的讨论中，消费者似乎相当理性，讨论也都建立在消费者是理性的假设之下。但在真实世界中，消费者真会如此理性地进行决策吗？答案当然是否定的。

传统决策理论观点中，强调消费者会在搜集到足够信息后才进行决策，但实际情况却是多数消费者会直接略过信息搜寻。对消费者来说，消费的只是消费者自我概念中的一小部分，因此消费者不会将所有心思都放在消费决策上，而放在其他更重要的事物上。例如，学生会将注意力专注在学业及课外活动上、上班族将注意力放在工作内容上等。如此一来，消费者在消费行为上的注意力相对减少，所以如果有方法可以让消费者不花时间去做信息搜集，他就会尽力避免。除非这个消费与消费者的自我概念高度相关，像购买一些个人的象征对象时，才会花较多时间做决策。

另外，消费者还具有尝鲜性倾向（Variety Seeking），即他们会主动去寻求新的刺激物，尤其当消费者感觉到日常生活一成不变、有些无聊时，更想要去找一些新的刺激，这样的倾向也会造成消费者的不理性决策。年轻学生族群这样的倾向相当显著，年轻人较喜欢追求新的刺激，平日无聊就会寻找新的餐厅聚餐、看到新产品就想要买来试用，这些都属于尝鲜性倾向的表现。

然而在特殊情况下，消费者的尝鲜倾向会被淡化，假设今天消费者到法国旅行，在美食之都被许多欧式经典餐厅环绕，许多消费者却还是选择走进麦当劳点餐，因为那是消费者心中最熟悉的品牌，由于对当地环境的不了解，在那样的情境下，消费者很可能反而选择熟悉的事物。

针对非理性消费行为，学者理查德·塞勒（Richard H. Thaler）在1993 年出版的 "Advances in Behavioral Finance" 一书中提出对消费者非理性行为的解释，认为消费者的非理性行为与财务概念相关，受到心理账户（Mental Account）的影响。心理账户本身存在的前提即为人是非理性的，在消费者的心中存在不同的账户，存放不同的资源。例如，消费者会将不同来源的钱归类到不同的账户中，因此消费者对每一个账户的管理及花费方式，会有不一样的考虑，这就是非理性行为的表现。如果消费者是理性的，那么消费者心中应该只有一个账户，所有的资源都一样会在这个账户中不断累积。举个简单的例子，对许多学生而言，由于尚未具有自力更生的能力，平时多依靠父母的经济支持，因此对每一分钱的运用都很仔细计算。如果这一学期，某位同学因为学期成绩第一而获得学校颁发的奖学金 5 万元，这笔奖学金与父母平时给予的生活费，可能会被这位同学存放在不同的心理账户中，他可能不会把这笔奖学金

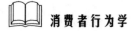

平均分摊在生活费上以减少父母的负担，而是可能购买一直想要的 iPad 或是趁此出国旅行，由此便可看出在不同账户中的资源，消费者的花用打算并不相同。延续非理性消费行为的讨论，过去学者由此发展出两个相当重要的理论，分别是展望理论（Prospect Theory）与沉没成本的谬误（Sunk Cost Bias）。

8.4.1 展望理论

展望理论是由卡内曼（Daniel Kahneman）与特沃斯基（Amos Nathan Tversky）两位学者共同提出的。展望理论认为消费者所处的参考点不同，因而会产生不同的风险态度。展望理论由两条价值函数图形组成，如图 8-5 所示。其中水平轴线是消费者有利得或损失的程度，垂直轴线是消费者感受到的快乐或痛苦程度。

首先看图 8-5 中 A 与 C 两个区块，这两处都属于边际递减的状况，代表消费者在有利得而快乐的状况下，其快乐程度的增加会随着利得的增多而减少。简单说，某位同学第一次考一百分会感到超级快乐，第二次、第三次又考到一百分还是会更加高兴，可是到了第七、第八、第九、第十次，某位同学心中增加的快乐程度就没有前面几次那么高了，因为随着次数增多，增加的快乐感递减。同样地，该同学第一次考三十分会感到超级难过，第二次、第三次还考三十分会更难过，可是等到第七、第八、第九、第十次都考三十分，该同学渐渐地就不会增加什么痛苦的感觉了，这就是边际递减效果。

此外，图 8-5 中 C 与 B 的不同之处在于两者的斜率不同，这说明当消费者面对的利得大小与损失大小程度相等时，利得所造成的快乐程度会小于损失所带来的痛苦程度。举例来说，今天有两个消费者都买同一部新手机，消费者 A 花了 1 万元，消费者 B 则只花 8000 元，因此对消费者 A 而言他感受到的是多付出 2000 元的痛苦，反观消费者 B 感受到的却是少付 2000 元的快乐，两个消费者的损失或获得程度都是 2000 元，但依据期望理论的价值函数，消费者 A 的痛苦程度会大于消费者 B 所感受到的快乐程度。

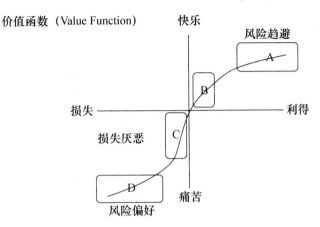

价值函数（Value Function）

图 8 - 5　展望理论价值函数

资料来源：Kahneman，Daniel and Amos Tversky，"Prospect Theory：An Analysis of Decision under Risk"，Econometrica，1979，47（2）：263 - 291.

由图 8 - 5 中的价值曲线还可以发现，消费者在不同情境下，会有不同的风险喜好。消费者有利得时，会倾向风险趋避。这相当适用于消费者操作金融投资时。当消费者手中持有的股票正在大涨时，有一个选择是现在卖掉然后赚到 10 万元，或选择不卖掉可以赚到 20 万元或者什么都没赚到概率各半。在股票大涨，消费者赚钱的情况下，大部分消费者会选择不赌那一半的概率，选择拿到 10 万元就好；反之，当消费者正承受损失，当他们手中的股票持续在跌，消费者可以选择现在卖掉、认赔 10 万元，或者不卖掉，但是赔 20 万元或完全不赔的概率各半，这时消费者通常会选择继续持有股票，因为消费者想赌把所有钱拿回来的可能性，此时消费者反而喜好风险。

8.4.2　沉没成本谬误

心理账户的相关理论中，还有一派是关于沉没成本的讨论，所谓的沉没成本指消费者已经付出而无法取回的成本，可能是钱财、时间或其他资源种类的付出。正是因为消费者对沉没成本有谬误认知存在，大部分消费者无法接受有沉没成本的事实，消费者不愿承认先前的付出已经失去意义，所以让消费者对不同来源的资源有不同想法。举例来说，如果今天这本《消费者行为学》是消费者自己花了几十元在书店买的，通常消费者会认真花时

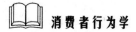

间把这本书看完，但若这本书是老师在课堂上免费送的，消费者可能随手翻上两页，就放角落生灰尘再也不会看了，这就是沉没成本对消费者的影响。

事实上，这个发现对营销人员意义重大，有时候商品免费不见得是好事，很多消费者可能因为免费拿一拿，最后却只是丢在一边，反而消费者自己掏钱买的产品，由于沉没成本已经发生，如果没有使用便是浪费，更能驱动消费者的使用。

消费现场

生活中的沉没成本：储值的秘密

储值在现代社会中已经不是什么新鲜事，悠游卡、i-cash、咖啡随行卡等，各式各样的电子智能卡充斥在日常生活中，这些卡片都需要先充值才能够使用，甚至卡片本身还需要额外付费才能够获得。另外，到出租店租影片、杂志书籍，店家也都有提供先储值就给折扣的服务，就像在漫画书店先预付500元就可以看700元额度的书籍。你是否想过，究竟为什么店家会提供这些折扣来吸引消费者进行储值的行为呢？

事实上，这样的储值行为对消费者可以说是一种沉没成本的形成。对消费者而言，由于储值就代表已经先付出了金钱，如果不到店里消费的话，无疑就是浪费了那些已经储值付出的金钱，而消费者为了不白白浪费这些金钱，便会选择持续到店消费。对厂商来说，储值除了稳固消费者到店消费之外，还能够排挤其他竞争者插入的空间。试想一下，今天消费者手中持有一张加值了1000元的i-cash卡，因为口渴而想要购买饮料，正好前面就有一家7-11和一间全家便利商店，想当然，消费者会选择走入7-11消费，原因就在于那张已经加值了的i-cash卡，无形当中，竞争对手已经被预先储值的限制打败。

资料来源：《商业周刊》，2010年第1171期，第40页。

8.5 属性评估

属性评估（Evaluation of Alternatives）指消费者决策过程中，搜集完需要的信息后，第三个阶段会基于现有的信息开始评估可选择的几个产品或方案，重点是了解产品本身或方案的属性表现。

最初的评估其实在消费者建立选择名单时就已经开始，当消费者想要购买特定商品时，消费者第一时间可以想出的所有品牌商品即为消费者心中的可回忆组合（Evoked Set）。简单来说，想要买新手机时，消费者知道的所有手机品牌就是他的可回忆组合。然而可回忆组合并非消费者的最终选择列表，可回忆组合中被消费者考虑进来的那几个品牌才会成为消费者心中的考虑组合（Consideration Set）。考虑组合中的商品才有可能最终被消费者购买，当然产品要想进入考虑组合就必须先处在可回忆组合中，这也是许多厂商会间歇性通过一些品牌广告来提醒消费者品牌的存在，让他们未来购买该品类产品时，自己的品牌能够首先出现在可回忆组合中，才有最后成为考虑组合的希望。

8.5.1 产品品类

产品品类（Product Categorization）的区分会影响消费者在评估时如何选择比较的对象以及相关的属性。消费者对产品品类的分类其实与第 2 章提过的基模有关，当消费者看到一个产品，如何归类这项产品与消费者本身既有的知识有关。正因如此，营销人员要提前了解消费者既有的基模为何，当推出新产品时，哪些属性会影响消费者的判断，借此营销人员才能清楚地知道如何定位自己的产品。例如，在实体店铺的摆放位置，放在哪个区域是消费者可以很快搜寻到的。

举例来说，想要买微波食品的消费者自然而然会走向超市里的冷冻区，因为在他们的基模中知道这些微波食品需要被冷冻保存。但营销人员也要注意所推出的新商品是否会让消费者在分类上感到困惑，如果有

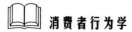

一个新产品叫作冷冻狗食，消费者看到时可能不知道该将其归类进冷冻食品或是宠物食品类，这就会使产品在销售上面临挑战，因为消费者很可能无法第一时间确知其所在位置而放弃搜寻。另外，如果营销人员能够找出一项新的属性改变消费者原本对产品的基模，就能够创造出新的市场商机。

消费现场

不只是卫生纸？

金百利克拉克（Kimberly - Clark）是全世界最大的卫生纸制造商，在中国台湾卫生纸市场拥有六成左右的市场占有率，稳居市场龙头宝座。如果觉得金百利克拉克这个名字距离很遥远的话，那么"舒洁"这个名字对你来说铁定不陌生。舒洁卫生纸的口号总是强调"给家人最好的呵护"，数年来不断推出各式各样的卫生纸产品，包括大家最为熟悉的拉拉狗印花卫生纸，可爱的彩色狗狗图案呈现在卫生纸上，让消费者在使用卫生纸时也能够享受缤纷的心情。

事实上，舒洁在卫生纸产品上的研发突破并不仅止于此。2001年舒洁创新推出芳香精油面纸，各种不同的精油香味飘溢在面纸上，对卫生纸而言是一种全新的尝试，舒洁也试图以此来提供给消费者使用的新选项。2004年，舒洁更进一步推出含有芦荟、维生素E、乳木果油的丝柔面纸，并且通过电视广告告诉消费者面纸可以不只是面纸，由于含有乳液的保护成分，所以面纸除了清洁的功能之外，还能够舒缓皮肤干燥并且保护肌肤。这样的功能诉求与传统上强调柔白的卫生纸截然不同，卫生纸不只是要柔软，还要能够呵护消费者的肌肤，这无疑为卫生纸市场投下一颗信号弹，让消费者认知到原来卫生纸也可以创新，而消费者也可以有更多的新选择。

资料来源：《大纪元》，http://www.epochtimes.com/b5/7/9/21/n1842175.htm，http://www.youtube.com/watch?v=66sohsfpCSk，2007年9月21日。

消费者对产品的分类还能帮助营销人员找出自己的竞争对手，消费者对产品的认知不同，可替代的东西也就不同。举例来说，某位同学上完课肚子很饿，决定到麦当劳吃午饭，从该同学想要吃快餐的角度来看，麦当劳此时的竞争对手应该是肯德基、汉堡王等快餐业者，但若由肚子饿要填饱肚子的角度来看，其实所有出售食物的厂商都会是麦当劳的竞争者，比如一般的便当店、7－11 等，这也是需求及产品品类划分之所以影响厂商竞争关系的原因之一。

通过消费者，营销人员也能明白自己或竞争者的表现如何，有些品类会有典范品牌（Exemplar）的出现，一提到该类别时，消费者可以很强烈地联结到某个品牌，那就是该类别的典范品牌。举例而言，搜索引擎的Google，甚至成为日常生活中的动词，就像人们常说"你可以 Google 一下"就是其为典范品牌的证明。但不是典范品牌的其他品牌也并非全处于劣势，对这些较为不熟悉的品牌或产品，消费者也可能会花比较多的时间去思考，例如走到 3C 商场中，看到 Canon 展示新型号的相机并不奇怪，但若出现标示 Asus 的数字相机，消费者反而会因好奇而停下脚步。

回到消费者如何评估可选的方案，其中最重要的部分是消费者评估的标准究竟为何。上面讨论的产品品类只是让消费者了解自己有哪些选择，但在最后的购买决策中，还需要其他评判标准来决定最后的购买，这些标准即为产品的相关属性。这些属性中又有几个决定性的属性存在，称为决定性属性（Determinative Attributes），决定性属性可以帮助消费者在评估时看出每个选择的差异所在。以手机为例，可能品牌、价格、外形这三项是大部分消费者的决定性属性，可以帮助消费者判断每个产品的表现有何不同。

即使面对同样的商品，每一位消费者所认为的决定性属性皆不相同，因为选择哪些属性是消费者通过程序学习而得到的结果，过去积累的知识与经验让消费者明白哪几个属性可以比较出产品之间的差异、协助他做出决策。因此，对营销人员困难的是如何创造出一个新的决定性属性，或者如何说服消费者有新的决定性属性存在。营销人员在创造新决定性属性时，也必须注意这个属性能明确区隔自己与竞争厂商的不同。如此一来，第一个提倡全新决定性属性的厂商就可能吸引到大批的消费者。例如，数码相机在发展前期多以像素高低及外形作为广告的主打重点，但随着技术的突破，开始有厂商以自防手震、锁定人脸等功能作为宣传重点，以凸显

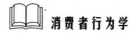

与其他品牌产品的不同之处。

8.5.2　心理快捷方式

正如上文所述，消费者的非理性决策除了受到心理账户的影响外，其实也因为消费者需要思考的事物太多，而消费只占生活中的一小部分，导致消费者在做决策时会倾向于用偷懒的方式。这种偷懒的心理快捷方式（Mental Shortcuts）让消费者可以不用逐步分析，只需要通过经验法则就可以做出决策，即所谓的捷思（Heuristics）决策。常见的捷思决策法则有以下几项：

8.5.2.1　市场信念（Market Beliefs）

市场信念简单讲就是一些人云亦云的预设，生活中常听见大家说"那家店排队的人那么多一定不会太难吃吧"、"这个牌子最近广告打得很凶一定蛮好用的吧"等，这些都算是常见的市场信念。消费者没有仔细去思考产品的各项属性，而是仅凭其中一两个属性就做出推断，快速地获得结论。

8.5.2.2　产品信号（Product Signals）

产品信号的来源其实相当多，包括品牌、价格、产地等都可以是产品信号。产品信号即产品特定属性的表现会影响消费者的判断。例如，一件300元的衣服与一件3000元的衣服，消费者通常会认为3000元的质料比300元的好，这就是以价格作为产品信号的情况。产品信号也是造成品牌资产相当重要的原因之一，对大多数的消费者来说，其实他们根本没有想很多，光看到品牌，就会判断这是不是一个好的商品。

8.5.2.3　来源国效果（Country of Origin）

来源国效果也算是产品信号的一种，但来源国效果对消费者影响的大小又与消费者对产品拥有的知识多少有关。当消费者产品知识丰富时，产品来源国就只是所有属性的其中之一而已，并没有主导消费者决策的影响力；反之，若消费者对产品了解甚少，那么产品来源国可能成为影响消费者决策的重要属性，而这个影响是正面或负面，则与消费者的个人经验及知识含量相关。

除此之外，来源国效果中还包含两种特殊情况。民族优越感（Ethno-centrism）是消费者对自己国家的产品多半抱有正面想法，尤其在发达国家特别如此。过去中国台湾消费者很喜欢进口的舶来品，但随着经济起飞及环境发展，"MIT"也逐渐成为质量的认证标章。另外，国家仇视（Animosity）则是消费者特别讨厌某些国家，连带也会特别讨厌它们的产品。

210

例如，中国南京地区的消费者对于日本进口的产品特别不喜欢，原因来自于过去历史情结而造成的敌视。

8.6　产品选择

本章来到消费者决策过程的最后一步——产品选择（Product Selection），消费者在发现需求、搜集信息、审慎评估之后终于要选定产品，那么究竟消费者如何抉择？在选择时，消费者可能依据补偿决策原则（Compensatory Decision Rules）或非补偿决策原则（Noncompensatory Decision Rules）做出决定。

8.6.1　补偿决策原则

关于补偿决策原则在前面的章节曾经讨论过，同学们还记得多重属性模型（Multi‐Attribute Model）吗？即消费者按照所有可考虑的产品属性，将所有选项的属性表现以比重加权总和后，通过得出的分数高低来排序各个方案的优劣次序，之所以称为补偿决策原则是因为各个属性之间可互补，即使属性 A 得分很低，若属性 B 表现得当，该选项仍可能成为首选。

8.6.2　非补偿决策原则

非补偿决策原则与之相反，此原则中各个属性之间无法彼此弥补，假设今天消费者有经济上的限制，只要超过 5000 元的手机他绝不可能购买，那么即使其他款手机在其他属性上的表现再佳，也不会纳入这位消费者的考虑选项。而非补偿决策模式主要有编撰法、删除法、联合法三种类型。

8.6.2.1　编撰法（Lexicographic Rule）

该法又称为"重要属性依序挑选法"，指消费者先把商品的所有属性按照重要次序逐一排列，在筛选时，由消费者认为最重要的属性开始比较。若商品 A 在最重要属性的表现明显优于商品 B 与商品 C，那么消费者就会选择商品 A，但当商品 A、商品 B、商品 C 在最重要属性的表现持平时，则再进行次重要属性的比较，直到各商品分出优劣为止。

8.6.2.2 删除法（Elimination – by – Aspects Rule）

该法又称为"排除法则"，指消费者会先对所有属性进行重要次序的排列，但与编撰法不同之处在于删除法是由最重要属性开始逐一删除未达消费者门槛的商品，比到只剩下一个商品选择时，即为消费者的最终选择。

8.6.2.3 联合法（Conjunctive Rule）

又称为"交集法则"，指的是消费者会以门槛的概念进行筛选，但与删除法不同之处在于，联合法是针对选择方案中的所有属性都设有最低门槛，只有所有属性皆通过最低门槛的商品才会进入候选名单，此法可大量减少需要仔细评估的选项。

消费者开讲

决策准则

阿土伯为了祝贺孙女小美考上台大，决定购买一部手机送给孙女。在邻居钱夫人的介绍之下，阿土伯对于不同品牌的手机有了以下评价：

请说明根据以下决策准则，阿土伯会选择哪一（些）品牌？

（1）重要属性依序挑选法（Lexicographic Rule）。

（2）交集法则（Conjunctive Rule）。

（3）排除法则（Elimination – by – Aspects Rule）。

（4）菲什宾的多重属性模型（Multi – Attribute Model）。

表 8-1　阿土伯评价表

产品属性 （Attribute）	属性权重 （Importance）	关卡分数 （Cutoff）	品牌评分结果			
			iPhone	HTC	Nokia	Samsung
相机像素	1	2	3	5	2	3
屏幕大小	3	2	2	4	1	3
搭配费率	4	3	4	4	5	4
记忆体大小	1	2	3	2	4	1
价格	5	3	3	2	4	4

注：使用特定决策准则时，个别属性不得低于关卡分数。

本章习题

1. 就消费者决策过程看，网络购物和真实情境的购物有何不同？从享乐消费的角度看，网络购物和真实购物所提供的购物经验又有何不同？

2. 当消费者在购买服务时，通常所面临的风险远比实体产品要大很多，因此更需借助产品信号推估其质量。如果您是下列服务的消费者：①医疗服务；②美容塑身服务；③投资理财顾问服务；④法律服务。请问当您进入以上这些服务厂商的店面时，您会选择什么来作为产品信号？

3. 当您在购买以下三种不同的产品或服务时：①购买便利商店中的瓶装茶饮；②选择出国旅行的地点与行程；③购买一间将来要自住的房子。您是否经历相同的购买决策历程？若有不同，请试着分析为何会产生这些差异。

4. 有些研究者认为消费者其实并未真正应用任何类型的决策程序，往往仅是不经任何推论，就随意制定其消费选择。对于这样的论述，您的看法为何？为什么？

5. 假设一个新的宠物食品品牌聘请您当营销顾问，您必须为该品牌的广告策略提出建议。就本章所讨论的决策程序而言，您认为大多数的潜在购买者会应用哪种类型的决策程序？原因为何？这会对营销策略造成何种影响？

消费者了没

团购网大战[①]

资策会调查报告指出，中国台湾团购网市场的年产值在 2010 年已达新台币 70 亿元，未来将有更大幅成长的空间。全世界的团购热潮显然也已经烧入中国台湾，让这块市场登上世界瞩目的舞台，但是团购网的魅力究竟是什么？为何能够吸引大批消费者买单呢？

---

① 资料来源：Groupon Taiwan：http：//www.groupon.com.tw/。《团购网大战、本够粗才能存活》，《商业周刊》，2011 年第 1231 期；《比旅展更便宜　入口网站进军折扣网五星住宿券 2.8 折》，http：//www.appledaily.com.tw/appledaily/article/supplement/20110503/33359738，《苹果日报》，2011 年 5 月 3 日。

看好团购市场前景，入口网站 Yahoo！也于 2011 年首度与晶华酒店集团合作，提供晶华酒店精致双人客房，平日住宿含早餐，原价 14410 元，团购价是原先的 2.8 折，只要 3999 元即可享受顶级住宿服务，限量 100 张，一推出立刻被抢购一空。知名品牌推出这样的超低折扣，无疑能吸引大量消费者疯狂抢购，但团购网上并非全部都是知名品牌的折扣商品，更多的反而是新进厂商希望能够借由团购网一举打响名号。通过团购网，消费者可以买到比平时更超值的产品或服务，而厂商也可以借由限量的团购网宣传销售，却又不伤害到自己的品牌形象，看起来似乎是个双赢的局面。然而，实际上并非完全如此，由于团购网主打超低折扣，也使许多消费者认为只要在团购网上购买到的一定是物超所值的商品，这样的思维可能酿成许多消费纠纷。例如，取得团购券后打电话订位，却始终订不到位子，或是消费后感觉不如预期划算等。对厂商而言，很多消费者只因为超低折扣而购买并前往消费，一旦折扣结束，店家的生意可能立刻大幅下滑，造成的抢购热潮其实只带来了短期的销售效果。

随着时间的推移，现在团购网上可以团购到的商品众多，从旅游住宿、餐厅美食、化妆保养品、生活用品，甚至到美容美发服务一应俱全，因此对许多消费者而言，每天上团购网看有没有便宜可捡，似乎也成为生活的乐趣之一。团购网的出现无疑提供给消费者一种新模式的购物平台，而 2011 年全球最大的团购网站 Groupon 一上市便吸金 7 亿美元，Groupon 主要收入来源并不是广告或上架费，而是成交费，在该网站上每一笔成交的金额必须分成某个比例给 Groupon。Groupon 在美国的竞争者至少包括了 Buy With Me、Qponus、Living Social 等，之后其他各国包括中国大陆，也兴起了许多团购网站，正说明了团购风潮正在全世界强烈流行。

问题讨论

1. 你认为团购网的出现是否会改变消费者的购买决策呢？如果有，试说明改变了哪些部分。

2. 你认为团购网会促进消费者的理性消费还是非理性消费呢？可能的原因为何？

第9章 购买与处置

Amazon. com

Amazon. com 为美国最大的网络电子商务企业，成立于 1995 年。Amazon 上销售的商品应有尽有，从占最大比例的书籍、影音商品再到电子产品、服饰、家居用品等，几乎涵盖各种产品类别。2011 年营收更高达 8.62 亿美元，甚至超越某些国家的国内生产毛额。

Amazon 的成功部分来自于其客户资料管理能力独步业界，在消费者登入的同时，根据此人过去的消费记录及其个人资讯，Amazon 已经准备好一系列的推荐清单等待消费者目光的降临，随着购物次数增加，推荐系统的准确度也会日益提升。截至 2012 年，Amazon 每月使用人数高达 1.12 亿，持续地深入了解并以客户想法作为出发点，是其成功关键之一。

事实上，Amazon 不只是扮演网络商店的角色，同时还提供消费者彼此销售的平台服务。其运作模式如下，如果今天小明因为读了这本《消费者行为学》，进而发现自己对消费者行为的热爱。为了找寻其他大师著作，小明登入 Amazon 想要搜寻 Solomon 学者的 "Consumer Behavior" 一书，在页面上除了可以直接跟 Amazon 购买全新书籍外，旁边还会出现 "二手" 推荐选项，提供其他消费者在 Amazon 平台上销售的二手书籍信息，而且价格可能只有新书的 1/4 不到。这时小明在 Consumer Behavior 一书的购买

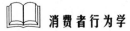

页面中，发现 Amazon 推荐有一系列的二手书卖家，其中 A 卖家以 1/5 的价格销售一本标榜将近 9.99 成新的"Consumer Behavior"，在价格诱惑下，小明在确认 A 卖家过去的记录为 99% 正面评价后，立刻决定转向购买这位卖家的二手书籍。通过在线支付，两天后小明便收到寄来的书籍，抱着期待打开包裹，发现书籍果真全新，没有丝毫使用痕迹。小明为了鼓励这位诚实的卖家，再度登入 Amazon 为他推荐评分，为这次交易画下完美句点。

图 9-1 Amazon 购买网页

图片来源：http：//www. amazon. com/。

其实消费者在实际的购物情境中，时常受到一些情境因素影响而改变其购买决策，在小明的购书案例中，原先小明只是想到 Amazon 上购买书籍，但在购买时，推荐系统改变了小明的最终购买决定，而消费者对卖家的评价也是可能影响其他消费者决定的因素之一。同学们可以想想看，在每次购物的时候，有哪些情境因素可能影响并改变最终购买决策呢？另外，二手市场的兴起，又为消费者提供了怎样的服务市场呢？

资料来源：《乔布斯后第一人》，《商业周刊》，2012 年 1283 期，第 98－108 页。

谢老板眉头一皱，发现消费者并不单纯：

1. 消费者在购买时，可能受到哪些因素的影响，进而改变其购买决策呢？

2. 消费者在购买前与购买后的评价对营销人员的重要性分别为何？

3. 当消费者要舍弃物品时，又有哪些可能的行为呢？

第 8 章个人购买决策中，谈到消费者如何进行其购买决策流程，而消费者又可能有哪些理性或非理性的购买决策过程。在第 9 章中，将锁定在探讨情境因素如何影响消费者最终的购买决策，甚至是到购买时，有哪些可能的影响因素存在。另外，消费者购买后的评价与回馈，如何影响其他消费者或营销人员也是本章探讨的议题之一。最后是当消费者面临要处置物品时，有哪些可能的做法与行为发生。

9.1 三阶段情境

消费者在购买商品或服务时，大致可被划分为三个主要阶段，分别为：购买前、购买中、购买后。在不同阶段中，消费者由于受到不同情境因素影响，可能做出不同购买决策。

购买前情境包含几个影响要素：情境因素、使用情境、时间压力、心情、购物倾向等，这些都可能影响消费者的购买决策。简言之，情境因素是消费者在什么样的情况下进行购物。举例来说，如果明天是情人节，有男女朋友的消费者若尚未购买情人节礼物，在情人节影响下，这些消费者的购买决策会受到情人节的影响，而进行不同的决策。这里的情境因素并非考虑消费者个人或产品的相关要素，例如商品的实用程度、CP 值等。而在这些要素之外，其他购物情境的状况如何影响消费者的决策过程与结果。

购买中情境则包括购物点当时的环境氛围、与销售人员的互动状态、消费者本身在购买点的经验等，这些都是影响消费者在购买时改变最后决策的因素。接续前面的情人节案例，如果某位同学今天为了女朋友走到饰品店，想要购买项链作为女朋友的情人节礼物，但在进入该家店后，男同学发现里面的店员一直想推销售价较高的商品，而非真心想推荐适合的情人节礼物，在与销售人员互动不良好的情况下，这位同学很可能会离开店面而不购买。

购买后情境主要有两大项目，首先，消费者的购买评价，在这一次的消费之后，消费者满意了没有、对这次的购物有什么特别的感想等评价结果，对厂商极具意义。其次，当消费者已经使用完毕或不再需要此商品时，消费者如何处置这项商品，也是营销人员必须关注的议题。以下将针对这三个阶段的影响要素，分别做更详尽的说明。

9.2 情境因素

消费者行为中，时常探讨情境因素，然而情境因素又可被细分为行为上的情境因素（Behavioral Situational Effect）以及认知上的情境因素（Perceptual Situational Effect）。行为上的情境因素指在实际情境下，消费者某些行为的执行与展现。例如，同学因为想要买一部新的 iPad 而进入苹果专卖店，但在专卖店中徘徊许久，却始终不见店员提供服务。由于感到不受重视，最后这位同学决定不买就离开，这即是在一个行为情境中，消费者决策随之改变的结果。

消费现场

中秋烤肉家家香

每年到了中秋节，除了赏月、团圆、吃月饼、吃柚子之外，最重要的活动是亲朋好友团聚在一起烤肉。每年中秋节前后，只要到超市走上一圈，就可以发现里面堆满各式各样与烤肉相关的用品或食材，例如烤肉架、木炭、一次性碗盘、烤肉酱、夹子、铝箔纸、腌渍肉片等，不断地提醒消费者中秋烤肉活动即将来临。

然而中秋节烤肉原本其实并非是中国传统习俗的传承，而是来自于1967 年时，一家酱油厂商的广告炒作，还记得那个经典的广告台词吗？"一家烤肉万家香！"随着烤肉酱广告的不断播送，接着另一家酱油竞争厂商也密集推出烤肉酱的电视广告，同一个时间点又有许多大型卖场与商店举办烤肉活动相关用品与食材的特卖会，再加上之后各级"地方政府"、大型小区大楼也都推出大型的烤肉活动，在各种因素的推波助澜之下，中秋节烤肉也渐渐变成中国台湾人固定的中秋娱乐与全民运动，甚至成为中秋节不可或缺的主角。

认知上的情境是消费者在特定情境下，认知到自己在那个情境中必须扮演什么样的角色，或者是在那个特定的情境下，消费者本身扮演什么样的角色，此时消费者所认知到的情境，也会影响其购买决策。试想以下情境：今天是小慧跟她的男朋友第一次约会，为了展现完美情人的样貌，小慧特地预约在高级西餐厅与男朋友共进晚餐。平时小慧最爱吃的菜是奶油焗螃蟹，但是为了不在男友面前粗鲁地啃食螃蟹，小慧只好舍弃平日的最爱，改点鸡肉意大利面。如果依照小慧本人平时的喜好，当时小慧应该会点最爱的菜品，但在当时的情境下，小慧想要呈现自己是一个完美情人的角色，只好改变选择。

9.2.1 情境要素应用

有一个有趣的现象是，在特定时间下，消费者本身感觉到的心情也会影响其购买决策或行为。一日重建法（Day Reconstruction Method）即研究者为了将消费者一天当中特定事件与心情好坏联结的研究方法。简单来说，通过一日重建法，可以看到消费者在一天当中做哪些事情是感到快乐的、哪些事情是不快乐的。其中一项知名研究是针对妇女族群，包括职业妇女和家庭主妇，研究者让这群妇女自己做记录，以流水账的方式把从早上起床做什么事情、几点上班、几点到办公室、几点到几点分别做哪些事情等全部记录下来，隔天再请这群妇女看这些活动，然后回顾当时的心情是好还是坏，并誊写下来，借此重建她们的一日。

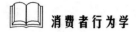

　　研究人员从结果中发现，这群三十几岁到四十几岁的妇女们一天当中快乐的活动是看电视和逛街购物，而煮饭做家务、带小孩是心情不好的。这个研究结果提供给营销人员很好的素材，也间接说明了近年来电视购物风潮兴起的原因。购物这个行为也许不会每天都发生，可能会间隔几天，但是看电视跟购物这两个活动同时发生则很重要，尤其是在发达国家或地区，可以发现在家购物不只是让这群女性消费者开心的行为，更重要的是能够为职业妇女满足同步多任务的需求，即使工作到很晚才回家，也还可以通过电视进行购物，让消费者的消费时地不再受限。

消费者开讲

消费时机好与坏

　　有的时候只是在街上随意走走，就可能购买了很多"战利品"回家。而有的时候，特意地想要出门买双新鞋子回来，但是逛了四五个小时后却发现毫无所获。为什么总是有些时候会特别有想购物消费的感觉呢？试想一下，到底消费者是在心情好的时候会比较想购物消费，还是在心情不好的时候才会比较想购物消费呢？那么心情不好不坏的时候又是如何呢？

　　同样根据此研究，由于妇女们在带小孩与做家务时特别不开心，对应这项结果，近年来五花八门的家电产品纷纷出炉，就是为了帮助妇女们在家务上可以做得更轻松愉快。然而，带小孩这个问题却一直是营销人员的难解之谜，带小孩不像做家务可以有许多工具的辅助，大多时候妈妈们还是必须要亲自照料并教育宝宝。随着双薪家庭的增多，妇女不断投入职场，事实上，职业妇女面对照顾小孩时的烦躁感可能日渐加剧。营销人员必须思考的是，到底什么样的产品或服务可能满足这个"未被满足的需求"。

消费现场

新保姆时代来临[①]

随着科技发展，许多 3C 产品的应用越来越多元化及人性化。平板计算机与智能型手机的问世，除了增加一般消费者生活上的趣味性与便利性之外，还被消费者开发出更多其他的用途，即幼儿保姆。无论是 Apple 的 iOS 或是 Google 的 Android 系统，上面都有许多免费或需要付费的 APP 软件供消费者下载使用，而智能型手机或平板计算机的多媒体特性，搭配这些 APP 软件，可以说是一种最佳的育儿利器。

当小孩子开始哭闹时，只要点开 iPad 中所储存的幼儿卡通，往往立刻就能吸引小孩子的目光，让他们停止哭闹。但是，也由于这些 3C 产品对于幼儿的吸引力极大，再加上触碰式的操作，让许多婴幼儿也能轻松地操作玩耍，这让许多父母开始抛弃旧有传统的玩具。最后变成每当小孩子哭闹或父母正在忙碌不能陪伴小孩玩时，便会以 iPad 内的软件游戏或卡通哄住他们，让小孩子们自己玩这些 3C 产品、沉浸在产品带来的乐趣中。短期之内，这些产品看似能够减轻父母抚育小孩的辛劳，但是过度依赖这些电子产品来协助照顾小孩，也可能引发一些潜在的问题。有些儿童专家认为，让婴幼儿太早就使用甚至依赖这些产品，反而可能影响儿童正常的成长发展，这可能是父母亲当初始料未及的。

通过一日重建法的研究除了可以发现一些消费者的行为趋势外，还能够深入了解这些消费者的生活形态，让营销人员能够针对这些族群的生活形态去做更精确的营销活动。举例来说，如果能够了解目标族群在各个时间点所做的事情，营销人员便能知晓在特定时间点下目标族群的心情如何，而在那些时间点，执行哪些营销活动可以获得最佳效果。

[①] 资料来源：《宝宝迷 App、iPad 成保姆》，http：//tw. news. yahoo. com/% E5% AF% B6% E5% AF% B6% E8% BF% B7appipad% E6% 88% 90% E8% A4% 93% E5% A7% 86－173505492. html。

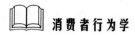

　　情境要素的另外一项应用是作为消费者的区分要素，营销人员可以通过不同情境划分不同的市场。一般而言，营销人员在区分市场时往往通过一些人口地理或其他常见的因素作为划分依据，例如年龄、社会阶层、工作等。若通过情境来做消费者区分，可以发现即使是在同一个人口地理区域中的消费者，他们在不同情境下仍有不同需求存在。举例来说，同样是年轻族群的消费者，但是在不同情境下，他们需要穿着不同的鞋子以符合其所处的情境。例如，在应聘时必须穿皮鞋，运动时穿球鞋，跟朋友去沙滩则穿拖鞋。由于不同情境造成需求不同，因此需要有相对应的商品做搭配，这便是营销人员通过情境进一步对消费者进行区分，借以辨识出消费者的需求缺口。

　　实际上，在生活中还有很多商品具有这样的情境特性，像皮包、香水等。女性皮包就有所谓的宴会包、上课包、逛街包、约会包等不同的情境商品。香水也一样，有约会用香水、上班用香水、派对用香水、运动用香水等。同学们是否注意到，曾几何时，各个品牌开始告诉消费者，在不同的情境下应该要使用不同商品，但值得思考的是，为什么厂商要开发出这么多不同情境使用的商品呢？简单来说，厂商们之所以由情境的角度切入，就是希望掏空消费者口袋，让他们购买更多商品。上述所提及的香水、皮包等类型的商品，都偏向于要用很久才会用完或损坏，不像消耗性的日常用品。如果同学们曾经购买过香水，一定有过类似的经验，一瓶香水其实很难真的用完，可能偶尔想到喷一下，其余时间就一直放在储藏柜里，还往往会放到过期。面对消费者这样的使用行为，营销人员不得不思考如何促进消费者多加使用，以增加其购买行为，否则可能面临卖出一项商品，以后一两年消费者却不再购买的窘境。对此，营销人员选择推出适合不同情境使用的商品，吸引消费者在不同时机前来购买，让同样的消费者可能接二连三地购买产品，就是为了在不同的情境中使用，再加上不同的消费者面对不同情境会有不一样功能上或心理上的需求。对厂商而言，这样的方式正好能增加其所能获取的市场份额。

222

消费现场

小小蛋糕的无穷商机

当你走进自家附近的超市时，有没有注意到墙上又贴出母亲节蛋糕预购的广告了呢？不只超市打出母亲节蛋糕预购的广告，就连路上的面包店、连锁餐饮店甚至五星级酒店，也都到处在强打母亲节的蛋糕预购活动。不知何时，预购母亲节蛋糕已经成为众人庆祝母亲节的必备过程。

近年来，中国台湾的蛋糕售卖风潮愈演愈烈，从年初的西洋情人节，年中的母亲节、父亲节、七夕情人节，年末的圣诞节，还有一年四季都可能遇到的家人朋友或自己的生日，种种节日庆祝都开始跟蛋糕挂钩。过去可能只有在生日会时才会买个生日蛋糕跟家人朋友庆祝分享。现在，随着社会风气的演变以及各家蛋糕厂商的有心炒作，许多节庆也都开始盛行买个蛋糕来庆祝一下。而厂商也趁势推出各种不同造型或口味的蛋糕，以满足各种节日的不同需求，像母亲节的名牌皮包造型蛋糕、情人节的玫瑰爱心蛋糕等。蛋糕预定市场近年来成长快速，消费者对此显然相当愿意买单，每逢节庆前，各家厂商的蛋糕预定大战便会如火如荼地展开。

图 9 - 2　超商蛋糕预购宣传单

资料来源：http：//www. 7net. com. tw/edm/2012/04/22＿2/index＿1. html。

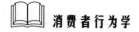

9.2.2 时间因素

时间因素与消费者所实际拥有或认知到的时间有关。现代社会中，大部分的消费者往往都会有一种时间不够用的感觉，因此许多商品的推出都是为了解决消费者的这项困扰。许多具有同步多任务特性的商品应运而生，包括常见的电视购物、蓝牙耳机、有电视屏幕的跑步机等。这些同步多任务的商品或服务就是为了帮助消费者在同样时间内完成多项任务而存在。

消费者开讲

同步多任务的潜力

正如上述所言，现代社会中，由于科技进步、工作形态与生活习惯的变迁，消费者时常感觉到时间紧迫所带来的压力。各家厂商也确实推出了许多帮助消费者同步多任务的商品或服务以满足需求，以减缓消费者感受到的时间压力。请试想一下，你的周围生活环境还有哪些常见的商品或服务，是属于满足消费者同步多任务需求的商品呢？

上面所提及的时间因素偏向于消费者在实际时间上的不足，但在时间因素中，还包含有所谓的心理时间（Psychological Time）。还记得科学家爱因斯坦在相对论中举的例子吗？爱因斯坦提出，如果把相对论概念做个简单比喻，那就好比一个人把手放在滚烫的水中片刻，片刻仿佛一小时那么久；但若这个人是跟一个美丽的女孩坐在一起，一小时却只像片刻。实际上，消费者行为中谈到的心理时间与这个例子颇为相似，时间长短是有固定的科学衡量，一个小时就是一个小时那么长，可是即使同样都过去一个小时，却有人觉得很漫长，有人觉得很短。上面那个例子，简言之，快乐的时间总是过得特别快，但痛苦总感觉一直延续。

管理学科中有一门作业研究，其中的等待理论（Queueing Theory）就是在探讨关于等待时间的相关问题。根据此理论的概念，学者可以通过模拟或计算求出各项流程中的最适等待时间，而且往往是最短等待时间。这是因为作业研究是为了帮助经理人在企业营运上可以更有效率所发展出的学问，而等待是一种没有效率的活动，应尽可能地被消除。正因如此，在作业研究的理论中，没有考虑到心理时间的概念，而在消费者行为中，等待并非全都是不好的，有时候等待对消费者而言反而是一种信号，可能是一种好质量的信号展现。同学们今天如果在路边看到一家餐厅，门外有一些人正在候位，比起空无一人的餐厅，是不是觉得有人在等待的餐厅感觉质量比较好呢？

有时候对消费者而言，排队确实会令他们感到烦躁，或者觉得时间紧迫。这时营销人员可以通过一些巧妙的设计，减缓消费者对于排队的不耐或心理时间的漫长。例如，许多机场由登机门出来到出境处之间的路线设计相当曲折，就是希望通过这些路线设计以减少消费者在行李转盘处的等待；酒店的服务柜台及电梯旁边都会放置镜子，是让消费者可以在等待服务的同时照照镜子、整理仪容，当消费者在等待过程中有事情做，他们就不会感觉等待很久。对营销人员而言，很重要的一点是能判断哪些地方是消费者不想等待的、哪些地方等待可能反而是对厂商有利的，若能够辨别出在不同等待中消费者的感受，营销人员便能为消费者提供更好的服务价值。

消费现场

鼎泰丰开放厨房[①]

毋庸置疑，鼎泰丰为中国台湾餐饮界的名牌，其品牌扬名海内外，还获得米其林一颗星的殊荣，因此许多台湾以外的游客一踏上台湾土地，就点名要吃鼎泰丰的小笼包。尽管鼎泰丰在中国台湾已经开设了 8 家分店，但是庞大的顾客需求还是导致鼎泰丰的店门面前，总是排起超长的等待人龙。无论是在店内或店外的客人都在等待，坐在店内的等待上菜，排在门外的等待座位。为了吃上这一口扬名海内外的精致小笼包，等待似乎已经

---

① 资料来源：http：//www.gvm.com.tw/Boardcontent_ 6675. html，http：//www.dintaifung.com. tw/ch/index. asp。

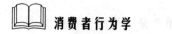

成为必需的事。

实际上，在等待的过程当中，制作小笼包以消磨一点时间，消费者也会因为这样的小笼包制作表演过程，而感觉到等待的时间似乎并不如预期般的漫长。由于鼎泰丰采用开放式的厨房装潢，在店内，顾客可以通过玻璃窗清楚地看见厨师们制作小笼包的细节，从擀面皮、包馅，再到成型，厨师们所处的厨房环境的干净程度，也能够通过这样透明的玻璃一览无遗，看着一个个的小笼包在干净卫生的桌前被排列出来，是不是会觉得更加地饥肠辘辘呢？

除了等待时间之外，还有一个滞留时间，即消费者在这段时间内，他只能停留在那里等待，无法离开到别的地方去，这对营销人员无疑是可利用的最佳沟通时机，也是最佳的广告位置。像是消费者在机场候机的时候、坐在出租车后面的时候，甚至上厕所的时候，这些时机都属于消费者的滞留时间。

消费现场

广告新宠儿——台湾大车队

想到出租车，会想到通体黄色的车身，这就是中国台湾消费者对出租车外观的印象。近年来，路上的出租车开始有了新变化，不再是全部黄色的车体，车身门上开始出现彩色图案广告，但又并非所有出租车都有这样的改变，这些带有广告的其实是隶属于台湾大车队的出租车。

台湾大车队成立于2002年，并于2005年完成组织改革，为打破消费者对出租车行业的刻板印象，台湾大车队领先做出许多重大突破，包括首创网络叫车、首设车上刷卡功能、司机穿着制服、车身广告等，而车体广告的部分也渐渐成为台湾大车队重要营收来源，车队中有六七成以上都已设有广告，其中最著名的合作是与尼古清戒烟的广告合作。

台湾大车队的广告合作不仅如此，如果搭乘台湾大车队的出租车，在车内前方座椅椅背中备有杂志或一些广告单，乘客在乘车时，闲来无事便可随手翻阅，因此越来越多厂商选择车队作为广告方式。

2011 年，大陆旅客商机延烧，广告商机也烧入这些出租车队中，看中这些陆客在台多半以出租车作为代步工具，有知名凤梨酥厂商决定与台湾大车队合作，在车内除了提供广告外，甚至附设订购单，让乘客可以在搭乘出租车的时候，自由填写单子订购产品，借此扩大商机。

资料来源：http：//news. sina. com. tw/article/20110624/4503637. html，http：//www. taiwantaxi. com. tw/taiwantaxi/about3. asp。

9.2.3 购物倾向

本章一开始曾提及消费者的购物行为也可能受到其购物倾向的影响，那么消费者到底有哪些不同的购物倾向呢？简单来说，消费者购物可大致被分为两种目的导向，首先为任务导向的购物（Shopping for Utilitarian），与其字面上的意思相同，该类型的购物是为了达成某些特定目的而存在。例如，今天家里的卫生纸没了，妈妈叫小明出门买，此时小明出门购物是为了购买卫生纸这项任务，这种购物行为便属于任务导向的消费。

除此之外，还有一种是属于体验导向的购物（Shopping for Hedonic），与任务导向购物不同之处在于，体验型购物并非有一定的目标而去消费，也不一定会产生买的动作，反而是为了体验逛街购物所带来的一些非实体商品所给予的价值，像人际互动、快乐或放松感。这些价值其实来自于逛街本身是一种社会性的经验，尤其是在网络科技发达的现代社会，其实许多购物行为都可以快速地在网络上完成，甚至通过网络上的交流平台，消费者不用出门也能够在家里与其他消费者进行社会性的接触。然而其中有一些体验性价值在虚拟世界中仍难以完全复制，例如与同学或朋友一同逛街，不只是单纯为了购物，更能够增加彼此的感情交流。

人际之间的互动尚不止如此，有时候到街上逛逛，就会与路上其他消费者彼此注意，这就是感受彼此的人气。有时候家里待久了便想要到外面逛一逛，就是想要吸收人气，有一些不同的人际互动。甚至逛街有时候也能让消费者遇上同好，这也是为什么有些消费者会去参加某些品牌或厂商的会员俱乐部，因为有共同的嗜好，消费者彼此当面讨论更能增加购物的乐趣。

其他还有一些促成消费者进行体验型购物的原因。同学们可以先回想看看自己是否也有类似的经验，有的时候在家闲来无事，父母在忙、兄弟姊妹也在忙，宠物狗又懒懒的，不想理主人，这时候是不是就想要出门逛逛街、走一走呢？商店里起码有店员会说欢迎光临、会热情接待。这也是消费者通过逛街购物可以感受的价值之一，即获得立即的地位（Instant Status），因为消费者对厂商而言是客户，店家自然会礼遇消费者，让消费者感受到自己的地位价值，简单来说，类似于俗语说的："有钱的就是大爷。"

另外，上街逛逛有时候还会有意想不到的乐趣，像是捡到"跳楼大甩卖"的便宜，或者是许多消费者喜欢体验的乐趣，这些都是消费者会进行体验型购物的原因。当然这些随着科技的发展都可能渐渐地转移到网络世界发生，现今在网拍上也可以跟卖家杀价，因此随着科技持续进步，消费者的习性有可能改变，这都是营销人员必须时刻观察的现象。

关于消费者的购物倾向，过去的社会观点普遍认为男性的购物行为是比较偏任务导向，而女性则较偏体验导向。然而前面的章节也曾提及，这样的观点已经渐渐不适用于现代社会，原因在于中性性格的消费者越来越多，许多男性对于打扮或逛街购物等行为也开始有兴趣，趋势正在慢慢改变。

▶▶▶ 9.3 购买情境

正如本章开始所提的，情境因素影响消费者的购买决策大致可分为三个阶段，分别是购买前、购买中与购买后，比起购买前的情境因素，消费者在购买情境当时，离决策点更进一步，因此在购买情境当时的影响因素相当重要。

当消费者到购买点时，购买点的情境可能影响消费者当时的心情，进而影响其决策结果。第2章认知的部分中，已经谈过许多关于品牌、商品或店内的灯光、音乐、图像、气味等都会影响消费者接收信息，但却未曾提及购买情境中的协同顾客（CoConsumer）。在商店中，通常不会只有一个顾客，或者应该说这些商家都有他们的客群存在，有时候消费者在挑选餐厅时，也会看看这家餐厅里的客人大概是什么类型的客人，因为一旦消费者进入消费，他们也会成为其中的一员，因此消费者会去观察某些店家里面的顾客类型，这些协同顾客会影响消费者的购买决策。这也是为什么有些高级餐厅会有服装规定，顾客是因为那些高级餐厅本身给社会大众的印象而进去消费，如果今天大家在那家餐厅里面都穿着随便，那么许多高社会阶层的客户可能就不会再踏入餐厅，因为那里已经不符合他们所想要展现的形象。

除此之外，店内人数的多少也会直接影响消费者踏入店内的意愿。人数多寡的程度衡量又可被分为人数密度（Density）与拥挤程度（Crowdness）。人数密度是比较客观地呈现实际在店内有多少人数，而拥挤程度则是消费者比较主观的心理看法，并非客观的数据。研究结果显示，购物区域中如果过度拥挤，会让消费者减少停留的时间、减少他们与服务人员沟通的时间，这些状况会促使消费者想要快步离开。在特定情况下，消费者却会愿意忍受这些拥挤的空间，像是商店正在进行清仓大甩卖、限量商品特卖等时刻，即使店内拥挤程度高，消费者还是会挤进去消费。对于拥挤程度的接受程度，也可以用以前在动机章节中提过的驱力理论与期望理论解释，以驱力理论来说，看到店内相当拥挤，消费者往往会选择不进去消费；但若根据期望理论，消费者反而可能进去，因为消费者对于拥挤的店内有一些期望存在，促使他们想要进去购物。

消费现场

跳楼大甩卖系假?!

当你走在路上的时候，你是否经常看到有些店家与厂商会在门口挂出大红布条写着"全面清仓、跳楼大甩卖"的类似字样呢？就算不清楚里面究竟卖些什么，但是从外观来看，店内却总是挤满想要抢购便宜的人潮，让消费者更想入内一探究竟。许多商店便是利用消费者这种抢购便宜的心理，在店外写上"清仓大甩卖"的口号，以吸引并虏获消费者的目光驻留，甚至有些商店为了进一步刺激消费者挤进店内寻宝，更是打出"限量抢购、只剩一天"的口号，让消费者产生走过路过绝对不能错过的心态。

但是如果仔细观察，不难发现有些店家确实是在清仓大甩卖，两三天之后便结束营业，可是也有些店家一年365天都挂着结束营业大甩卖的红布条，却仍持续营业着。许多商家开始滥用这样的方式来吸引顾客进入购买，由于这种行为涉嫌了广告不实，让部分消费者开始心生不满，且也已经引起政府单位与消协的关注，表示未来将会严加惩戒这样的造假不实的广告，因此未来这样的布条口号可能就未必随处可见了。

资料来源：http：//www. want - daily. com/portal. php? mod = view&aid = 29246，ht-tp：//www. nownews. com/2008/02/27/545 - 2237482. htm。

9.3.1 商店的氛围

购买情境当时，商店的氛围毋庸置疑是影响要素之一，这里提的氛围并非单纯指商店内的装潢摆设，而是店里面的所有设计或活动，其实都有可能影响消费者的投入程度，进而改变消费者在店内的停留时间。

最常见的例子为 IKEA 宜家家居卖场，IKEA 品牌起源自瑞典，为一平价设计家居用品商，如果曾经逛过 IKEA 商场，就会知道里面的路线九弯十八拐、绕来绕去，从外观看店好像不大，但认真走完却会觉得卖场好大。IKEA 这样的路线设计理念来自于想要让消费者有很多体验的空间，让消费者在店铺中多停留一些时间，里面不只有餐厅、儿童游乐区，卖场里的每块区域中，还设计有 IKEA 商品所组成的展示体验区，让消费者可以亲自接触到这些家居系列的摆设，不只可以体验，还可作为消费者的布置参考。IKEA 这样的空间设计不仅可以增加消费者的停留时间，还能够促进消费者的冲动性购物。由于在商店内绕来绕去，消费者可能在某个转角发现某些感兴趣的商品，便有机会引发其购买行为。

近年来，中国台湾的店家还很盛行试吃活动，在各级商场中都可以看见许多试吃、试喝的推销人员。其中以试吃活动闻名的美国零售商 Costco，内部几乎没有任何多余的装潢，就以仓库的形式作为销售卖场。如果走进 Costco 卖场中，可以发现无时无刻都有各类食品、饮料的试吃，在卖场内就直接打开新品发送给消费者试用，喜欢的话商品就在旁边可以直接买走。这样的试吃活动不只可以帮助厂商聚集人潮、引发消费者的关注，还能够创造推广人员与消费者之间的沟通机会，增加商品售出的概率。

为了增加消费者在商场内停留的时间，增加消费者购买的机会，许多商家选择将卖场空间扩大，但却未用商品填满这些空间，而是设置了一些桌椅或设施，希望增加消费者之间的社交空间，借此增加停留时间，促进更多消费。

消费现场

7-11变大了?!

7-11 在中国台湾已经拥有 4800 家分店门市，在市场耕耘超过 30 年，在中国台湾随处可见 7-11 的存在。随着时代的演进、科技的应用以及消费者生活形态的转变，其店面形态也随之进化改变。早期，7-11 大多选点在路边街角，以追求平效为主要目标。近年来，随着 City Cafe 的导入，许多 7-11 的新店面不再要求一定要设在转角或三角路口这些店租昂贵之处，反而开始选择稍微旁边几步但空间较大的店面。

7-11 在店面上的转变不只是重新设计装潢外观，更重要的是它的内部空间变大了！许多店面的窗边设有吧台式座椅供客人休息，有些店甚至还在户外设有阳伞式座位，让消费者有地方可以坐下来聊天，在店内设置桌椅的店数也愈来愈多。过去追求平效、提供便利快速价值的 7-11 开始转变，当消费者已经习惯于走入 7-11 买瓶饮料、买块点心时，7-11 还要进一步将消费者留在店内食用这些餐点，目的是希望让客户多停留一点时间，只要停留时间拉长，坐在店内就很可能再买点其他的小东西，或者走的时候顺手再拿一瓶饮料去结账。通过这样的空间经营方式转变，7-11 希望能够再次改变消费者与其之间的互动形态，从中获取更多的利益。

资料来源：http://www.7-11.com.tw/company/about/History.asp#2000。

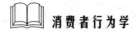

9.3.2 店内决策

2008 年、2009 年美国次级房贷爆发影响全世界经济状况，2012 年的欧债危机愈演愈烈，全球商业环境再度面临震荡，在不景气的情况下，消费者的购物行为也随之受到影响。原本计划性的购物开始减少，消费者支出开始紧缩，营销人员必须花费更多心思刺激消费者的非计划性购物行为。为了刺激这种非计划性购物行为，影响消费者在商场内的店内决策变得极为重要，可能到商场中的某一刻，消费者才临时决定要购买某些商品。

这些非计划性的购物行为可被分为非计划型购买（Unplanned Buying）与冲动型购买（Impulse Buying）。非计划型购买的情况是，今天消费者到超市里面购物，原本购物清单中并没有打算要买酱油，可是当消费者走到超市中看到酱油柜时，才忽然想起家里的酱油快没有了，于是决定顺便买回家。冲动型购物则与此不同，同样的是消费者在原本购物清单上也没有酱油这项产品，走进卖场一看，今天酱油刚好限量大特卖，两瓶只要 49元，消费者立刻决定买一组，也不管家里是否有酱油的存货。

店内的摆设确实能刺激消费者的冲动型购买行为，这也是许多特卖商品会频频出现在中央走道或两侧端架上的原因，就是为了留住消费者的目光，增加消费者选购商品的概率。正因如此，卖场内部的这些摆放位置，也是各家厂商角逐的重点商品摆放点。许多品牌厂商为了确保中央走道与侧端架的陈列，甚至必须花费更多的上架费。

9.3.3 购买点刺激

商场内的购买点刺激（Point‒of‒Purchase Stimuli）想必大家并不陌生，回想看看，卖场内一堆堆积很高的罐头组合、商品立牌、特价招牌标示等，这些装饰都属于购买点的刺激物。随着科技演进，现在有许多卖场内都有小型的 LED 显示器，直接挂在商品架上播放商品广告。除此之外，销售的商品标牌上也开始出现 QR‒Code 的图示，搭配消费者所持有的智能型通信设备，就可以直接扫描出里面的信息，有些商家甚至会在商品架上的 QR‒Code 列入折价信息，刺激消费者购买。

9.3.4　销售人员

消费者购买决策的影响因素中，销售人员绝对占有一席之地。销售人员并非单纯提供顾客服务如此简单，根据交换理论（Exchange Theory），销售人员与消费者之间的互动过程，其实是在彼此交换价值。销售人员提供消费者产品相关知识、社交、安心感等价值，而消费者则给予销售人员时间、金钱。在前文也曾提及，销售人员与顾客之间的互动好坏，往往会影响消费者最终是否选择购买。有时候出门购物，是不是对于有些销售人员的行为感到反感呢？有时候服务人员过度地紧迫盯人或者态度不佳，都可能致使消费者放弃购买。

销售人员与购买者之间的互动过程除了价值交换，其实也是在协调彼此的角色，销售人员希望展现自己是位产品专家、亲切的服务人员，而消费者则希望在销售人员眼里他是位聪明的消费者。对销售人员而言，很重要的是他们能够在与客户的互动过程中，不断调整自己的行为迎合客户。承接第 5 章里提到的自我概念，越是属于自我监控程度高的人，越能随着外在环境而调整自己的行为，这样的人相当适合去做销售人员。

事实上，如果互动时间足够的话，销售人员与顾客之间可能形成所谓的商业友谊（Commercial Friendship），这种友谊最常发生在有长期交易关系的两方之间，常见如发型师与客户之间，由于剪、烫发服务时间长，且许多消费者在认识后多半会固定于一位发型设计师，长期下来，就可能形成这种商业友谊。

9.3.5　商店形象

商店形象有点近似于商店的个性，就像每个品牌有它们自己的品牌个性，商店也会有它们个别的形象概念。以超市为例，全联超市与百货公司地下楼层的超市形象有所区别。而在百货公司中，Bella Vita 与 SOGO 两家百货业者的形象也有所差异，Bella Vita 是偏向贵妇时尚的百货公司，而SOGO 是较为年轻的形象。商店形象的形成其实受到许多因素的影响，例如其所在位置、销售人员、商品内容等，都与商店最终呈现在消费者心中的形象有关。

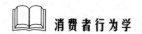

9.4 购买后情境

本章最后讲到消费者的购买后情境。究竟消费者在完成购物后，是否对这次购物感到满意、是否解决了他们的需求问题？另外，有些商品并非一次性使用即丢弃，有些产品可能是多次使用，消费者就必须想方设法来处置这些产品，在处置过程中有哪些选择可被执行？

9.4.1 购买后满意程度

关于消费者购买后的行为，要先由消费者对购买的满意程度进行分析。根据失验理论（Expectancy Disconfirmation Model），消费者在购物前会先对商品或服务有一个期望价值，如果购买使用后消费者感受到的价值超过或等于原先的期望，此时消费者会感到满意；反之，若低于期望，则消费者会感到不满。因此消费者是否满意的关键在于与原先期望值的比较，而这个期望价值基准可能来自于消费者本身过去的使用经验、受到他人影响所形成或来自于品牌与营销人员所沟通的信息。这也是营销人员必须小心的，不能过度夸大产品的功效或价值，过度宣传的结果可能让消费者的期望值过高，购买使用后反而导致消费者认为广告不实而感到不满意。

如果消费者对商品或服务感到满意，那是再好不过；当消费者感到不满，对厂商自然是一大麻烦。以下是几种消费者在感到不满意时可能有的行为：

9.4.1.1 直接反应（Voice Response）

即消费者将这个不满直接告诉厂商，包括常见的拨打客诉专线、告知现场服务人员等。

9.4.1.2 私下反应（Private Response）

比起直接反应，消费者采取私下反应对厂商更为不利，因为消费者不直接对卖方说出不满，但会默默地回来告诉他的亲朋好友、上网宣传，甚至发起抵制活动。厂商可能不知错误在哪，便在消费者口耳相传的负评声浪中造成销售量下滑，因此厂商最好鼓励消费者直接对业者说出不满，直接予以补偿或改进，避免消费者私下反应的状况。事实上，若厂商适时地改进或补偿得宜，不仅可以消除消费者的不满，甚至还可能在消费者心中有加分效果。试想一下，假设酒店在过度接受预约订房时立刻为消费者进行客房升级或提供加值服务，就可能扭转消费者原先没有房间的不悦心情。然而，这样的补偿措施需要厂商对现场服务人员进行适度授权，若是基层员工权限不足，这些补偿难以即时发生，事后的补偿效果可能锐减。

9.4.1.3 第三方反应（Third Party Response）

这是消费者诉诸媒体或法律来对厂商提出抗议，通常会采取第三方反应代表厂商所造成的失误或不满应该是相当严重甚至有违反社会规范的可能，而这样的反应方式对厂商的伤害相当严重。

消费现场

王品集团客诉指标

王品集团起源于旗下第一个品牌王品牛排，1993 年开始以精致服务与物超所值的享受在市场上立足。其后王品集团通过多品牌计划发展出旗下 10 个独立品牌，这些品牌的共同点为王品集团所推崇的精致、客户至上的服务精神。如果曾经到王品旗下任一餐厅用过餐，用餐完毕后服务生必定会邀请客人填写一张今日服务的评价单，如果客人对今天用餐的服务或餐点内容有任何的不满意，店内的服务生会立刻前来询问需要改进的地方并做出补偿措施，确保每一位客户在王品集团中都能有愉快的用餐经验，并引导客人将不满直接告诉王品。为了达成这样的价值传递，王品集团在单店营业绩效中列入客诉项目，单店只要每个月受到几次客诉，该项绩效便不通过；相反地，当月若毫无客诉便有奖金发放，以此作为衡量绩效的重要指标。另外，在补偿措施上，为了确保第一时间就消除消费者的不满，王品集团采取高度授权，除了分店主管外，连基层服务生都有最基础的权力决定是否为客人进行服务补偿，如重新出菜、甜点赠送等，凭借这种服务模式，王品集团的服务质量在消费者心中受到高度肯定。

资料来源：王品集团官网，http://www.wowprime.com/。

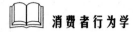

9.4.2 产品处置

购买产品并使用后,并非所有产品都会被直接丢弃,当然除有些产品已经损坏而必须被丢弃外,有些产品可能还有利用价值,可能只是受外在因素影响而导致产品无法再被使用,也有些产品由于使用时间长,消费者与它之间已产生某些情感联结,让消费者无法立即决定丢弃。如图9-3所示,消费者要处置产品时,可能有三种状况:

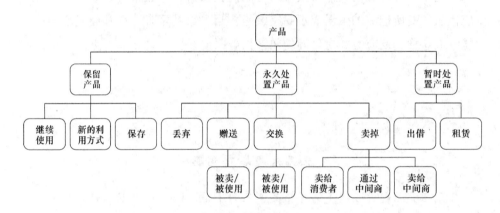

图9-3 产品处置

资料来源:Jacob Jacoby, Carol K. Berning, and Thomas S. Dietvorst, "What about Disposition?" Journal of Marketing, 1977 (41): 23.

9.4.2.1 保留产品(Keep Item)

保留可能是继续使用、以新的方式使用或者单纯地存放起来。举例来说,许多人在亲友结婚时会收到包装相当精美的喜饼礼盒,但是在吃完之后,这些包装漂亮的盒子如果直接丢掉感觉有点可惜,因此很多消费者会将这些盒子用来装其他的私人物品,或者先留存下来,未来有机会再拿出来使用。

9.4.2.2 永久处置产品(Get Rid of Item Permanently)

除了最常见的直接丢弃回收外,赠予他人、交换或卖掉都属于永久性的处置。例如,同学因为家中计算机老旧想要汰旧换新,在买新计算机之后,同学很可能直接将旧计算机送到回收站回收,但也可能将这台旧计算机送给亲戚的小孩继续使用,或者到网络上二手拍卖,甚至以物易物,都是可能的处置方法。

9.4.2.3　暂时处置产品（Get Rid of Item Temporarily）

比起永久性处置，暂时性处置只是让产品离开一阵子，可能的方式是租赁或出借。假设某位同学今天即将从学校毕业，即将前往外地就读大学，去年新买的脚踏车放在家里没人会骑，丢掉很浪费，卖又值不了几个钱，这时借给朋友或者租给别人便可能解决这样的困扰。

关于永久处置产品的方法，包含卖出和交换两种方式，而这两种方式又被称为物品的横向回收（Lateral Cycling）。过去在网络科技尚未盛行以前，这样的横向回收活动多半在跳蚤市场或一些车库销售中举行，但随着网络销售平台的兴起，让消费者能够通过网络直接对其他消费者进行物品销售，促进了横向回收活动的兴盛。这类的网站包括 eBay、Yahoo! 拍卖、Amazon. com 等，都向消费者提供二手平台的服务。

9.4.3　处置仪式

物品处置中最后一项重点是关于消费者对于特定物品会有处置仪式的发生，特别是那些消费者带有情感联结的物品，在丢弃或处置时特别容易出现处置仪式。究竟什么是处置仪式呢？其实处置仪式（Divestment Rituals）是消费者在处理物品前，会有一些特定的步骤或行为以纪念或怀念这些物品。常见的处置仪式有以下三种：

（1）图像转移：指的是消费者会帮物品拍照借以留下纪念。

（2）转移地点：处置前将物品先放到其他地方存放，例如阁楼或地下室。

（3）清理仪式：清洁、洗刷或包裹物品。

不是所有的物品都会经历这三个仪式步骤，但有时候这些步骤的确可能在同一个对象上发生。试想以下的情境，小明由于申请上美国的研究所，将于 9 月出国留学，由于无法将宠物一同带去留学，他只好将养了三年的爱猫花花转送给好友。在将花花送给好友以前，小明带花花去宠物美容店清洁一番并精心打扮，带着花花到附近的公园拍了许多照片留作纪念，由于距离出国还有 1 个月的时间，小明决定将花花先带回老家让爸妈照顾一段时间，这样他在出国前还能回家探望一两次花花，等他出国后，小明的父母亲会代替他将花花送到朋友家中。以上的情境中，小明将上述

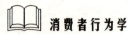

提到的处置仪式都纳入处置步骤当中。其实在这些处置仪式的过程中可能暗藏一些商机，包括清洁整理、照相留念等，有一些厂商看到这些商机，便开设一些相应的服务供消费者购买。近年来，有厂商推出宠物沙龙照等服务，即适应此现象。

本章习题

1. 请您就小折叠自行车、红酒、KTV 三项事物进行比较，评估它们在中国台湾市场的导入情形与现在的接受状态，并讨论其背后的原因。

2. 为数不少的消费者在购买家具时，会在拜访一家店之后就进行购买。此搜寻区分的重要性为何？也就是此搜寻区分提供怎么样的机会，又存在什么样的限制？

3. 请定义什么是商店形象，并说明为何此概念对零售管理很重要。请选择一家零售商并评估其形象，以及该零售商如何在广告中描绘其形象。

4. 请回想您过去关于购买产品或服务的抱怨经验，请各举出一次厂商令您满意与一次令您不满意的抱怨处理方式，比较两者并分别说明造成满意或不满意的背后原因为何。

5. 您是否曾经历过冲动型购买的经验，请描述您最近一次的冲动型购买，并说明造成该冲动型购买的原因为何。

消费者了没

雄狮旅游卖咖啡

每个人或多或少都会有旅行的经验，那么试着回想一下对旅行社的印象，是不是总会出现那些处理票务、推销眼花缭乱行程的业务员们，或者是灰暗窄小的办公空间呢？即使不曾通过旅游商家订购旅游商品，对旅行社的既定印象应当也不会相差太远。近年来，中国台湾的旅行社正在默默地更新消费者对他们的既定印象，许多商家开始拓展实体渠道的布置，更在装潢以及服务人员的培训上花费相当多心思，旅行社门市已经不再是单纯的办公空间，而是让消费者体验到旅行社服务价值的空间。

2012 年 5 月，雄狮旅游台大人文空间正式开幕，成为雄狮实体店面服务上一个新的里程碑。雄狮台大人文空间有别于过去雄狮其他的旅游门市，为首家复合型门市，一楼为传统的雄狮旅游门市，二楼摇身一变成为休闲的 Lion Cafe，为结合咖啡厅与欣讲堂的人文空间，让消费者能够在雄狮门市坐下来品尝美味的咖啡，并搭配门市提供的旅游书度过休闲的时光，或者来此听上几场欣讲堂开办的特别旅游讲座。

图 9-4　雄狮台大人文空间一景

图片来源：http：//www.xinmedia.com/n/news_article.aspx? newsid =75714&type =0。

雄狮自 2007 年开始广设实体门市，截至 2012 年在台湾已拥有 50 多家店面，过去雄狮的旅游门市与其他业者并无太大的区隔，提供的仍以旅游咨询服务为主，虽然有些特定的门市，如忠孝复兴旗舰店会辅以 24 小时全天候服务作为号召，但主体仍是旅游咨询与销售业务。

雄狮台大人文空间这样的复合型门市就是希望打破消费者对旅游门市的成见，打造一个旅游爱好者的聚集平台，让消费者不只可以到门市咨询并订购旅游商品及服务，还能够拥有坐下来与其他旅行爱好者交流的空

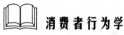 **消费者行为学**

间，甚至通过欣讲堂传递旅游心得，借此延长消费者在雄狮门市停留的时间。雄狮希望通过复合型门市的经营，能够在聚集人潮之外，也由此带进"钱"潮。台大人文空间开幕之后，雄狮计划开设几间复合型的门市，但后续各门市不一定会以咖啡作为号召，反而可能分别以茶饮、轻食作为其他的复合形态。雄狮旅游的体验型店面希望为爱好旅游的消费者打造全新的旅游服务体验。

问题讨论

1. 你认为雄狮旅游结合咖啡厅与旅游门市的复合形态，可能如何影响消费者在购买时的决策过程？

2. 你认为雄狮旅游的复合型门市，是否真能增加消费者非计划型购买旅游商品的比例？如果能，试说明背后的原因。如果不能，请提出可行的改善方式。

第10章 团体影响与意见领袖

消费奇案

Dropbox 的免费诱惑

Dropbox 为一个在线云端储存服务供应商，成立于 2008 年。Dropbox 对一般消费者同时提供免费及收费服务，用户只需到 Dropbox 的官方网站注册账号，即可立即享用免费的 2GB 云端储存空间服务。Dropbox 提供的储存服务不只是让消费者可以随时存取数据，还能与亲朋好友在云端空间共享文件夹，作为数据传输渠道，甚至还可同步到各种行动装置上，相当便利。随着科技的进步以及影像像素的提升，2GB 的空间对使用者而言，要使用完并非难事，但是若想拥有更大的储存空间，使用者就必须付费使用，最少由每个月 9.99 美元开始计价，容量可扩增至 100GB 以上。

事实上，Dropbox 也提供免费的空间扩充方式，让使用者可以突破原先免费提供的 2GB。使用者登录 Dropbox 官网后，除了一般数据的存取接口之外，上方还有一个礼物图形的按钮，只要用户点击进入，页面立即就会引导消费者实践某些步骤来获取更多的空间。其中，包括请消费者在自己的 Facebook 和 Twitter 等社群平台上同步发表 Dropbox 的使用信息或有关 Dropbox 的信息，待消费者执行过这样的动作后，即可获得 125MB 的免费云端空间。除此之外，另外一个可能的方式为邀请亲朋好友加入 Dropbox 使用者的行列，每邀请成功一个好友即可增加 500MB 的免费空间。使用者

241

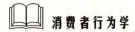

可以直接在 Dropbox 页面上发送邀请链接给好友，只要好友是通过这个链接申请 Dropbox，邀请者可立刻获得 500MB 的免费扩充空间。

这样的免费扩充，诱惑了许多使用者纷纷发送邀请链接给自己的亲朋好友，甚至发布在 Facebook、Twitter 上，就是希望能够有人点入链接并帮助自己免费扩充云端空间。有些消费者还会主动要求好友帮助点击链接，并向朋友宣传 Dropbox 的好用之处，以提高朋友的加入意愿。这样口口相传的扩散效果显然相当成功，创立不到四年的时间，至 2011 年初，Dropbox 的使用人数已经突破 600 万人次，而且目前仍在快速成长当中。

同学们也曾经转帖过这样的邀请信息，或是曾经从亲朋好友那里接收过这样的邀请吗？当你接收到类似 Dropbox 的邀请信息时，会选择接受还是忽略呢？你想过自己会选择接受或拒绝的原因是什么吗？

资料来源：http：//mag. nownews. com/article. php？ mag ＝4－103－4274。

谢老板眉头一皱，发现消费者并不单纯：

1. 什么是参考团体？对消费者而言，有哪些不同参考团体存在？

2. 口碑营销为何如此重要？厂商应如何应用口碑营销来与消费者沟通？

3. 谁可能是消费者当中的意见领袖？厂商如何找到这些意见领袖？

本书前面的章节属于认知心理学的部分，第 8、第 9 章则是将前面所提过的认知心理学理论应用到消费者实际的决策过程当中。第 10 章开始便进入社会心理学的内容，为什么消费者行为会牵涉社会心理学的部分？原因就在于消费者并非生活在隔离的孤岛上，而是生活在社会群体中，因此许多消费决策其实都受到社会或团体的影响，而非仅靠个人认知做出最终决策。

10.1 参考团体

生活中是否听过周围亲友谈到参考团体（Reference Group）的影响呢？到底什么是参考团体呢？根据定义，消费者在做消费决策时，如果将特定人士当作参考团体，是因为这些人士所提出的意见对消费者而言有相关性存在，因此在评估时，这些人的想法或意见相当重要。此定义中的参考团体，简单来说，就像是一个学习对象，这些人的看法会改变消费者是否做某些决策，因为消费者从他们身上能了解到一些相关的信息。

另外，消费者去比较的对象也会是参考团体。例如，今天小慧因为皮包坏掉，想要买新皮包，由于不知道该买什么类型，这时小慧可能会去看看周围同学大概都拿什么样的皮包，比较一下，再做决定。这便是以同样阶级或近似的族群作为比较对象，并以其作为参考对象的案例。

综合上述两种定义，最根本的是，参考团体的存在确实可能影响消费者的购买决策，更细致地说，不只是影响购买决策，而是可能会影响到消费者的行为、态度，还有价值观。

10.1.1 参考团体的影响力

参考团体之所以能够影响消费者的购买决策，是因为参考团体拥有特定的影响力，而不同的参考团体其实是通过不同的影响方式来改变消费者的。简单来说，父母、上司、朋友都可能是消费者的参考团体，但不同团体的影响方式不同，是因为他们握有的权力有所差异。如果由分类来看，参考团体的影响方式大致可分为以下三种，如表 10 - 1 所示。

表 10 - 1　不同参考团体的影响

影响方式	信息影响	价值表述影响/比较影响	功利影响/规范影响
权力类型	专家/信息专业	参考权力	正当性/惩罚与奖励权力

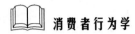

续表

影响方式	信息影响	价值表述影响/比较影响	功利影响/规范影响
影响力来源	可信度	相似性	权威性
行为	接受	认同	服从

资料来源：Solomon, Michael R., "Consumer Behavior: Buying, Having, and Be-ing, Pearson Education LTD, 8th Edition, 2009, P. 431. Adapted from C. Whan Park and V. Parker Lessig, "Students and Housewives: Differences in Susceptibility to Reference Group Influence", Journal of Consumer Research, 1977: 102.

10.1.1.1 信息影响（Informational Information）

当消费者对产品的了解不足，因为需要相关的信息，懂这个产品的人或能够提供产品信息的人就会变成他的参考团体。此类型的参考团体由于拥有知识、专业，使其提供的知识信息具有可信度而被其他消费者接受。试想以下情境，小明在大学就读信息工程专业，小明的妹妹由于台式电脑老旧不堪使用，想要购置新的笔记本电脑，因此她不断询问小明的购买建议，并要求小明陪她前去购买，这时的小明由于能够提供给妹妹电脑的信息而成为妹妹的参考团体。

10.1.1.2 价值表述/比较影响（Value – Expressive/Comparative Influence）

对消费者而言，有些参考团体是他们所认同的对象，因此这些参考团体做什么、用什么，消费者为了展现自己与这些参考团体为同一类人，也会跟着去做、去用。这类参考团体的力量来自于关联力，正是因为消费者认同他们值得被参考学习，这样的认同感很可能来自于这些参考团体与消费者之间具有相似性。

有些广告代言人不是请专家或明星，而是请普通人在广告中代言便是此原因造成的。举例而言，高露洁的抗敏感牙膏广告中，请来专业的牙医与一般民众对话，并由牙医询问消费者使用高露洁抗敏感牙膏的心得，而民众除了称赞产品效果外，还会直接以咬冰块等动作来证实产品效用。高露洁的广告即请普通人代言，让看广告的消费者认为广告中的民众与自己其实是同一类人，因此他们使用有效，那么自己也会有效，这便是由于参考团体与消费者有近似性而形成认同感的案例。

10.1.1.3　功利／规范影响（Utilitarian/Normative Influence）

第 7 章态度功能理论中曾经谈到态度拥有功利功能，消费者对目标物有正向态度是因为可以获得奖励，有负向态度则是由于可能受到惩罚。同样的概念，今天消费者会接受这个参考团体的意见进而改变行为，也可能是因为这个参考团体对消费者握有生杀大权，他可以决定要不要奖励或惩罚消费者。父母对孩子往往就属于这样的参考团体，父母时常对孩子们说：“如果不认真念书，就没有零用钱可拿。”由于父母的吩咐再加上零用钱危机，孩子们通常会乖乖听从。此时，父母对孩子的影响力来自于规范影响，以及他们可以施予惩罚或奖励。

由上述的例子中可以发现，这类参考团体的权力来源可被分为两方面。一方面，是惩罚与奖赏权（Punishment and Reward），参考团体可能给予消费者惩罚或奖赏，因此，为了避免惩罚并获得奖赏，消费者往往会选择跟从参考团体的行动；另一方面，这类参考团体还具有正当性权力（Legitimate Power），正当性权力来自于参考团体本身所具有的正当性地位，像父母、教师、领导等参考团体，对消费者而言，这些参考团体是具有权威性的，身为儿女听父母的话、学生听师长的话，老板与员工之间的关系就是这样，因为他们具有权威性的地位。

面对参考团体的权威与正当性，消费者最后往往选择顺从（Conformity），意即在参考团体的压力下，消费者会改变他们的行为。然而顺从又可分为服从（Compliance）与接受（Acceptance）。服从意指消费者并非心悦诚服地接受，只是因为不这样做不行，他们的信念并没有改变，只是服从地改变行动。而接受则与此相反，是消费者真正改变他们的想法与信念，心悦诚服地接受参考团体的想法。

消费现场

代言不实，明星与普通人同罪！

坐在家里打开电视，想看的节目中往往穿插了五花八门的电视广告。偶尔无聊看看广告时，不难发现歌手、演员、模特几乎代言了各种品类的商品。然而，这些明星艺人有时为了赚取厂商提供的高额代言费，可能配

245

合厂商在广告中夸大产品效果，导致消费者在不知情的情况下购买产品，却迟迟不见预期成效，最后感觉自己上当受骗。正因如此，近年不时听闻厂商与明星由于夸大功效，厂商与代言人都受到处罚的新闻。

事实上，厂商喜欢用的代言人还不只是明星艺人，更多厂商选择在广告中请普通人来发表产品使用感想，这些普通人在电视屏幕上诉说产品功效，是不是看起来比明星更为平易近人，感觉更为真实呢？但请不要忘记，这些普通人其实也是品牌厂商们请来的"枪手"，有一些确实是在陈述真实的使用情况，然而有一些却是跟着厂商编好的剧本走。过去这样的普通人代言，若是代言内容不实，他们并不像公众人物一样需要承担处罚。直到 2010 年，政府修订《公平交易法》后，才将这些代言的普通人列入处罚对象，倘若普通人代言内容不实，这些普通人也必须承担罚责。未来厂商若想要采用这样的普通人代言的广告，最好在效果呈现上力求务实。

资料来源：http：//www. youtube. com/watch？v = DpL1PLd6IAI, http：//www. liberty times. com. tw/2010/new/may/19/today – t1. htm。

10. 1. 2　参考团体分类

参考团体除了可由影响力来源加以分类外，还可由消费者对参考团体的态度及参与度来进行分类，如图 10 – 1 所示。以两轴作为分类依据，横轴为消费者是否为该团体成员，纵轴则为消费者对该团体是否持有正向态度，两轴划分后，可分出四种参考团体。

10. 1. 2. 1　正面会员团体（Positive Membership Group）

图 10 – 1 中的右上角区块，正面会员团体意指消费者对该参考群体具有好感，而且自己也隶属于该参考群体。举例来说，小明是学校网球校队的成员，因为非常喜欢网球运动而加入，再加上校队里有许多实力很强的选手，让小明相当崇拜，常与他们切磋以增进实力，除了练习、比赛外，小明与队友们也时常聚会出游、联络感情。上述的网球校队，对小明而言便属于正面会员群体，小明是校队的一员，再加上对校队有正向认同感，就想要参加团体活动。

许多厂商会运用正面会员团体的形式来进行广告沟通。原因在于，若

246

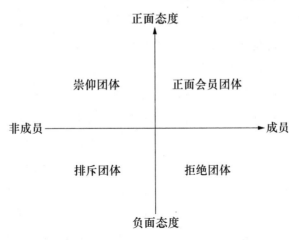

图 10-1　参考团体分类

资料来源：Assael Henry，"Consumer Behavior：A Strategic Approach"，14-31，Copyright ⓒ Houghton Mifflin Company.

能使消费者认同广告中的人物与自己属于同一群人，由于相似性存在，厂商请来的这些普通人就可能成为消费者的参考对象。实际上，要能成为消费者心中的正向会员团体，必须符合以下条件。首先，这类参考团体要具有邻近性，才能让消费者感觉到他们彼此是相近的，就像邻家女孩形象的广告演员，总是能够获得较多消费者的认同。其次，重复曝光也相当重要，对消费者而言，他们在生活中最常看到的往往是生活在他们周围的人，熟悉度来自于这些人经常出现在他们面前，因此若能重复曝光在消费者眼前，那么自然消费者会感觉这些人的熟悉度高。最后则是团体凝聚力，这个参考团体本身有没有凝聚力也会影响消费者的判断，如果凝聚力高，较能吸引消费者的认同。

消费现场

普通人玩家来代言

"杀—很—大！"这个网络游戏的广告台词，相信大家并不陌生，身材姣好的代言女星穿着火辣在镜头前搔首弄姿，再加上带有性暗示的动作或

247

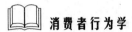

台词，这就是近年来中国台湾在线游戏厂商最常运用的广告题材。在线游戏市场在中国台湾蓬勃发展，因为"宅经济"的蔓延，每一年在中国台湾上线的在线游戏不计其数。在众多的游戏当中，为了虏获目标群体的目光与注意力，在线游戏厂商将媒体广告视为必要的投资，而且也普遍以性诉求的方式作为宣传。然而，厂商们相继聘请性感美丽的女星作为游戏代言人，或者通过拍摄过于煽情的游戏广告来掀起话题，这样的广告宣传方式，其实已经引起社会女权团体与家长们的不满。

但在一片女星代言之中，也有游戏厂商大出奇招。举例来说，中华网龙旗下的武林群侠传 Online，选择普通玩家现身说法，请玩家在广告当中陈述游戏操作的实际状况，并且秀出自己在游戏中扮演的角色，作为吸引其他玩家加入的广告手法。然而，在失去漂亮的女明星与性感身材的光环加持后，这样的普通人玩家广告是否真的能抓住消费者的心与眼球，颇值得营销人员进一步细细探讨。

资料来源：http：//www.youtube.com/watch？v=ZHSzwNK_ SE4。

10.1.2.2 崇仰团体（Aspiration Group）

图 10-1 中的左上区块，则是所谓的崇仰团体。消费者并不属于该参考团体中的一分子，但是却对该团体有好感，算是相当常见的参考团体类型。例如，电视上的名媛贵妇，由于她们光鲜亮丽的外表与优雅奢华的生活形象，往往是许多年轻女孩心中的崇仰团体。

崇仰团体可说是厂商最常使用来进行广告沟通的方式。许多广告运用明星或模特代言就是希望让消费者产生这样的崇尚心理，因此广告中的明星多是消费者崇仰的对象。举例来说，日立 Hitachi 在中国台湾的家电系列产品起用名媛孙芸芸作为品牌产品代言人，就是希望利用孙芸芸的贵妇形象，吸引消费者购买。

消费现场

天价代言费

聘请人气明星作为产品代言人屡见不鲜，其中最为人津津乐道的就是这些明星所收受的天价代言费用。中国台湾的歌坛"小天王"周杰伦出道多年，无论人气或收入皆居中国台湾艺人之冠，更是众家厂商争相邀请的代言对象。

2009 年，周杰伦在中国接下电动车品牌代言，惊传代言费用高达新台币 1.5 亿元（约 3000 万元人民币），打破王菲复出时传闻的新台币 1.5 亿元（约 2000 多万元人民币）代言洗发水的纪录。电动车品牌厂商更邀请周杰伦一起设计电动车，其设计的电动车将加入"周董"歌曲中的元素，厂商同时赞助 10 场周杰伦全国巡回演唱会费用，天价代言费令人瞠目结舌，"周董"成为中国娱乐圈最"贵"的代言人。

厂商之所以愿意出天价聘请人气明星代言，就是看中明星对民众的影响力以及可观的吸金能力，因此欲借明星的人气刺激消费者掏出钱包，为厂商带来财源。然而，明星的代言费喊价甚高，也成了厂商转嫁到消费者身上的成本。究竟以天价聘请明星来为自家的产品代言，能够带来多少实质效益与周边经济？厂商们在付出天价之前仍须审慎评估。

资料来源：http：//mag. chinatimes. com/mag – cnt. aspx? artid = 13733，http：//www. nownews. com/2009/04/10/11490 – 2434892. htm。

10. 1. 2. 3　排斥团体（Disclaimant Group）

图 10 - 1 中的左下角为排斥团体，为消费者没有好感也并非成员之一的参考团体。对一般民众而言，监狱里的受刑犯便属于排斥团体，当然这是较为极端的案例。除此之外，对年纪比较大且思想较保守的长辈而言，奇装异服且行径出人意料的美国歌手 Lady Gaga 对他们来说可能也属于排斥团体的一种。

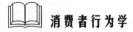

10.1.2.4 拒绝团体（Dissociative Group）

图 10-1 中的右下角为拒绝团体，即消费者属于那个团体中的一分子，但不代表他的向心力很强，反而会为属于那个群体而感到羞愧。例如，有些青少年年轻不懂事，曾经加入不良组织活动，等到四五十岁时回想过去的少不更事而感到惭愧，当然这也是比较经典且极端的案例。试想，许多高中学生在考大学以前可能对某些专业存有幻想，但等到进入大学之后才发现原来这个专业所学根本不是自己想要的，再加上班上同学的素质参差不齐，自然而然对此专业的好感骤降，也就逐渐淡出此学科的活动圈，最终甚至造成换专业的发生。针对排斥团体与拒绝团体，营销人员也能将这样的概念应用到广告沟通上。例如，通过比较性广告将竞争品牌与消费者认为的拒绝或排斥团体作联结。简言之，参考团体不一定是指参考后会学习的对象，也有可能是在学习之后发现自己并不想变成他。许多厂商便是利用此手法，在广告中运用这样的句子："还在使用难以去垢的 A 牌清洁剂吗？全新的 B 牌清洁剂，让你三秒轻松除污去垢！"即是希望使竞争品牌成为消费者心中的排斥团体或拒绝团体。

消费现场

苹果与微软的广告大战

苹果公司与微软公司向来是操作系统的两大竞争对手，这场战争不只在 3C 产品品类中爆发，更逐渐延伸至两者的广告沟通之中。苹果公司推出一系列"Get a Mac"品牌广告作为前导战。一系列的广告当中，由演员贾斯汀·隆饰演麦金塔先生，并由约翰·霍德曼扮演 PC 先生。

每段广告皆以苹果 Mac 计算机与微软操作系统之间的使用差异，作为广告内容主线，并以拟人化的形式呈现，虽然广告中对微软系统、功能、使用习惯带有强烈的讽刺意味，但是幽默逗趣的对话和呈现手法颇为吸睛，更得到消费者的大力赞赏。尤其，麦金塔先生不断点出的 PC 先生的问题，更是让微软系统的使用者大有同感。举例来说，病毒篇即陈述 PC 先生由于病毒攻击而得了严重感冒，而且每年总是会被成千上万的病毒攻击，让他防不胜防、深感疲惫。旁边的麦金塔先生却丝毫没有这样的问题

Apple "Get a Mac" - Time Machine (2008) 中文字幕版

图片来源：http：//www.youtube.com/watch？feature＝endscreen&NR＝1&v＝YCH56Uyang4。

存在，不只能够安慰生病的 PC 先生，还在旁边看着 PC 先生因感冒而病倒，自己却安然无恙。这样的比较型广告若是操作得当，不仅能点出与竞争者之间的差距，更能让观众会心一笑。

资料来源：http：//www.youtube.com/watch？v＝S2PIto9YsMY，http：//www.youtube.com/watch？v＝xAt8rB8WAkY。

另外，近年来反品牌群体（Anti－Brand Community）的出现日益盛行，反品牌群体为消费者针对拒绝团体与排斥团体所组成。近年来，通过发达的网络科技，有许多品牌群体的出现，最为知名的如"苹果迷"（Apple Fans）。"苹果迷"一直是营销人员最喜爱研究的群体之一，高度的品牌忠诚让其他品牌望尘莫及。拥有这样的狂热粉丝，品牌厂商自然相当开心，然而反品牌群体的出现，让厂商相当头痛。这种反品牌群体是由一群超讨厌某个品牌的消费者聚集而成。举例来说，有些艺人明星的 Anti－Club 即属此例。

10.1.3 参考团体的影响范围

其实参考团体的影响力并非无边界，消费者购物也并非都会受到参考团体的影响。消费者购买的商品为必需品或奢侈品，以及其是在公开场合

251

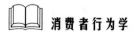

使用或是私下使用等因素，都可能影响消费者是否容易受参考团体影响。

事实上，现代社会中产品的区隔较为模糊。举例来说，人字拖过去可能被视为私下使用的产品，现在大多数消费者穿着出门也不觉得奇怪。再加上现在的人字拖有 50 元的地摊货，也有动辄几千元的名牌拖鞋，因此在必需品或奢侈品的判别上也相对有动态性。近年来，如何判断产品是否为奢侈品，确实很多时候是以消费者所购买的品牌为依据的。例如，汽车为代步工具，从这个观点来看，汽车是生活必需品。但若消费者购买的是BMW 跑车，那么汽车就不只是必需品，而是奢侈品。因此必需品、奢侈品的区隔其实是动态的，并非绝对的。

根据研究观察，消费者在购买公共场合使用的商品较容易受到参考团体的影响。当消费者处于公共场合中，这些公开使用的物品某种程度上代表消费者的自我展现，因此消费者会较为在意他人的眼光或看法，也较容易受到参考团体的影响。

另外，消费者在购买奢侈品时也较容易受到参考团体的影响。原因是在日常必需品的使用上大多看不出个性的存在，因为消费者对必需品的需求都是一样的，像卫生纸、清洁剂等，主要都是用来解决功能性的问题。若想要彰显个人概念，往往是在非必需品上，像香水、珠宝首饰等。正是因为与个人概念的传达有关，因此在非必需品或奢侈品上，消费者比较容易受到参考团体的影响。由以上所述可以发现，消费者较受参考团体影响的购物范围，如表 10 - 2 所示：

表 10 - 2 参考团体影响范围

必需品	公众		奢侈品
	公众必需品	公众奢侈品	
	私人必需品	私人奢侈品	
	私人		

资料来源：Solomon, Michael R., "Consumer Behavior: Buying, Having, and Being", Pearson Education LTD, 8th Edition, 2009, P.432.

10.2　团体中的决策

第 10 章中第二个重点要谈论的是消费者在团体中的决策行为。比起消费者独自做决策，当消费者处在团体中，其决策行为是否会受到影响而改变，两者有何不同？

10.2.1　团体决策的特质

事实上，当消费者身处于团体中做决策，会出现以下四种在个人决策中较少或不易出现的特质。

10.2.1.1　去个人化（Deindividuation）

俗话常说"群众是盲目的"，并非毫无道理可言。当消费者处在团体中，时常产生团体被放大而个人被缩小的感觉。由于个人的思考与主见被淡化，理性思考的能力下降，导致消费者有从众的行为出现。例如，大学生聚在一起特别容易做出疯狂行为。先前新闻曾报道过，大学生由于打赌而裸奔操场，就属于个体在团体中去个人化的案例。

10.2.1.2　社会惰性（Social Loafing）

社会惰性意指当个体处在团体当中，往往会减少自己的贡献，这是因为个体认为在团体之中自己的贡献多寡是模糊的、难以估算的。俗话常讲"三个和尚没水喝"，其实就是社会惰性的一种展现。举例来说，一个人去吃饭时给餐厅的小费通常会比跟一群人一起去吃饭所给的小费要少，就是因为最后给店家的是所有人的总和，消费者个人的贡献会被忽略，而这也是间接促成店家直接收取 10% 小费作为服务费的原因之一。

10.2.1.3　风险转移（Risk Shift）

消费者身处团体中，还有风险转移的效果存在。当消费者面对的决策带有风险性，一个人可能不敢贸然进行，但经过团体讨论过后，这个团体可能愿意共同承担风险。风险转移背后的概念有点近似于社会惰性的个人贡献变模糊，在团体中，个人承担的风险相对较小，因为最终结果是由团体一起承担的。回想看看，小时候去游乐园玩，鬼屋一个人会怕得不敢进去，但如果跟同学们一起，是不是就会愿意进去尝试一下呢？

10.2.1.4 决策两极化（Decision Polarization）

团体决策除了风险转移外，还会发生决策两极化，即团体决定共同承担风险后，再经历过团体讨论，会变得愿意承担更多风险；反之亦然，如果今天团体决策的结果是不愿意承担风险，那么再经历过团体讨论后，团体中的个体会变得更不愿意承担风险。

过去学者曾以捐款数量作为研究题材，借此验证决策两极化在团体决策中的存在。试想以下情境，假设每年 T 大电机系都会组织捐款活动，去年同学们捐款的平均金额为 50 元。由于 T 大电机系有两个班，导师在班会上顺道公布捐款信息，A 班听到消息后，愿意捐出平均每人 30 元，而 B 班则愿意捐出平均每人 80 元。此时若让两班的人分别知道捐款结果，并让他们讨论捐款多寡的原因，经历班上讨论后，捐款数目会变得更为极端。原因是捐款比较多的 B 班，在讨论的过程中会不断地听到同学们捐款较多的原因，刺激他们愿意付出更多捐款，再加上讨论中发现原来大家都捐这么多，此时会发生去个人化的从众效果，让在 B 班中原本捐得少的人付出更多，致使讨论过后，班级付出的平均捐款倾向升高。而 A 班也会发生同样的现象，只是最后趋向捐得更少。

10.2.2 家庭聚会

家庭聚会（Home Shopping Party）便是综合以上团体决策特性的推销手法。这种销售模式最常出现在直销商的操作之中，直销商的模式是厂商略过中间环节，直接将商品卖给消费者的模式。直销商为了接触到消费者，时常会在直销会员的家里举办一些家庭聚会，家庭聚会就是直销会员邀请其他的直销会员及新的潜在客户来家中，做一些产品介绍或产品试用的活动，然后以比较轻松的形式进行产品推广。家庭聚会成功的原因在于，这些直销会员能提供给消费者专业的产品知识，再加上团体决策的影响力。

一方面，直销商的家庭聚会通常是旧会员人数远多于新接触的消费者人数，因此这个团体主要由旧会员主导，而新会员则会面临旧会员为多数的大团体压力，开始有去个人化与风险转移的行为出现。例如，其他会员不停地讲解产品的好处与价值，身处在这个团体中，容易产生"大家都在用，而自己也应该要用"的压力。另一方面，新会员心中的想法也可能是"反正大家都在用，没什么好怕的"，由于风险共同承担而愿意试用。

团体决策影响力是家庭聚会销售模式的关键之一。随着时间与法规的演变，直销公司提供消费者体验产品的场所，也不再局限于家庭聚会的形式。这类的家庭聚会形式时常受到一般消费者所诟病，由于没有实体店家、较无信任感，因而消费者会对直销厂商抱持比较不信任的态度，因此直销公司近年也开始设立自己的展示中心，借此彰显自己是可信任的企业，让消费者可安心购买产品。

10.2.3 团体决策接受度

上述提到许多消费者在团体决策中可能受到的影响，然而团体决策的影响力真的有这么大吗？是不是每个人都会选择顺从这样的团体规范呢？答案当然是否定的。事实上，有一些因素会影响消费者本身对于团体决策的顺从程度，并非每个消费者的接受度都相同。

首先，文化压力就会影响消费者是否容易接受团体决策。在个人主义比较兴盛的国家，像多数的西方文化国家，消费者比较不会受到团体压力的影响；但若是在群体主义的地区或国家，像中国台湾、日本等，由于群体性使然，消费者受团体影响的可能性较大。

除此之外，团体的一致性同样是影响要素之一。如果团体中的凝聚力、一致性很高，团体中的成员面临的团体决策压力较高，相对也较会受到团体因素影响。举例而言，慈济是一个很大的宗教团体组织，由于其内部的一致性与凝聚力都很强，因此其成员受到影响的幅度很大。

最后的影响要素则是与消费者个人的人格特质有关，某些人格特质的存在会影响消费者是否趋向于遵守团体规范或是其对团体决策的服膺度高低。这些人格特质如下所示：

10.2.3.1 异常恐惧（Fear of Deviance）

有些消费者特别害怕被他人视为异类，认为被人称作"怪咖"或"异类"对自己而言是种惩罚，因为被视为异类即代表他无法加入团体之中，是处于被排挤的状态。实际上，也有人认为被视为异类是一种荣耀，代表着他的与众不同，像美国知名歌手 Lady Gaga 时常穿着各种怪异的服装上

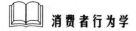

镜，并以此为傲，引领自己的流行风潮。

10.2.3.2 最小兴趣原则（Principle of Least Interest）

消费者对团体的承诺越大，其投入程度也越大；反之，若对团体承诺度低，投入程度也相对低。例如，男女朋友之间的交往，往往是越不在乎这段感情的人，越难受到这段感情的规范。

10.2.3.3 人际互动敏感度（Susceptibility to Interpersonal Influence）

此指消费者自身对于所扮演角色的敏感度，是对人际之间的影响。想想看，什么叫角色？论语里面说的君君、臣臣、父父、子子，即言明各个角色的人应当要扮演好他们应有的样子。简而言之，若消费者本身认为师长就是要怎么样、学生应该要怎么样，这就是消费者对于角色并不放松，是很严谨的。然而也有消费者认为其实老师不必然要怎么样，学生其实也并非如此的话，那么便是认为角色有放松的空间存在，这种类型的消费者，参考团体对他们的影响力较低，也可以说这样的消费者比较不会严谨地遵守人际之间的社会规范。

10.2.3.4 规范抗拒程度（Conformity Resistance）

此即消费者对于规范本身的抗拒程度。然而，消费者的抗拒又可分为两种类型：首先是反服从（Anti - Conformity），这就是俗话说"越叫我去做，越不想做"的概念，消费者有一个抗拒的主体对象，就像父母如果不逼小孩去洗碗，小孩可能会默默地去洗碗，但父母越是命令小孩去洗碗，他们越不甘愿。其实每一个消费者都可能经历这样的时期，也就是青春期的叛逆，那时消费者往往对多数参考团体都有抵抗的心理。

另外，还有一种抗拒是独立（Independence），与反服从不同的是，独立指的是消费者我行我素的行为，而非故意的抵抗，也没有特定的抵抗对象。例如，许多消费者就是不喜欢跟随流行，无论现在大家在流行什么，他就是不想跟从，这便是他与流行独立的表现。

消费者在面对服从压力时，除了在意志上不愿意去做之外，更可能有一些抵抗反应（Reactance）发生，这样的反应其实也是一种抵抗行为的呈现，往往是被压抑之后反而爆发出来。例如，过去台湾有许多禁书、禁歌，当这些书籍被列为禁书时，通常更刺激消费者想要阅读的心情，甚至会特地找来看。这就是消费者在被剥夺特定权利时，他们反而更想去行使的现象。

256

以上四个特点都属于消费者的个人特质，而这些特质的拥有与否或程度高低皆会影响个体的服从程度，或者受参考团体影响的容易程度。

 ## 10.3 口碑营销

由以上的讨论不难发现，其实消费者很容易受到团体决策或参考团体的影响，然而除了一般传统的广告媒体之外，还有哪些可能的沟通渠道或方式？事实上，随着科技与消费者习性的演变，口碑营销（Word of Mouth）无疑成为众家厂商心中炙手可热的闪耀新星。

口碑营销中的两大重点在于口碑的形成、人与人之间的信息传播。想想看，与一般的媒体广告相比，谁感觉上对消费者更为可信？一般媒体广告可以说是厂商自己老王卖瓜、自卖自夸。然而口碑却不一样，今天口碑若能传播到消费者那里，往往是亲朋好友或者广告代言人告诉他们的，相较于厂商的自吹自擂，亲朋好友说好用，那样东西感觉才是真的好用。

口碑营销的影响力，在消费者面对不熟悉的产品时，效果更为显著，这是因为传递口碑信息的人带给消费者的信息影响力，让消费者能够通过口碑信息获得新知。另外，当消费者评估阶段越靠近实际决策时，口碑的效果越大。回想一下，有时候在百货公司逛街买衣服，如果对于一件衣服感到犹豫不决时，身旁的朋友说："我之前也买过类似样式的衣服，穿起来非常显瘦！"是不是瞬间就会下定决心呢？原因是在一开始收集资料的阶段，基本上消费者对于所有来源的信息都会收集，然而最终要做决策时，一个有过经验或熟悉的人提供给他们的意见，反而会是关键推手。

口碑之所以对消费者具有影响力，除了刚刚提到的信息影响外，也与上面所说的社会压力有关。个体之所以听从参考团体的意见，除了因为相信参考团体所具有的影响力之外，也是因为其他人也都持相同意见，由此产生社会压力，进而促使消费者也去服从这样的意见。

虽然口碑营销听起来影响甚巨，但关于口碑营销的具体进行方法，到底有哪些可能的方式？

10.3.1 游击营销

游击营销（Guerrilla Marketing）的定义较为松散，凡是在非传统式的时间、地点，厂商于此传达产品相关的信息。传统式的地点像商家、卖场、电视墙等这些销售点或原本就有广告存在的场所。厂商常用的游击营销方式相当多，像快闪活动、品牌大使等最为常见。

快闪活动通常是厂商结合媒体营销公司所举行，主要用意是获得媒体关注。快闪活动多半是在公众地点聚集一大群人，并在一个特定时间点一起做一件事，然后快速解散，希望以特异行径获得社会关注。快闪活动虽然可以在短时间内获得媒体关注，但却无法帮助厂商传达完整的产品信息。因此若厂商的目标客群并非会主动搜寻并分享消息的族群，使用快闪活动的效果有限，很可能只是沦为短期的新闻噱头而已。

品牌大使（Brand Ambassador）是指品牌厂商通过穿着品牌制服的工作人员对消费者进行产品宣传或推广。近年来，台湾的餐饮市场吹起一阵"酒促小姐"风，其实"酒促小姐"就是酒类厂商聘用的品牌大使。"酒促小姐"在餐厅内会穿着厂商提供的制服，并到桌边推销品牌酒类，这种宣传模式的兴起是由于酒类销售市场有所管制，因此厂商为了能够更直接接触到最终使用者，将促销经费投注到这样的市场推广上。

10.3.2 "病毒营销"

所谓的"病毒"就是会一直繁殖并不断地传染给其他人，其实"病毒营销"就是源自于这样的意义。"病毒营销"（Viral Marketing）就是消费者自己一直传递厂商提供的信息。对于具有高忠诚度的消费者而言，主动去传递厂商提供的信息并非不可能，可是其他消费者又为什么会愿意主动帮助厂商传递信息？原因在于厂商所提供的信息可能相当有趣，促使消费者分享给他的亲朋好友，或者是这个信息当中对消费者有利益存在，因此为了获取这个利益，消费者会主动传播信息。

还记得本章一开始提到 Dropbox 个案吗？Dropbox 所提供的免费扩充空间，就是只要消费者去邀请其他好友加入使用，即可获得，这就是消费者可以从中获得利益的案例；相反地，对营销人员而言，他们必须确保产品或广告信息足够有趣，或足够吸引人，否则可能只有高忠诚度的顾客会帮忙传播，其他客群却毫无反应，该如何让信息一直传递下去，是营销人员面对的重大挑战。

"病毒营销"看似威力强大，但也被社会人士批评这是一种不道德的营销手法。有些厂商使用的"病毒营销"手法并非让消费者自愿性地传播信息，反而是厂商主动向消费者索取到名单后，他们再自行发送信息。这样的方式，会让消费者有个人资料外泄的疑虑，也让他们感觉隐私受到侵犯，因此对于"病毒营销"抱持负面态度。不过，也有厂商利用消费者这样的心态，成功地做出有趣的"病毒营销"活动。

Burger King 过去曾经操作过一次"病毒营销"活动，想要传递的信息内容是 Burger King 的商品优惠券，为了向消费者索取好友名单，再继续向下寄送优惠信息，Burger King 在信件开头即写道："哈哈哈！你被你的朋友谢小慧出卖了！如果你想报复的话，你可以再给我十个名单，我再去帮你出卖别人。"消费者点开信件看到信息，厂商直接将出卖这件事说破，会感到荒唐好笑，却减少对于数据被出卖的抵抗及厌恶感，而且还会想要加入这样的游戏当中。就是通过这样诙谐有趣的手法，当时 Burger King 活动受到热烈反响，广告信件被疯狂转寄。

消费现场

喜力圣诞树

圣诞节的脚步悄悄走近，最近在社群网站 Facebook 上，绿色的圣诞树更是充满每个好友近况动态的页面，上面标记许多好友的朋友，你今天也被标记了吗？

这是酒类厂商喜力于 2011 年在 Facebook 上推出的 APP，当时圣诞节将近，喜力推出这样的圣诞树 APP 可说是相当合适，但只是符合节庆还不足以让它风靡全球 Facebook 的使用者。使用者只要进入喜力的圣诞树应用程序中，点选同意使用后，此应用程序便会自动攫取使用者的好友信息，将其中最常往来互动的好友拼贴到圣诞树的格子上，成为文字圣诞树的一部分。做好圣诞树后，程序更会建议用户发布以下信息："全世界最温馨的圣诞树就这棵啦！因为你们，让涂鸦墙热闹无比.今年的圣诞，有你们

图 10 - 2　喜力圣诞树

图片来源：http：//www. ettoday. net/ news/20111221/14040. htm。

真好！你你你你，都要圣诞快乐！Merry Xmas & Cheers！你也可以创造你和朋友们的圣诞树喔！"并同时标签三位好友，让好友可以立刻链接到应用程序上制作一棵属于自己的圣诞树。这个应用程序的互动在于辨识出平时与自己互动频繁的好友，让彼此在 Facebook 上又有了可以交流的新花样，再加上程序使用简单，这种呼朋引伴的模式，让喜力圣诞树成为 2011 年 Facebook 上的圣诞节新"绿海"。

10. 3. 3　社群网络与群众力量

有一些公司，在营销推广上特别会运用社群网络的力量。例如，韩国的网购平台厂商 Gmarket，就是通过定期驱动社群网络的力量来促成消费者的信息传递。Gmarket 通过奖金表扬来鼓励消费者在网络上撰写博客，内容是他们在 Gmarket 的购物心得或者实品照分享，Gmarket 有专门的工作人员定期浏览这些博客，并选出前几名佳作，提供这些人一笔消费奖金，让他们更愿意努力去撰写在 Gmarket 上购物的相关文章。对这些博客而言，写文章是赚取奖金的方法，因此他们会愿意积极更新，而去观看这些博客的消费者就可能因此被影响，这就是通过社群网络来带起群众力量。

图片来源：http：//english. gmarket. co. kr/。

消费现场

博客大商机

　　美女、美食、美妆，这三美可以说是中国台湾众博客的兵家必争之地。你是否也有定期浏览某些知名博客的习惯呢？有趣的照片，搭配生动的文字叙述，有些还有美丽模特的照片辅助，是不是每样商品或食物都显得特别地吸引人呢？随着网络科技的迅速发展，网志、微网志成为消费者传播信息的重要平台，更有许多消费者喜欢将自己的生活细节传上网络供大家点阅欣赏，尤其一些购买商品的心得、走访餐厅的饮食心得，更是许多民众喜欢观看且想要了解的信息内容。

　　事实上，这些博客的影响力不容小觑，有些博客每日浏览量可高达十万人次，也就是他今天发布的一篇新文章，当日可能就会有十万人次看过，其中可能有许多人因为这些博客的介绍，就想要购买商品甚至前往餐厅用餐，对商家而言，可说是无限商机的来源。正因如此，许多厂商找上

261

知名博客合作心得文写作，让这些博客作为厂商发送新品信息的平台，接触网络上的阅读族群，就是希望利用博客的人气，创造口碑传递效果。然而2011年初，中国台湾爆发知名博客造假事件，无名人气博客接受厂商邀约，撰写试用心得，却被网友踢爆，该博客的照片作假，分明就是同一天所拍摄，再以后制软件做出变化，以欺骗民众该产品的效果惊人。遭受爆料后，也引起政府单位的关注，对于这些博客在网络上的推荐行为，若是接受厂商馈赠所撰写，有可能被视为实质广告行为，若造假将可能依法办理。消费者在浏览这些博客时，也必须注意是否是厂商的广告文，慎防受骗。

资料来源：http：//mag. udn. com/mag/digital/storypage. jsp？f_ ART_ ID＝301572。

10.3.4 口碑营销的负面影响

口碑营销表面上看似效果强劲，是厂商们爱不释手的宝物。实际上，口碑营销对品牌厂商们来说，却是一把可能自我伤害的"双刃剑"。口碑营销的重点是消费者与消费者之间的信息沟通与传递，但这样的信息传递却不一定是正面的消息，也有可能是对厂商或产品负面的评论。

第9章中，也曾提过消费者在购买后对此次消费的满意程度，若是不满意，可能通过私下反映的方式，告诉自己的亲朋好友关于产品的负面信息，其实就是一种负面口碑的传递。尤其现在Facebook、Twitter等社群平台的兴起，要在平台上传递负评是再容易不过的，厂商可说是防不胜防。

当这些负面评论通过网络平台或私下传递时，其杀伤力已经不容小觑，但是还有一些更激烈的口碑传递手法。现代消费者相当聪明，可以利用的信息方式也比以往更多，除了消费者之间的信息传递之外，更极端地还会运用媒体的公众力量，或以法律途径引起社会关注，通过爆料或诉讼等方式，将负评通过新闻媒体放送出去，对厂商造成的伤害将难以估计。

消费者开讲

社群传播的好与坏

正如上文所述，随着科技的发展与社群媒体的快速发展，现代的消费者可以轻易地通过网络成为信息的传播与接收者。对于品牌厂商而言，最害怕的无非是消费者在社群平台上的爆料与快速传播，其影响力可能一夕之间让厂商遭受莫大损失。

近年来，社群相关的议题受到社会热切关注，2012 年，电影《乡民的正义》即阐述网络上虚拟社区的力量可能迫使现实的个体受到伤害。许多新闻事件的发生也说明网络上的虚拟社区力量确实不容小觑，面对这样无常的虚拟世界，身为品牌厂商，你会愿意承担风险而踏入虚拟平台与消费者互动，还是选择不进入虚拟平台呢？可能的原因为何？

10.4　意见领袖

本章最后的重点是关于意见领袖的概念。参考团体之中，会有一个相当关键的角色，即意见领袖（Opinion Leadership）的存在，简言之，意见领袖可以说是主导参考团体意见走向的"领头羊"。

10.4.1　意见领袖

一般来说，意见领袖可被分为公众型的意见领袖，像明星、艺人等公众人物，这一类型的意见领袖相当容易发掘，但聘用他们的代价也较为高昂。其他则是非公众型的意见领袖，他们与一般消费者较为相似，而这种意见领袖对厂商来说，在聘用上可以花费较少的成本，但却难以被辨识出来。

意见领袖之所以能够影响他人，是因为他具有某些特质。包括他可能拥有专业知识，是某个领域的专家，如医师、律师等，都是普遍被社会民众认为具有专业知识的执业者。意见领袖也必须具有公正判断力，他们多被认为是公正客观的，也就是相对没有报道误差存在，这样其他人才能信服他的意见。

社交能力与自信也相当重要，如果无法良好地与他人互动，那么就无法好好地传递信息。另外，他们往往也是新产品使用的先驱者，当市场上有新产品问世时，他们很早就会尝试使用或获得新知，这样他们才能够抢先将信息分享给其他人。最后，这些意见领袖通常都具有可亲近性，他们与一般消费者在某些地方相当类似，因此其他人就因为这样而更能接受意见领袖的意见。例如，周杰伦对许多青少年来说是意见领袖的代表，原因就在于周杰伦所表现出的生活态度就与一般年轻人一样，喜欢耍酷、自我意识强烈，由于这方面的相似性，周杰伦的言行常常成为青少年模仿的重点。

10.4.2 市场达人

意见领袖中，有一种属于市场达人（Market Maven）的类型。电视购物中的那些购物专家或者电视节目中的购物达人，都属于市场达人。他们之所以成为意见领袖，是因为他们拥有丰富的购物经验，进而让他们对于购物累积一定的专业知识，因此能够推荐给其他的消费者。

10.4.3 消费者代理人

实际上，消费者有一些消费行为是通过代理人进行的，像基金投资的财务管理师，或者室内装潢设计师。由于消费者自己的知识或时间不足，因此消费者愿意将这个购买决策权力给这些代理人，让他们代为行使。近年来，中国台湾流行的团购活动，主购们其实也算是消费代理人（Surrogate Consumer），他们作为中介，替其他团员进行购物行为。

对厂商而言，当其所销售的产品大部分由消费者代理人所购买时，厂商必须抓住这些代理人的目光，才能顺利地销售商品。例如，消费者在进行房屋装修时，装修屋主往往将翻修设计的采购权全权托付给设计师，因此那些建筑材料商所面对的不是终端消费者，而是这些设计师们，因为是这些设计师决定采用哪些灯泡、家具等材料进行装潢。

10.4.4　寻找意见领袖

上文也曾提及，意见领袖大致可分为公众型与一般型，对营销人员来说，找到公众型的意见领袖并不困难，因此寻找一般型意见领袖对营销人员才是问题所在。至于如何找到这样的意见领袖，主要可以通过以下四种方法。

10.4.4.1　自我评量法（Self – Designating Method）

这种方法是对消费者发问卷，请消费者自行评估自己是否像个意见领袖，最后再回收问卷进行评估。然而这种方法，却容易有调查偏误的问题。例如，消费者可能会自我膨胀、答案造假或者问卷设计有瑕疵等，在准确度上仍待商榷。

10.4.4.2　社交矩阵法（Sociometric Method）

实际去追踪在一个群体里面的信息传递过程。假设现在 A 公司内有 50 个职员，具体到每个人都会有自己的消息来源以及自己传递信息的对象，通过将每个人的传递方向都画出来，最后可能归结出某几个人是公司内信息的发出点，那么这些人便较可能是公司内的意见领袖。这种方法比较适用于小群体的研究，且必须在事前先将群体定义好，并找出群体内所有的人，否则将难以追踪。

10.4.4.3　关键信息者方法（Key Informant Method）

事先问团体中比较愿意发言的几个人，问他们认为在这个团体中的意见领袖是谁，收集到这些名单，然后再针对名单上的人去做个别访问，借以确认结果。

10.4.4.4　目标方法（Objective Method）

这是通过实验设计的方法进行，例如先找几个班上的学生来给予一些新信息，接下来观察班级内其他人如何获得这些信息，借此追踪信息的流向。与社交矩阵法不同的是，社交矩阵法是请团体中的人回想，说出记忆中信息的流动方向，而目标方法则是实际操作实验而追踪。

事实上，寻找意见领袖最困难的部分在于如何先辨识出一个团体的框架，因为许多团体成员其实同时兼任其他团体的成员，因此在团体的区分上相当困难，也导致意见领袖的寻找难度升高。

本章习题

1. 在中国台湾，智能型手机俨然已是一种销售数量庞大的产品。试根据各种参考群体对于消费者的影响方式（例如信息的影响、规范的影响、认同的影响等），说明其可为营销人员在智能型手机的营销做法上带来何种启示。

2. 互联网现今已成为一种相当重要的口碑传播媒介，不过网络传播者的匿名性与相对缺乏责任感的口碑宣传，也成了相当严重的问题。试从口碑管理的角度，论述营销人员应该如何看待与互联网上关于自家产品与服务的正面及负面口碑传播。

3. 您认为下列哪些产品在购买决策过程中，个人及群体影响将会是一个重要因素：①饮料；②机油；③设计师牛仔裤；④眼线笔；⑤家用油漆；⑥谷类早餐；⑦酒；⑧地毯；⑨洗碗机；⑩数字相机。您的理由为何？

4. 请试着回想一下，您最近一次主动告诉他人有关自己购买产品的信息或服务的情境是何时？是什么原因让您愿意主动分享？您是通过何种方式分享的（例如口头告知或网络平台）？为何想用该种方式分享？

5. 请试着做一个简单的调查，确认在台湾有哪些人可能会成为下列产品或服务的重要意见领袖：①美语补习教育；②健身器材；③自助旅行；④汽车；⑤家电产品；⑥美食。

消费者了没

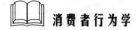 爱评网 iPeen. com[①]

一年一度的母亲节即将来临，为了孝顺辛苦了一整年的妈妈，小明全家人决定在当天到高级餐厅用餐，以此慰劳母亲的辛劳。为此，小明在餐厅的选择上相当谨慎，并在网络上查找许多数据，其中有很多他未曾去过的餐厅看起来都相当吸引人，多样的选择令他相当困扰，但是小明也怕那些餐厅其实并不如网页介绍的精致，反而让妈妈大失所望。

---

① 资料来源：http：//mag. chinatimes. com/mag - cnt. aspx? artid =7851，http：//techorange. com/2011/06/04/ipeen - ceo - interview/。

图 10 - 3　爱评网网页

图片来源：http：//www.ipeen.com.tw/。

　　烦恼多日之后，小明决定询问好友小慧的意见，希望她能提供一些名单。小慧立刻推荐给小明近日最红的评价网站——爱评网 iPeen.com，该网站平台上面不只有许多消费者对店家的评论文章，也有各式各样的餐厅排名可供参考，更有其他人实际消费过后的心得与料理照片可供观看，可以帮助小明解决选餐厅的烦恼。

　　相信小明面临的情况对各位而言并不陌生，是否时常因为想要找新餐厅，却又害怕"踩地雷"而导致心情不悦呢？若要亲自在网络上搜寻评价信息，又必须一个个网页慢慢查找，而且还有可能看到业务广告文，不仅耗费时间又可能受骗。

　　爱评网就是在看到这样的消费需求后于 2006 年创立的，当时创办人深深有这样的体会。网络上虽然有很多信息，但却很分散，如果看新闻、杂志介绍的餐厅，感觉上又像是付费广告，缺乏公信力。再加上台湾的外食文化相当流行，消费者三天两头就会到外面的餐厅吃上一顿，因此消费者对于餐厅评价的需求确实存在。

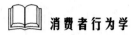

　　爱评网上面，聚集有无数民众所撰写的心得文章以及他们对店家的评价分数，每个网友都可化身为美食家，写下自己对该餐厅最真实的感受。截至 2011 年，在爱评网被评论的店家已高达 7.5 万家，更有每月不重复浏览人次 550 万至 600 万，每个月的浏览页次更高达 6600 万次。美食的信息更换速度很快，约在 3～6 个月，每一笔信息也因为用户彼此之间能够交互讨论、交换意见而得以产生价值。消费者只要联上爱评网，立刻就能看到许多最新的餐厅与饮食相关的推荐信息，通过整合不同消费者提供的评价信息，爱评网借此打造出庞大的评论平台场域。

问题讨论

　　1. 试说明爱评网成功背后可能的原因。

　　2. 在爱评网上，只要加入会员都能够发表评论文章，假设今天你是品牌厂商的营销人员，你该如何通过爱评网找到你目标市场的意见领袖呢？或者你认为通过爱评网，厂商可能如何进行口碑营销呢？

第11章 家户决策

My Casa 智慧宅

随着经济环境的变化，为了应付经济开销，双薪家庭在中国台湾已经是不可避免的趋势。然而，双薪家庭的增多却也带来许多新的社会议题，举例来说，当夫妻都在上班，没有多余的时间照顾孩子，小孩如果不是经常独自在家就是去托儿班，或者是给祖父母照顾，可能造成亲子关系维系困难，甚至有安全上的疑虑。不只是儿童问题，随着人类平均寿命不断延长，家中的长辈也需要人来照顾，聘请保姆也许可以缓解时间问题，但是保姆的素质参差不齐，再加上价格高昂，并非人人皆能负担得起。

面对这样的家庭演变，许多厂商也看中了潜在的商机。中兴保全推出My Casa 智慧宅服务，正是瞄准这样的双薪家庭作为目标客群。

My Casa 智慧服务是一种智能家居管理系统，结合安全管理、远距照护、娱乐等服务内容为一体，借此系统，协助消费者解决在家户安全及照护上的困难。以安全管理服务为例，当夫妻都在上班时，如果不放心小孩是否平安到家，通过服务设定，小孩在放学走进家门后，My Casa 的安全监控系统可实时传输信息给正在上班的夫妻，告知小孩已经平安到家。除此之外，通过远程监控服务，父母也可通过计算机、手机等智能型设备，随时掌握家中动态，确保孩子们在家的安全问题。

另外，在长辈的安全照护上，My Casa 也有相关的服务内容。照护管家服务系统，可以帮助儿女远距查询父母的身体健康检查状况，还能帮助长辈测量生理健康数值，同时设有异常监测系统，在长辈们身体有异常状况出现时，可发出紧急通知请求支援。

My Casa 智能管理系统，就是要让这些上有高堂、下有子女的中间一代，能够安心地在外工作，并随时掌握家人动态，省去来回奔波的时间以及担心。

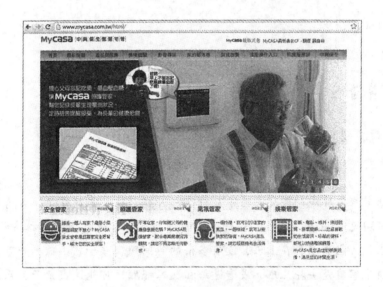

图 11 - 1 My Casa 服务官网图

图片来源：http：//www. mycasa. com. tw/html/。

事实上，这样的服务并非完美零缺点，通过远距离监控，虽然可以达成原先陪伴的某些功能，但是比较起亲自陪伴仍是有所差异。即便如此，由于经济环境的变动、平均寿命提高、少子化、隔代教养等社会议题的产生，对夹在中间的第二代而言，生活中面对的不只是工作，还有子女、父母等多方的压力来源，也许这样的服务正是缓解部分压力的良方，更是未来必然的趋势。

资料来源：http：//www. mycasa. com. tw/html/，http：//mag. udn. com/mag/news/storypage. jsp？f_ ART_ ID = 328404。

谢老板眉头一皱，发现消费者并不单纯：

1. 随着时代的变迁，家庭的定义有何改变？家户的结构又有何明显的变化？

2. 一个家户即为一个小团体，家户内的购物决策行为有何不同？家户内的成员如何影响家户决策的结果？

3. 当家户中有了小孩，这些儿童如何影响家户中的决策行为？儿童的购物行为又是如何被培养的？

第 10 章中谈到消费者在团体中的决策行为与个人决策行为的差异，在本章中，将再深入探讨消费者在家户单位中的决策行为。事实上，家户或家庭也是团体的一种，只是单位较小，且团体内成员彼此的关系可能较一般团体更为紧密。然而在家户决策中，有哪些可能的影响因素存在？决策的结果通常又是如何产生的呢？

▶▶ 11.1　家户

家户（Household）在定义上与家庭不同，家户指的其实是居住在同一家居单位下的人，并非一定有法律或血缘关系存在。一般来说，家户又可以分为家庭家户（Family Household）与非家庭家户（Non – Family House-hold），如表 11 – 1 所示。

家庭家户是至少两个人以上，并且彼此具有血缘、婚姻等关系，才算是符合定义的家庭。另外，非家庭家户可能是单身的、同居的或者同居室友这些人所组成，并不一定要有血缘或婚姻关系存在。此外，同居室友指的也不是男女朋友之间的同居关系，举例而言，几个学生由于北上读书而一起租屋，这便属于同居室友的非家庭家户。

值得一提的是，同居室友这样的非家庭家户并非有血缘关系，也非男女朋友同住一起，这样的特性让他们在家户用品的消费行为上较为不同。

271

表 11 –1　家户分类

	家庭家户
	①三代同堂
	②核心家庭
	③结婚夫妻
家户	非家庭家户
	①单身
	②未婚男女
	③同居室友

资料来源：笔者整理。

同居室友这样的关系通常维持不长，家户内的人可能随时因为更换地点而离开，因此在一些共同家户用品的投资上，就变得相对麻烦。例如，一些比较昂贵的家庭设备，像冰箱、电视等，一旦购买后，同居室友若要离开，这些家电将变得难以处置。因此，有些厂商发现这样的问题，开始提供家电租赁服务，或是购买后回收服务，让这些随时可能解散的同居家户，可以解决购买问题。

11.1.1　"三明治世代"

传统上说的三代同堂，在现代社会有个新名词为"三明治世代"（Sandwich Generation），严格来说，"三明治世代"也算是三代同堂的一种，但与过去的三代同堂比起来，"三明治世代"在意义上又有细微不同。究竟"三明治世代"是什么样的世代呢？跟三代同堂的不同之处为何呢？

实际上，"三明治世代"探讨的重点是被夹在中间的第二代，这群人上有高堂、下有儿女，而且这群人比起过去的三代同堂，背负着两方给予的更大压力。这个压力就是"三明治世代"与三代同堂最大的不同之处，过去三代同堂的第二代虽然也是上有父母、下有小孩，但是他们的压力却没有现在的"三明治世代"大，为什么？

根据统计资料，台湾男性的平均寿命是 76 岁，女性则是 83 岁，比起早期的数据，人类的平均寿命不断延长。正因如此，中间第二代需要抚养父母的年数增加了，过去自父母退休后也许仅须再抚养 15 年左右，现在可能延长到 20 年以上，无形之中，经济与生活压力便随之累积。

另外，社会趋势中还有"啃老族"的出现。啃老族即第二代下面所抚养的孩子迟迟不独立，年龄增长却持续赖在家中、受家长抚养。过去小孩子可能养到大学毕业后便独立生活，家长便无须再负担他们的生活费用。现在小孩毕业之后，由于外面房租昂贵、工作薪水有限，大多选择继续住在家中，可以省房租、省饭钱，因此持续与父母同住，更有离婚之后再搬回来与父母同住的情况。在高堂与孩子的抚养期不断延长的情况下，卡在中间的第二代当然背负起比以往三代同堂的第二代更多的压力。事实上，本章开头所叙述的中兴保全 My Casa 服务，就属于为了"三明治世代"而开发的服务产品，由于抚养双方的压力，第二代不得不去寻求更多的商品及服务以减轻自己的负担。

11.1.2　中国台湾家庭变化

近年来，中国台湾的家庭结构有许多变化，其中少子化、人口老龄化、晚婚、不婚、离婚，甚至外籍配偶等都是渐渐浮上台面的社会问题，究竟台湾的这些家庭结构改变有多剧烈？

首先，外籍配偶数的增加已经不容忽视，统计资料指出，2011 年所有结婚配偶中，有 13% 是非台湾籍的外籍配偶，其中又以大陆与东南亚地区的配偶占绝大多数，比例虽较前几年趋缓，但仍不容小觑。虽然与外籍配偶结婚有助于提升婚姻率，但未来可能衍生出的社会问题仍须台湾当局持续注意。少子化方面，统计数据显示，现在台湾平均一个家庭的人口数仅 2.75 人，甚至不到 3 人，这个数字说明越来越多的夫妻即使结婚也不一定会生育下一代。另外，针对适婚年龄 20～49 岁的夫妻做调查，发现现在每对夫妻平均仅生育 0.9 个小孩，意即两个人平均生育不到 1 个小孩，少子化的情形确实日渐严重。

除此之外，统计中国台湾 20～49 岁的单身人口约有 750 万人，其中 500 万人为适婚年龄却未结婚，另外 250 万人则是结婚后离婚。中国台湾的适婚男女不断地推迟结婚年龄，由过去的 20 几岁，延迟到现在的 30 岁左右才打算婚嫁，这样的晚婚风潮，也是造成单身人口增多的原因之一。

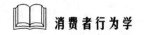

消费者开讲

"败犬女王"与"黄金单身汉"

未婚男子自称"黄金单身汉"在现代社会中已不足为奇，随着女性社会地位的提升，现在正吹起一股"败犬女王"风。过去，"败犬"是一个负面的形容词，说明女性虽然在工作职场上表现甚佳，但却迟迟没有婚嫁，年纪渐长却始终单身，只配被称为"败犬"。近年来，这样的单身渐渐地不再是完全负面的印象，开始有女性认为单身何妨，至少工作有成、生活自由自在，抱持独身主义想法的女性开始增多。想想看，现代社会中，造成这些单身汉与"败犬女"开始增多的原因可能有哪些呢？

单身人口的增加确实是社会的一大隐忧，然而不只是没结婚或离婚的人属于单身人口，现在还有泛单身人口的出现。泛单身人口指的是，即使他已经结婚，实际的日常生活却还是一个人过。例如，有些夫妻由于工作关系，丈夫可能长期在国外出差，平时都是分隔两地各自生活。或者有些双薪家庭，夫妻两人都分别工作到晚上十一二点才回家，在那之前都是独自在外，这些都隶属于泛单身人口的范围。

面对这些单身或泛单身的消费者，其实许多厂商早已发现庞大的商机，这就是一人经济的兴起。举例而言，除却原先的家庭号大包装，厂商也开始推出一人独享包。过去需要两人同行的优惠折扣，现在也开始可以一人成行。另外，像外食外送、自助洗衣、日租打扫、代养宠物等服务的出现，其实不只是为了配合现代人对于时间短少的需求，同时也是为了因应单身族群的需要。

单身商机尚不仅止于此，在德国柏林，有许多专为单身人士所设置的服务设施。例如，单身电影院、单身酒吧，让过去感觉要有人陪伴才能做的娱乐，变成专门提供给单身人士享受的地方，让单身不再是种压力，不仅不会受到别人异样的眼光，反而像是一种特权。然而单身商机虽然对厂商而言大有可为，但是单身主义流行之后，可能酿成更严重的少子化问题，这些潜在的社会问题仍不容忽视。

消费者开讲

男女混宿案

2009 年起，台湾大学学生积极争取成立"性别友善宿舍"，提倡性别混合宿舍制度的成立。许多学生认为，完全分离男生、女生宿舍，不只对于一些多元性别的学生造成困扰，更有学生指出，与其让校内的男女朋友在外租屋，为何学校不干脆开放性别友善宿舍，提供给学生们更安全的男女交往环境。也有学生认为，过去的女生宿舍管理严格，很可能造成女同学对男性的恐惧感，反而造成性别隔阂，对于两性交往并无益处，因此通过性别友善宿舍的成立，说不定能促进男女同学之间的相互了解。至今男女混宿案仍被广为讨论，各位不妨也想想看，成立性别友善宿舍，其优点与缺点可能为何呢？

资料来源：http：//tw. news. yahoo. com/% E5% 8F% B0% E5% A4% A7% E7% 94% B7% E5% A5% B3% E6% B7% B7% E5% AE% BF－% E9% 80% BE% E5% 8D% 8A% E5% A5% B3% E5% A4% A7% E7% 94% 9Fok－213000090. html。

11.1.3　非人类家人

除了父母子女、兄弟姊妹之外，近年来，还有一位新家人的出现，改变了家庭生活的结构，那就是宠物。这也是部分回应上述提及的单身或不生子趋势，许多人选择豢养宠物作为陪伴的替代，也让这些宠物变得像真正的家人。

宠物的周边商品及服务发展快速，而且其质量及价格完全不亚于人类所使用的物品。例如，现在许多高级名牌都开始出宠物系列，像名牌的狗项圈、宠物衣服等，显示许多宠物主人确实很舍得花大钱来供养这些非人类家人（Non－Human Family），甚至是宠物的美容美发店，还有宠物的寄宿旅馆、宠物汽车座椅等商品的问世，更让这些小家人们过得就像真人生活一般。更有甚者，现在还有宠物墓园、宠物灵骨塔的服务，让消费者能

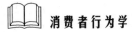

够以人类的方式与这些宠物进行最后的道别,更说明了宠物商机的无限可能,只要是家人需要的,这些宠物也都可以拥有。

消费现场

宠物也有保险了?!

养宠物早已蔚为风潮,在中国台湾,仅猫狗类的宠物大约就有两百万只。宠物的周边商品应有尽有,与宠物有关的服务也是越来越五花八门,从五星级的宠物美容沙龙、五星级寄宿旅馆服务,现在甚至还有宠物过世的灵骨塔服务。

2012年8月,这些宠物们又有了最新的福利,中国台湾"金管会保险局"花费一年时间审查后,正式通过两家保险公司所推出的"宠物综合险",预定在年底正式开业,让爱护猫狗的主人们可以安心购买。

图片来源:http://taiwanlife-group.blogspot.tw/2012/08/35.html。

宠物也会生病，但是宠物们却没有健康保险，一切项目都须自费，一旦生病到兽医院就诊，动辄是好几千元的花费，对主人们来说也是不小的负担。该公司就是看准消费者的爱宠心理，于是专门设计宠物保单，内容提供宠物医疗险、责任险、宠物寄宿费、协寻费及丧葬费用，通通都列入保险给付的范围之中，让宠物主人能够提供给宠物们更完善的照顾与保护。

宠物保险在国外存在，中国台湾的宠物保险才刚刚上路，不过目前保单只提供给猫咪跟狗狗，保险的年龄也有所限制，需满 8 周大才可投保，投保年龄上限为狗狗 9 岁、猫咪 11 岁，一年的保费估计约在新台币 3000 ~ 5000 元，宠物综合险的问世，让许多爱护宠物的主人们趋之若鹜。

资料来源：http：//money. udn. com/wealth/storypage. jsp？f＿MAIN＿ID＝328&f＿SUB＿ID，＝3010&f＿ART＿ID＝269799，http：//www. ettoday. net/news/20120801/82050. html。

11.2　家庭生命周期

关于家庭的研究中，一定会谈到家庭生命周期相关的议题，到底什么是家庭生命周期呢？家庭生命周期（Family Life Cycle）指家庭的组成以及收入的变化趋势，在不同的阶段中，家庭的花费重点项目也有所不同，因此家庭生命周期的变化与家庭购买行为有极大的关联性。

基本上，在观察家庭生命周期时，有几个变量可以协助定义现在这个家庭处于哪一个阶段。最常出现的四个变量如下：

11.2.1　家户的年纪

可分为年轻的家户或是年纪大的家户，其中又可再细分成刚结婚的家庭、结婚很久的家庭等。家户组成的时间长度，会影响到该家户消费的不同。举例来说，刚结婚的家庭，可能会将较多的金钱花在购买家中的布置品或者是夫妻两人的娱乐花费。结婚较久的家庭，消费重心则是在需更换的家具用品，或者是长辈、孩子的抚养费用上。

11.2.2　婚姻状态

结婚与否也影响到家庭生命周期的阶段，虽然家庭生命周期听起来是在探讨家庭，但实际上是在谈论家庭中的个体。因此，第一个阶段可能是未婚的年轻人所组成的家庭，接下来结婚、有了小孩，这些都分别属于家庭生命周期的不同阶段。

11.2.3　孩童的有无

家庭中有没有孩子的出现，也是家庭生命周期不同阶段的指标，当家中出现孩童时，其实就已经进入下一个阶段。

11.2.4　孩童的年纪

不仅是孩童的有无，孩童的年纪大小也是影响因素，包括孩童是学龄前、学龄儿童还是青少年等不同年纪，都会决定该家庭是处于哪一阶段的生命周期。

11.2.5　工作与妇女角色的转变

传统观念上，社会中仍是以核心家庭为主，多以男主外、女主内的角度看，所以工作多半是看男性的部分，却较少讨论妻子的工作如何影响家庭生命周期的改变。自然地，便较少谈到女性角色的变化。然而，现代由于双薪家庭的增多，女性地位和角色的改变，也是需要考虑的要素。

以下几个例子可以简单说明家庭生命周期变化的影响。举例来说，20几岁左右的家庭成员，他们的花费大多集中在服饰、娱乐活动上，其他比较大的开销则是房租、水电费等。接下来，刚结婚的新婚夫妻，由于新婚甜蜜，会有一些夫妻的共同娱乐，像看电影、度假，另外就是房子的布置，需要许多小型家电用品。孩子出生后，小孩大概0~7岁时，由于尚未上小学，家长们会花比较多时间在照顾孩子上，也会购买较多婴儿用品以及健康食品。当孩子开始上学，孩子自己会受到同伴朋友的影响而开始在外面吃饭，父母也不用长时间地照护孩子，可以有时间进行其他活动。再下一步，等家户成员的年纪再增长，就开始出现许多修缮与更换需求，原来的屋子、家电用品等开始老旧，到这个阶段，消费的重心可能转移到对象更新上。

由上述的例子可以简单地看出，其实在家庭生命周期的不同阶段，家庭的消费重点项目是有所差异的，当然每个家庭还是会有个别的差异存在，但普遍来说，不同阶段的情形大抵如此。

11.3　家户决策

简单介绍完家户与家庭生命周期之后，下面的重点在于探讨家户中的决策情况。前面也曾提到，其实家户就是一个比较小的团体，因此自然也会有一些团体决策的影响，而在家户中，真正的决策情形又是如何呢？

家户决策的流程如图 11-2 所示，图中虚线框起来的部分是家户决策中较为特别之处。当家户中有一个需求被提出之后，就会进入决策过程，最后发生消费及经验回馈，其实这三大步骤与个人决策过程没有太大的不同。其中较为不一样的地方是，家户决策当中，有一些需求的决策可以由个人决定，有些则要通过家户共同讨论才能决定。

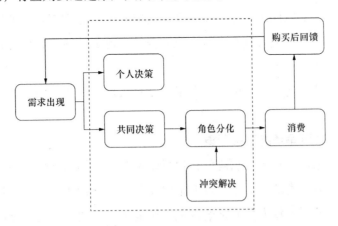

图 11-2　家户决策

资料来源：Assael Henry，"Consumer Behavior：A Strategic Approach"，15-24，Copyright ⓒ Houghton Mifflin Company.

当决策需要家户中的人共同讨论决定时，就会牵涉到彼此的角色定位，这时的角色定位，包括谁是出钱的人、谁是使用的人、谁是负责维护的人等。除此之外，也可能是爸爸的角色、妈妈的角色、孩子的角色。由于有不同的角色定位存在，因此家户在共同决策时，可能有角色定义不清、责任划分不清等情形出现，进而造成家庭内冲突的发生，这时便需要一些解决冲突的方式。

11.3.1　个别决策

个别决策（Autonomic Decision）指这项需求可以由家户中的个人自己决定，等同于一般的个人决策，无须经过共同决定。举例来说，像妻子自己要用的日常保养品、衣服等，其实是妻子个人采用个别决策，不必经过家户讨论，这一类型多半是家户中个人使用的产品或服务。

11.3.2　共同决策

共同决策（Joint Decision）如字面上的意思，即为家户中的人共同讨论进行决策。通常需要进行共同决策的消费，往往是开销比较大的对象，像汽车、大型家电。由于这类型的消费动用到家中较多资源，且每个人皆可能使用，因此需要共同决策而决定。

事实上，还有一些因素会促进家户中发生共同决策的频率。若是夫妻双方都工作，其共同决策的可能性高于仅有其中一方在工作，原因在于金钱资源的提供，当两者都工作时，双方都是资源的提供者，因此彼此都可能涉入做决定。

除此之外，还有一些因素也会影响家户采用共同决策或个别决策，这些因素如下：

11.3.2.1　性别角色的刻板印象

传统上来说，对于性别角色有刻板印象存在，例如女性就该负责煮饭打扫，因此厨房类的生活用品多半是妇女负责主导购买。另外，传统上认为男性负责购买比较大型的家电机械，像电视、空调等。这些是源自于性别角色的刻板印象所导致，以产品品类来做分类，某些品类较偏向于女性负责，其他品类则偏向男性主导消费。然而，这样的概念已渐渐不适用于现代社会，随着女性地位的提升以及男女角色定位的模糊化，越来越多的家庭已经不适用于这样的性别角色，反而出现职业妇女、"家庭煮夫"这样的情况，因此厂商若用性别角色来作为目标族群的辨识方法，恐怕会失去许多可能的销售机会。

11.3.2.2　决策阶段

决策进行到哪一个阶段也是影响因素之一。在决策过程中，首先是有需求产生，然后再去搜寻相关信息，通过比较后，最后再进行决策，这是先前谈过的决策流程。其实家户决策大抵也是这样的流程，无论是个人使用或是家户使用的需求产品，在需求辨识以及资料收集时，都可以个别寻找，因此往往是越后面的决策阶段，越会有共同决策的行为发生。举例来说，今天小明家中要换一台新的空调，小明跟妹妹分别先去了解不同品牌的产品信息后，在进行购买决定时，再与爸爸妈妈共同讨论，到底选购哪一个品牌最为适宜。

11.3.2.3　配偶资源

所谓的配偶资源，其实就与上述所提的资源提供者有关。夫妻双方是否就业，影响到有多少资源提供，进而会影响是否进行共同决策。

11.3.2.4　经验

试想一下，今天家庭在购买第一辆车与购买第二辆车时，两个决策情形通常是不同的。购买第一辆车时，由于是初次购车，不仅要投入大量资源，且家中每个人都可能会使用到这项产品，因此比较可能进行共同决策讨论。然而有了购买第一辆车的经验之后，要购买第二辆车时，则可能根据前一次购车的经验，由家庭中的一人决定即可。

11.3.2.5　社会地位

关于社会地位，在此先简单将社会地位分为高、中、低三个社会阶层。试想一下，哪一个社会地位的消费者比较有可能进行共同决策？哪一个又比较可能进行个别决策？其实最常进行共同决策的是中产阶级人士，因为中产阶级家庭内成员共同拥有的资产较多，再加上夫妻通常学历相当，也常是双薪家庭，因此彼此较会进行共同决策讨论。

那么高社会地位与低社会地位的家庭，为何反而比较常进行个别决策呢？事实上，对于高社会地位的家庭来说，在上流社会中，他们对于男女性别角色的刻板印象仍较为传统，男士就应该如何、贵妇就应该要如何，这样的角色划分概念是相对清楚的，因此他们很明白哪些东西是属于男性处理，哪些东西属于女性处理，导致个别决策的情况多于共同决策。

低社会地位的家庭则是因为资源相当有限，所以在家中共同的消费准则就是便宜、节省资源，没有太多其他的因素需要考虑，最重要的仍是金钱资源上的考虑，决策规则相对简单，因此家户中的个体都能够自行决定。

11.3.3 冲突的产生

既然谈到共同决策，不可避免地，就可能有冲突产生。冲突之所以发生，正是因为家庭中在进行共同决策时，彼此没有达到共同的偏好，或者彼此的需求不同，这时就容易会产生家庭内的冲突。

11.3.3.1 人际需求

回想一下，在第 10 章介绍团体决策时，曾经提到团体的影响力与个人特质有关，其中有一项特质为最小兴趣原则：当个体越不在乎这个团体，就越不投入其中。同样地，在家庭中也是一样，当家中成员对于家庭的人际需求不强烈的话，他越不在乎家中其他人的想法，那么产生冲突的可能性也相对较高；反之，若个人很在乎家庭的人际需求，那么便比较不会发生彼此冲突的情况。其实人际需求就像是个人对家户的涉入程度，一个长期在外居住的小孩，或者长年在国外出差的老公，这两者对于这个家户的涉入程度是相对低的，所以在做决策时，他们比较不会想到整个家户的需求，便容易发生冲突。

11.3.3.2 产品涉入

除了对家户的涉入程度之外，家中成员对于产品的涉入程度不同，也会导引冲突发生。试想以下情况，小明的爸爸今年已经 55 岁了，他认为这个年纪维持身体健康相当重要，因此三天两头便研究各式各样的保健食品功效，对保健食品的涉入程度相当高。但是对于年轻的小明来说，看到爸爸这样的行为只感觉十分诡异，小明认为要维持身体健康应该靠正常生活及运动即可达成，根本不需要任何健康食品的辅助，因此对于爸爸的行为一直感到不能理解。由于对保健食品的涉入程度不一，当爸爸主张要购买大量健康食品时，可能会引起小明的反感，认为这是浪费金钱的表现，便会产生冲突。

11.3.3.3 责任

责任指的是在进行购买决策后，针对这项商品的后续责任由谁来负责。当责任分散在家庭中不同成员身上时，冲突较容易发生。小的时候，许多孩子都渴望能够拥有小狗或小猫，但回想看看，当小孩吵着要养宠物时，是否时常遭受父母的拒绝呢？这是因为最后照顾宠物的责任往往会落到父母身上，而孩子们则只需快乐地与宠物们玩耍，这便是责任分配不均的一种形式。

11. 3. 3. 4　权力

家庭虽然是一个小小的团体，但别忘了，家庭中的每个人也拥有不同的权力。最明显地，资源的提供者，谁是负责工作赚钱养家的人，自然具有比较大的权力。然而，这并非拥有权力的唯一条件，当家庭成员中有孩子存在，这些孩子天生就具有一些特别的权力存在，而他们权力的来源是父母对他们的疼爱。回想一下，小孩子都是如何行使他们的权力呢？哭闹自然是最常见的一种方式，只要不如孩子的意，他们往往会通过哭闹来迫使父母妥协。

值得注意的是，当家庭成员在行使权力时，若是过度行使也会造成冲突发生。例如，再回到刚刚小明与父亲购买保健食品的情况当中，若最后爸爸说："钱都是我赚的，我就是要花 10 万元去买维生素 C。你们不要管！"此时可能造成小明与爸爸之间的冲突加剧，这即是过度行使权力的表现。

▶▶ 11. 4　儿童

本章最后一个重点，要讨论家庭中一个非常特别的存在，那就是儿童。前面也陆续提到有关于儿童的一些影响，在最后的部分中，会特别讨论儿童的消费社会化以及儿童市场的特性。

对大部分的厂商来说，儿童这块市场可说是不能放弃的"大饼"。到孩子们开始上学，这些学龄儿童的小孩不只会影响父母的购物决策，他们也开始有自己的购物行为，这是因为孩子们已经开始拥有零用钱。当孩子们手中握有父母长辈给予的零用钱时，他们便是消费者，是厂商目标的对象。这就是孩子的主要市场（Primary Market），即儿童自己作为消费者，他们是动用自己的钱在购物，并自己进行购买决策，厂商可以直接从他们手中赚取金钱。

除此之外，还有一个影响市场（Influence Market）的存在，正如上述所言，儿童的存在本身会影响家中的许多决策，但这个影响又可以分为直接影响与间接影响。间接影响就像是，孩子们不用跟爸爸妈妈说要买儿童安全座椅，父母自己就会去买儿童安全座椅，这是家庭中的成员自己因为有了孩子而有购买行为上的改变。另外，直接影响则有许多种形式，例如小孩与父母的交易行为，小明想要海绵宝宝的玩偶，他对爸爸说，只要买玩偶给他，下次他就会努力考一百分，希望通过交易的方式获得想要的物品。除了交易方式外，儿童也会通过前面提过的权力行使，像哭闹行为。或者是对父母装可怜，对他们说："隔壁的小慧都有，为什么我没有？"类似的行为都属于孩子对父母的直接影响。

不仅如此，儿童的消费还有一些特殊状况存在，举例来说，有时候父母会带着小孩一起到超市购物，孩子们可能会趁着爸爸妈妈不注意的时候，顺手把几样想要的零食丢入购物篮中，等到父母结账时发现，可能会就此顺便买回家。

儿童市场中，厂商还有一个目标是未来市场（Future Market），孩子们虽然还未具有自己独立的消费能力，但是对营销人员来说，这些孩子都可能是未来潜在的客户。有一些名牌厂商就推出婴儿系列，让原来作为目标的消费者族群，能够购买此系列回去给自己的孩子们使用，使用久了，孩子们对于厂商的品牌也会有所认识，未来就有可能也购买该品牌的商品。不只如此，有些厂商推出的也不全是一样的商品，有些汽车厂商会生产该品牌的玩具模型车，专门提供给玩具销售商作为孩子们的玩具，就是希望从小开始与孩子们建立关系，让孩子们认识自己的品牌，等到未来就可能会来买真正的汽车。

消费现场

Facebook 考虑开放儿童使用

世界最大的社群网站 Facebook，其全球使用人数约为 8.5 亿，更有预测认为其使用人数可望在 2012 年突破 10 亿大关。时间来到 2012 年，Facebook 正在考虑一项新的开放，并且很可能借此加速其使用人数的增长，那就是开放 13 岁以下儿童的使用限制。现阶段 Facebook 仍是禁止 13 岁以下儿童注册使用，然而由于网络注册管制松散，实际上低于 13 岁的使用者并不在少数，他们皆以冒用年龄的方式注册使用。与其放任儿童假冒年龄注册，Facebook 正考虑让 13 岁以下的儿童使用者在父母的监控下使用 Facebook 的服务，目前的方案为，将孩子们的账号与父母的账号联结，让父母能够随时得知孩子们的动态，并了解哪些人成为他们的朋友，以这样的链接模式，确保儿童的使用安全，但实际操作模式仍在讨论当中。

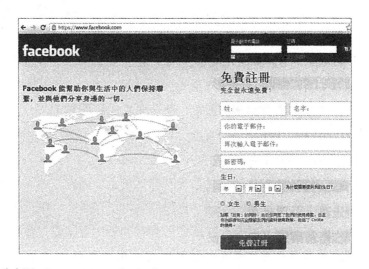

图片来源：https：//www. facebook. com/。

消息一传出，立刻引起热烈讨论，市场上认为，Facebook 开放儿童使用有助于开放儿童市场用户，再加上 Facebook 仍以在线游戏作为部分收入来源，儿童正是这些游戏的目标客群，一旦开放，将可能有助于 Facebook 的财务表现。虽然大多数人士对此抱持乐观态度，全世界却有部分父母开始担心，过早让孩子们加入社群网站的使用，是否会让他们接触到过多不适当的信息内容，反而对他们的成长造成负面影响。

资料来源：http：//www. epochtimes. com/b5/12/6/6/n3605778. htmFacebook% E8% 80% 83% E6% 85% AE% E9% 96% 8B% E6% 94% BE13% E6% AD% B2% E4% BB% A5% E4% B8% 8B% E5% 85% 92% E7% AB% A5% E4% BD% BF% E7% 94% A8，http：//un-wire. hk/2012/02/01/fb－userstat2012/news/。

11.4.1 消费社会化

小孩子在成长的过程当中，其实他们的消费行为也逐渐地在社会化。这个消费社会化的过程是指孩子如何获得消费的知识、能力与态度，并学习在市场环境下进行消费行为。

孩童可能从父母、亲人那里学到知识，也可能从媒体学到知识，甚至从老师、同伴那里学到知识，因此当孩子进入学龄，开始到学校学习时，他们所受的影响比起过去多许多。尤其在现代社会中，媒体与科技产品的盛行，让孩子们取得信息的困难度大幅降低，他们能够通过媒体或网络获得许多新的知识，也加快了他们社会化的过程。

实际上，有些家长会刻意去影响孩子们的消费行为，例如有些父母会砍价给小孩子看，就是希望孩子知道有些地方可以砍价，不要被骗。有些父母也会教导小孩要养成记账的习惯，精打细算并开源节流。

当然每个家庭对于孩子们的教育方式并不相同，但是不同类型的教育方式确实会影响小孩社会化的过程。以文化来说，在西方国家，由于个人主义较为兴盛，家长比较偏向于让孩子自己做决定，因此在教育方式上大多是不干预或容许式的，要让他们自己承担决策的结果。相反地，在东方，特别是在中国台湾，常常是权威式的教育方式，包括控制零用钱的金额、限制孩子看哪些电视，甚至是限制使用计算机等 3C 产品的时间，就是想要把控孩子们所接收到的信息质量。

消费者开讲

科技进步的好与坏

现代科技的突飞猛进确实为人类社会带来更便利的生活，不只是生活质量的提升，随着平板电脑、智能型手机等 3C 产品的问世，信息流的传播更是迈向前所未有的高峰。连带地，这些"80 后"、"90 后"正是在这一波科技进步中成长，从小与手机、笔记本电脑、平板电脑为伍，上网已经跟三餐一样成为每日必做的功课。试想一下，这些 3C 影音产品的问世，再加上网络媒体的发达，对于孩子们消费社会化有何正面或负面的影响？

对于厂商而言，这样是好是坏？

11.4.2　儿童认知发展

　　孩子们认知系统的发展，总的来说，可以分成三个主要的发展阶段。首先是有限的（Limited）发展阶段，这是孩子们认知尚未明朗的一个阶段，大约是 6 岁以前。学龄前阶段中，孩子们的认知系统尚未发展完全，他们无法提取或储存太多记忆。例如，妈妈在小明 3 岁的时候怀了第二胎，如果问小明想要弟弟还是妹妹，小明可能会回答妹妹。若明天再问小明想要妹妹还是弟弟，小明则会回答弟弟，这是因为小明根本没有提取记忆，他只是记得妈妈最后说的那个选项。

　　第二个阶段是线索（Cued）阶段，这个阶段中，如果给孩子们一点线索，他有可能产生认知，这时大约是 6 ~ 12 岁。举例来说，你问孩子想要吃什么，他可能说不出特定的品名，但若给他看一下麦当劳的 M 形标志，他便能说出想要吃麦当劳。

　　接下来，大概小学毕业之后，这个阶段孩子们已经可以储存并读取记忆，进入回想（Recall）阶段。在此阶段中，即使没有给孩子提示，他也能够自行提取记忆，其认知系统发展较为成熟。

　　然而，这样的认知发展阶段，已经渐渐地不适用于现代社会的儿童发展。由于社会的快速发展以及竞争的激烈化，许多家长开始着重于孩子们的早期教育，在学龄前，甚至 1 ~ 3 岁，就开始让孩子们上潜能开发课程或是一些才艺课程，这样的早期教育让孩子的认知发展可能被提前。家长们对于早期教育的推崇，促使许多教育业者纷纷投入早期教育市场，开始推行婴幼童肢体开发课程、语言课程等，价格相当惊人。

消费者开讲

揠苗还是助长？

　　儿童早期教育市场固然吸引许多家长，家长们都希望能够刺激自己孩子与众不同的潜力，也不希望自己的孩子输在起跑点。但是也有学者提出不同的见解，认为这样的方式会对孩子们造成过大的压力。

2011年，台湾当局规定未满6岁的学龄前儿童不得上智能开发类的补习班，仅能上舞蹈、音乐等才艺课程。你认为这样的法令限制是否正确？儿童早期教育市场其优点、缺点分别为何？

11.4.3 儿童市场调查

儿童市场确实相当吸引人，但是儿童却比成人消费者难以捉摸千百倍，要想成功地在儿童市场中经营，营销人员自然必须进行一些研究以了解儿童的想法。

迪士尼无疑是全球最大的儿童服务厂商，当然迪士尼已经不仅是发展儿童市场，在电影、主题公园等事业体上，可以说是大人、小孩"通吃"，但是其主要目标对象，仍是以全世界庞大的儿童市场为主。以迪士尼频道事业为例，迪士尼有专门的研究团队，定期去做儿童市场监测，借此了解究竟现在迪士尼频道的节目是否仍受到儿童们的喜爱。

事实上，迪士尼之所以开始定期进行儿童市场调查是起源自数年前，他们发现迪士尼频道的收视率开始下滑，为了找出其中的原因，遂开始研究。当时，迪士尼找来一些他们目标族群年纪的孩子进行简单的访谈，其中访问到一位8岁的孩子，他告诉研究人员："迪士尼是我小时候在看的。"根据迪士尼频道的定位，他们定的目标族群为2~12岁的儿童，显然地，其定位与目标族群所认知到的已经有所不同。现在儿童可能成熟得更快，原来的节目已经不适用于现行的目标市场年龄。此后，迪士尼频道推出新节目前，会针对小朋友进行焦点团体访谈，以确保节目的可看性。

然而，对小朋友做访谈并没有想象中的容易，研究人员在进行研究时，对于孩子们的回答，必须小心地解读，否则可能只是收集到错误的信息。举例来说，今天迪士尼频道如果放了一段影片给小朋友看，然后询问其想法，当小朋友说："好讨厌喔。"这个讨厌的意思其实相当抽象，研究人员要能够进一步去探究孩子们的想法，通过将感受联结到孩子们日常生活的事件上，才能比较准确地得知他们的实际感受。

另外，针对儿童的研究，通常也会使用观察法进行。诚如上述所说，小孩子们很多时候难以用语言完整表达他们心中的想法，再加上他们的回答也不见得可靠，因此通过直接观察的方式较为准确。玩具公司时常利用观察法进行新产品的测试，玩具公司的研究人员会将儿童请到实验室里面，然后将玩具摆在里面让小朋友们去玩，再通过观察来看他们会先玩哪些玩具，又会把哪些玩具合在一起玩，以及他们会对哪些玩具做出哪些举动等，借此不仅可以了解儿童的偏好，还能够看出有哪些安全性的问题需要注意。

不仅在实验室，这样的观察研究有时候也会搬到孩子的家中进行。因为家里是儿童熟悉的环境，他们所表现出来的样貌是最贴近日常生活的表现。更重要的是，小孩子在玩玩具时，通常会把新买的玩具跟旧有的玩具搭配在一起玩，通过在家观察，研究人员不仅知道新玩具的其他可能性，也能借此了解玩具在家中的使用模式。

产品测试之余，还有一项儿童的研究是有关于信息的理解力。有些儿童在接触媒体信息时，无法分辨广告与真实世界的差异，导致有些商品广告若是与真实世界的状况相差太大，有些孩子在使用商品后会感到失望，或者是模仿广告中的人物，便可能产生危险。这也是许多电视节目在有比较激烈的行为动作时，会在屏幕打出"危险动作，小朋友请勿模仿"的字样，就是要帮助儿童辨认真假。对厂商而言，必须要了解哪些东西是可以直接给孩子们看的，有哪些又必须要做一些澄清与警语，才能预防儿童产生错误的认知。

本章习题

1. 请试举出三项您和您的父母在消费行为上极为类似的产品，另外举出三项您和您的父母选择迥异的消费产品，并分别说明其背后可能的原因为何。

2. 请试以"保险"产品为例，讨论在不同的家庭生命周期阶段可能的决策考虑因素与消费形态为何，并试着比较传统家庭生命周期与非传统家庭生命周期两者就此一产品在消费上的不同之处为何。

3. "单身市场"与"一人经济"的意义为何？餐饮从业者、娱乐从业者，以及旅游从业者应如何调整营销策略以吸引该类型的消费者？

4. 请试着比较"试婚"、"已婚、年轻、无小孩"和"已婚、年纪大、无小孩"三个家庭生命周期阶段中，在饮食、房子、家电、家具、度假，以及珠宝等产品的购买行为上会产生何种差异。

5. 一般而言，儿童并没有太大的购买力，但是为什么他们却被认为在

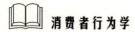

了解消费者行为上是非常重要的？当公司了解孩童在家庭购买中所扮演的
角色后，要如何做才会有更多的利润？

消费者了没

生前契约[①]

你听过生前契约吗？你了解什么是生前契约吗？所谓的生前契约其实
是一种对于身后事的保障合约，以类似储蓄的方式，与殡葬业者签订合
约，并在合约中预约一切身后事宜的置办细节。现在许多生前契约从业者
是与银行信托合作，以保单的形式推出，让消费者购买生前契约商品时更
有保障。生前契约是一项长期合约，消费者在购买后，通常不会立刻使
用，往往会是在数十年后才会动用，再加上生前契约的使用者与购买者不
见得会是同一位消费者，所以从业者在销售生前契约时，不只在目标族群
的区隔上遭遇许多困难，这样的特性也让许多消费者在面对是否该投资时
充满犹豫。

图 11 - 3　龙岩人本广告

图片来源：http：//www. lungyengroup. com. tw/。

---

① 资料来源：http：//mag. chinatimes. com/mag - cnt. aspx？artid = 1060，http：//www. lungye
ngroup. com. tw/main. asp。

根据统计，中国台湾丧葬费用平均为新台币 30 万～40 万元不等，大多数的家庭可能一时无法拿出这笔庞大的金额，而不得不四处奔走。事实上，在欧美等国家，对于生前契约的概念盛行已久，绝大多数的人民也都有购买生前契约的习惯，只是在中国台湾，大多数民众虽然曾经听闻生前契约商品，却甚少人愿意购买这项产品。正因为中国台湾人对于死亡之事，仍然充满许多禁忌，对于谈论身后事宜更认为是不当之举。现代社会中，受到欧美国家的风气影响以及民风的逐渐开放，中国台湾民众对于死亡相关的议题，似乎已经不再如以往那么充满禁忌与恐惧，但是民众对于生前契约商品的接受程度普遍仍然不高。为了扭转民众对于生前契约的负面印象，许多从业者力求突破与转型。龙岩人本正是其中的一员，为了消除消费者的负面观感以及对死亡的恐惧，龙岩人本推出一系列的广告与消费者进行沟通，并且在广告当中表达了缔结生前契约的价值，试图帮助消费者克服心中的抗拒感。另外，为了提升其服务质量，除了礼仪师专业服务的提供之外，龙岩人本更邀请了日本籍的世界建筑大师安藤忠雄共同合作，打造百亿元充满樱花的世纪墓园，目的就是希望能突破过去对于殡葬业的黑暗刻板印象。然而，消费者是否能够逐渐接受这样不同的服务商品，仍有待从业者的持续努力。

问题讨论

1. 社会上的传统观念，致使该服务成为所谓的不想要产品（Unwanted Product）。而生前契约在购买后，可能在几十年之后才会使用，因此并非解决立即的需求，生前契约的购买者和使用者不见得是同一个人。你认为生前契约的购买决策者是谁？决策模式如何？

2. 如果你是营销人员，应如何与不同的决策者沟通？

第12章　收入与社会阶层

消费奇案

窈窕淑女

20 世纪初的伦敦，有一名来自社会底层的卖花女伊莉莎，虽然长相清秀，但由于家境贫寒，只能每天出门卖花以维生。在命运的安排之下，她展开了一段与教授亨利·希金斯的奇妙邂逅。

亨利·希金斯是一名语言学教授，在听闻伊莉莎的优雅嗓音后，与朋友皮克林打赌，要将伊莉莎改造为一名大家闺秀。为此，希金斯从最基础的英文发音教起，并进一步教导她上流社会的餐桌礼仪、待人接物以及应对进退的方法。最后，在伊莉莎的努力学习之下，希金斯成功地将她改头换面，由一名社会底层、不起眼的丑小鸭，摇身一变，成为世人眼中的大家闺秀。

过程当中，希金斯的生活也渐渐离不开伊莉莎，举凡生活起居皆由伊莉莎一手包办，但是希金斯却一直自大地认为伊莉莎的改变完全是他的功劳，而忽略了伊莉莎自身所做的努力，这样的情况也造成两人的紧张关系，让伊莉莎渐渐地失去对他的信任。

有一日，希金斯决定带她参加一场晚宴，在晚宴中，伊莉莎的表现落落大方，一扫先前粗俗卖花女的形象，谈吐从容、举止优雅，让在场的男宾客无一不为之疯狂。就连年轻的爵士、位处社会高层的贵公子弗雷迪，

292

也深深为之着迷。于是弗雷迪每日都到伊莉莎的住处徘徊，希望有朝一日能获得佳人的青睐，终于在多日的连环攻势下，伊莉莎深受感动，也接受了他的感情。故事至此尚未结束，随着时间的流逝，伊莉莎却发现，纵使她已经拥有上流社会的文化素养，却始终与这个阶层的人格格不入。她真正想要的生活是回归以往的平凡，而不是继续停留在不属于她的上流社会，继续虚情假意地矫情过生活。

图 12 - 1　电影《窈窕淑女》剧照

图片来源：维基共享资源。

电影《窈窕淑女》这样的经典故事，不仅凸显了阶层间的关系与冲突，同时也刻画出在不同文化背景与生活方式下，人与人之间存在的差异。回到现代社会，虽然不像小说中的描述还有贵族的存在，但是不同的社会阶层实际上依然存在于社会之中，究竟社会阶层对消费者的影响是什么呢？

谢老板眉头一皱，发现消费者并不单纯：

1. 社会阶层的定义为何？

2. 如何衡量社会阶层的变量与社会阶层的流动?

3. 社会阶层的结构可能有哪些?

4. 社会阶层如何影响消费者行为?

5. 衡量社会阶层时,可能会有哪些问题产生?

12.1 社会阶层

12.1.1 社会阶层的定义

简而言之,社会阶层即是依照个体或家庭不同的价值观、生活形态、兴趣、财富、地位、受教育程度、经济背景、行为等变数,将人们区分为不同的群体,相对而言,其持久性高且具有一致性。例如,父母为中产阶级,则小孩归属于中产阶级的可能性极大。除此之外,社会阶层也可被解释为具有上下之分、有层级的区块,通过不同的衡量变量,将社会中的个体区分为高、中、低或更细分化的层级。

那么社会阶层究竟是如何形成的呢? 事实上,社会阶层是经由社会分层化(Social Stratification)的过程逐步建立而成。社会分层化指消费者将自身对于他人的阶层高低做区分,以断定自己相对于他人所属的社会阶层位置。社会分层化是一种人为的结果,分类后往往会导致一些稀少或具价值的资源被不平等地分配给社会上层的人。若将资源转换为资本,则会产生所谓的人脉、经济、教育资本,而这些上层的人,相对地掌握较多的资本。根据调查,现今社会最有钱的1%的人控制了社会上40%的资源,而许多社会底层的人,却过着极为贫穷困苦的生活,即造成M形社会的两极化情形。在动物界之中,也有类似的阶层现象存在。鸟类社会即有所谓的啄序现象(Universal Pecking Order),鸟类觅食时,鸟群中最勇猛、相对强悍的鸟儿,将最先掠夺到食物。

总的来说,人类位处于社会阶层的位置,某种程度上决定了其所能分

294

配到的资源有多少，而这些资源又可细分为经济层面及社会层面来探讨。财富高低、职业类别、收入水平等皆为经济层面的范畴，而社会资源则包含人们因声望或社会化程度而与他人形成的互动、联结以及政治上的权力、社会阶层的自我认知及移动性等。另外，我们所属的社会阶层中的位置也决定了我们的金钱观，包含花多少钱、如何花费以及我们如何定义自身在社会中的角色。最后，通过与同阶层的人互动、交流的结果，也使得社会阶层显得相对稳固，不会产生太大的变动。

社会阶层可以通过不同的手段形成，主要有以下两种方式：

12.1.1.1　白手起家（Achieved Status）

由工作或接受教育，逐步塑造自身所属的社会阶层。例如，微软创办人比尔·盖茨、苹果的创办人乔布斯、Facebook 创办人扎克伯格等新富阶级，皆是通过白手起家的方式，利用己身优势及市场机会，创造财富，得到应享的成果。

12.1.1.2　承续（Ascribed Status）

承续指出生即享有荣华富贵或享有继承一笔财产的权力，因而能延续上一代的社会阶级。俗话常说的"含着金汤匙出生"便属于承续概念，也因此有人认为社会阶层是命中注定的，受个体所处家户位阶的影响相当大。承继祖先遗产（Old Money）为通过"承续"形成社会阶层的概念，在美国有几大知名家族，像洛克菲勒家族、IBM 沃森家族、杜邦家族等，相似的中国台湾也有鹿港辜家、新光吴家、国泰蔡家等。另外，国外的慈善家也承袭祖先遗产，通过血统及家系的方式，形成高人一等的社会位阶。

除此之外，在某些状况下，由于阶层的快速改变，会使个体产生阶层焦虑（Status Anxiety）的状态。常见的像中乐透而一夜致富，个体的财富资本虽然快速累积，但其文化、人脉资本来不及跟上时，可能造成的紧张现象。为了解决这样的焦虑，个体会出现象征性自我完成（Symbolic Self - Completion）的行为。这些新富阶层为了让自己更符合上流社会的期待，进而产生并培养上流社会的文化素养，因此可能通过消费奢侈品等象征性的行为，来达成自我完成。近年来，市场上更有所谓的品位养成补习班，教导人们如何喝红酒、赏画、鉴赏古董等，以使快速致富者能在短时间内将财富与文化水平提升至同等地位，降低他们产生阶层焦虑的可能。

295

12.1.2 社会阶层的衡量

关于社会阶层的衡量，有多项要素可作为各阶层的分类标准，像职业、所得等，纵使各个国家的分类标准不一，但不会相差太远。以美国为例，社会阶层的衡量可依收入的高、中、低三阶层作为主要分类标准，各个阶层内部又可被细分为若干小类，如最高阶层中又分为高—高（0.3%）、低—高（1.2%）、高—中（12.5%）三类。其中承继祖先高额遗产者属于高—高的阶层；新富阶层及新兴社会精英等通过己身专业而带来成就者属于低—高阶层；其他大学毕业而晋升专业经理人、拥有特定专才人士、懂得欣赏文艺且生活重心为上私人俱乐部者，则被归属在高—中的阶层。

中间阶层的美国人，可再分为中等阶层（32%）及劳动阶层（38%）。中等阶层包含了领取平均薪资的白领阶层，其住所通常为城镇中较佳的地段；劳动阶层则为领取平均工资的蓝领阶级，过着较为普通的生活，也无太大的生活享受。

位于底层的美国人则可进一步细分为低阶（9%）及极低阶（7%）两层，低阶层的人们虽拥有工作，但生活水平仅略高于贫穷门槛；位于极低层者则为领取社会救济或拥有极低阶工作者，包含一些罪犯或游民。

值得注意的是，不同国家不仅具有不同的社会阶层分类法，各个阶层所占的社会比例也不尽相同。例如，中国台湾社会大致上可分为六个社会阶层，比美国多出一倍。最上的阶层也为高—高阶层，但由于中国台湾与美国的社会及文化背景差异，因此不比美国拥有较多贵族或慈善家，故医师、律师、政府官员中的正副首长及企业中高级主管才是组成此阶层的核心角色；而低—高阶层则由会计师、药剂师、大企业的中级主管或中小企业的高级主管等组成；高—中阶层则以白领阶层为最多数。接下来的第四阶层则由小资本家组成，包含小作坊、小餐厅或网络拍卖的老板等，这些人占总体阶层人数的20%，中产阶层如此高的比例，与美国有相当大的不同，也是中国台湾社会的特色之一。第五阶层为农民及技术性蓝领，但农民的从业者有渐渐减少的趋势，因此此阶层的人数逐渐降低。最后的第六层才是所谓的非技术性蓝领阶层。

由此不难发现，不同国家对于阶层划分的方法确实有所差异，且阶层是具有高低、尊卑分别的衡量指标。事实上，不同时代对于阶层亦有不同的定义，像中国传统"万般皆下品，唯有读书高"的年代，便是以教育程度来作为阶层高低的分野；"笑贫不笑娼"则是由职业的角度来看社会阶层，收入的角色远高于职业本身；"士农工商"的时代则认为商人为社会的最低阶层，然而随着社会发展，商人阶层地位的提升甚至超越其他阶层。由于价值观随着时代的更迭，因而对于教育、收入、职业相异的衡量权重产生不同解读，也造就了不同年代的社会阶层分类方法。正如上述，社会阶层是相对稳定的状态，但并非没有阶层流动（Social Mobility）的可能性存在。阶层流动指个体由某一个社会阶层移动到另外一个社会阶层的现象，主要可分为三大类，分别为水平移动、向上移动及向下移动三种：

12.1.2.1　水平移动（Horizontal Mobility）

水平移动是指在同一阶层中的移动。例如，护士因为考取教师执照而成为高中老师，这样的情况即属此种模式，因为护士及老师同属第三阶的白领阶层。

12.1.2.2　向上移动（Upward Mobility）

向上移动为个体由较低的社会阶层移往较高的社会层级，可通过三种方式达成。首先，由于上层人口通常较为注重孩子的栽培、生活质量及自我实现，导致上流社会的出生率平均低于中下阶层者，因此随着时间的迁移，社会上层因人数减少会逐渐由中产阶层往上递补。值得注意的是，此种位移不只需要较长时间才能达成，更有甚者，虽然中下阶层的出生率较高，且单一家庭的小孩也相对较多，但个别分配到的资源也相对较少，故仍需一定的努力，才能攀往较高的阶层。其次，俗话说的"飞上枝头做凤凰"也是一种向上移动的方法，这是借由与社会上层或较富有的人结婚，而使自己的社会阶层得以向上移动。最后，向上移动也可以通过教育实现，通过完整的教育获取知识帮助个体由社会下层往上层移动。

12.1.2.3　向下移动（Downward Mobility）

由社会上层往下层移动通常非出于自愿，但并非不会发生。从内部因素看，个体可能因重大疾病导致失去谋生能力，致使其创造财富的机会下降。从外在因素看，产业环境的变迁也可能导致社会阶层流动。举例而言，网络的兴起，虽然创造了许多商机，但若不能跟随着这股趋势，自身所处的市场位置即可能被取代。除此之外，随着全球化的浪潮，公司被并购的机会增加，也提升了丧失工作机会的可能性。以上种种因素皆可能导致社会阶层的向下移动。

12.1.3 社会阶层的构成要素

社会阶层是一个既复杂又困难的概念，可以通过多重不同的变量进行衡量。具体的衡量因子包含了家庭背景、收入、职业、受教育情况、交友圈、谈吐、文化素养以及所有物等。直观来说，许多人会将收入当作最重要的衡量因子，虽然它并非社会阶层的全部，但确实是一个相当重要的衡量指标。因为人类需要金钱以取得服务及产品，而这些商品在某种程度上也诠释了个人的品位，因此可作为一种衡量变量。在此必须注意，收入本身并非此处所指的良好指标，用钱的方式及花费的多少，更是决定社会阶层的重要因子。

另外一项常被探讨的变量为职业。当搜集变量的时间及成本受限时，职业将作为单一最佳的衡量指标，因为个体从事的职业与如何运用休闲时间、家庭资源的分配、政治倾向等高度相关。一般而言，职业也能看出个体的"价值"为何，像医生通常被摆在社会阶层的最高端，原因即在于他们对社会的贡献度相当大，能拯救人类的性命。因此，个体被评定为越有价值，则社会地位也越高。这种分类法并不完全依照收入或薪资衡量。例如，教授因为培育英才，在教育的意义上，对于社会的贡献也是大的，虽然薪资水平不一定与医师同等级，但其社会阶层也是相对高的。

消费者开讲

社会阶层的区别

正如上述所言，衡量社会上个体位于哪一个阶层的参考变量相当多，像收入、职业、生活形态等，皆可以作为衡量社会阶层的指标。其中，从职业面向来看，由于时代与价值观的演进，许多职业的观感已然改变，过去台湾社会中有所谓的"三师"：律师、医师、会计师。现代则有"新三师"的出现，你知道何谓"新三师"吗？此外，你会如何衡量特定职业的社会阶层呢？例如医师、教授、SPA 治疗师、船长、公务员、艺术家等。

12.2　社会阶层对消费者的影响

　　正如上述，收入和阶层的关系确实相当密切，也相当程度决定消费者的购买行为，但仔细思考，"收入"和"阶层"并非完全同义。正因如此，在预估消费者购买行为时，采用"收入"或"阶层"的单一指标衡量，可能优于另一项指标。

　　举例而言，当营销人员要预估个体是否会购买价格并不是太高，但具有象征意义的产品，如酒精类商品，"阶层"将为较好的评定指标，因为阶层背后也代表着个人的权势、品位及文化素养。另外，预估购买非象征性或非位阶性的产品时，"收入"将为较佳的衡量指标，如一般家电类商品。然而，当购买价格高昂又具有象征意义的产品时，则同时需要"阶层"及"收入"的双重指针来帮助判断消费者购买产品的可能性，如房屋、汽车等。

　　欲了解消费者行为如何受到阶层影响，我们必须先了解消费者对不同产品的认知及喜好。对蓝领阶级而言，坚固耐用及舒适的产品，往往是他们购买的第一选择，同时，他们也会采购一些较为熟悉的产品品牌，以满足基本需求为主要诉求。

　　较富有或位于社会高层的人，则倾向于购买能够象征身份地位或能凸显外在形象的产品，以符合社会对该阶层的期望。了解不同社会阶层的思维逻辑，将能帮助营销人员塑造产品在消费者心中的形象，以吸引位于该社会阶层或欲成为该社会阶层的消费者，并满足不同族群的需求。

12.2.1　社会阶层衡量的问题

　　虽然前文已经阐述过许多社会阶层分类的指标，但在实际进行衡量时，仍有许多限制存在，像双薪家庭、单身贵族或由女性为户长的家庭的衡量，因尚未设置出一套标准的衡量方式，可能导致测量时的障碍。近年来，消费者隐私权概念的强化，也造成调查更加困难。

关于调查困难，部分原因来自于衡量本身的障碍。进行衡量时，可能采用询问的方式，访问小区中的人，以了解个体的声望或名誉，进而归结其所属的位阶及社会阶层的位置。然而，每个小区大小不同，要找寻到关键受访者并不容易，再加上生活形态的改变，社会高层的人喜于低调过生活等，致使社会阶层的分类及建立难以明朗化。

除了上述的对关键受访者进行访问外，也可直接对本人进行询问，但是消费者本身主观的认知可能造成错误的结果，像中国台湾大部分的受访者皆认定自己为中产阶层，将使数据的正确性受到质疑。

另外，还有一项衡量的困难在于阶层的不一致性。阶层的不一致性源自于阶层透明化（Status Crystallization）的不成立。当一切的衡量指针，如收入、职业等变量都处于同一个阶层，且具有一致性时，例如"较高社会阶层的职位来自高收入"，即称之为阶层透明化。然而，当两者不一致时，在社会阶层的衡量上便有困难，这样的状况被称为阶层的不一致（Status Inconsistency），像某些小企业的老板教育程度虽然较低，但却有高额的收入。另外，具有绝佳品位，但却相当贫穷的艺术家也是阶层不一致的例子。

在探讨这些不一致性时，我们可将其分为两类做分析，分别为过度特权（Overprivileged）及低度特权（Underprivileged）。

12.2.1.1 过度特权

过度特权发生于个体的收入高于其所属阶层平均的25%~30%时。例如，中下阶层的人中乐透或因变卖原本价值被低估的土地而赚进大笔钞票者。

12.2.1.2 低度特权

低度特权即个体的收入低于其所属阶层平均至少15%。例如，欧洲的没落贵族或庄园主等，在时代变化之后，失去过去赖以维生的贵族事业。

经由上述我们了解到衡量社会阶层可能产生的困难，因此营销人员在衡量或运用社会阶层概念时，必须特别谨慎注意。除了社会阶层不一致外，在衡量家户阶层时，营销者往往只考虑户长的角色，但随着时代转变，许多妇女开始投入职场，因此双薪家庭的情况亦需为考虑重点之一。

此外，社会阶层的流动性在家户中所扮演的角色、个人主观认定的社会阶层归属偏误等，都是必须特别留意的。最后，在社会阶层衡量结束后，需要了解到消费者所向往的阶层为何，唯有对此深入理解，营销人员才能塑造、包装出消费者心目中的理想商品，让商品与消费者所欲达成的社会阶层有所联结。

12.2.2　其他社会阶层分群指标

消费者的分群除了依照收入、职业划分社会阶层外，也可以以品位、文化素养、解码、文化资本作为依据，以下我们将针对各不同要素进行深入探讨：

12.2.2.1　品位素养

营销人员若想按照品位与文化素养将消费者做社会阶层分群，可按照消费者的美感素养及偏好等，作为区分基准。如中高阶层的休闲活动可能为参观表演或展览、中产阶层则为钓鱼或露营等。对此，如何支配所得及休闲时间，将是衡量的一项重要因素。

另外，消费者的居家装潢及摆饰，也为区辨品位的元素之一，如图12-2所示，商研院于2009年对中国二级城市新兴中产阶层的分类调查，纵轴指标为收入，以此作为社会阶层的分类，再以其基本价值观为横轴，区分不同的思想。简单划分后，可将消费者分为四大群，分别为："安稳过活者"、"名利追逐者"、"自我挑战者"及"逍遥享乐者"。

因此，由风格、品位的研究，可了解消费者的文化水平及素养，进一步能推断消费者归属于哪一个社会阶层，以推出不同的营销手法做因应。

12.2.2.2　解码

译码系指消费者在接收到信息时，对于信息不同的诠释方法。它可以帮助营销人员运用消费者最能够理解的概念或特定的词汇，与之进行双向沟通。而当营销者在进行信息传达时，若能将"阶层差异会造成相异译码方式"的理念深植心中并加以运用，将能强化信息传达的力度。

编码可分为两类，局限型语言编码（Restricted Codes）以及精致型语言编码（Elaborated Codes）。局限型语言编码是指信息的传递着重于对象或产品本身的功能性，重视产品的特性及内容。精致型语言编码则加入更

	名利追逐者 【社会地位】 ①追求知名品牌 ②物有所值 （中高端品牌） ③实用+形象诉求	逍遥享乐者 【新鲜刺激】 ①流行导向 ②不在意价格 ③享乐
中上阶层 人民币 5000~7000元		
中下阶层 人民币 2000~5000元	安稳过活者 【家庭导向】 ①不在意品牌 ②低价导向 ③实用	自我挑战者 【个人风格】 ①追求品牌个性 ②物超所值（自我风格） ③实用+美感
社会 阶层 　　基本 　　价值观	【共产思想取向】 和谐、群体	【资本思想取向】 挑战、个人

图 12-2　中国二级城市新兴中产阶级分类调查

资料来源：商业发展研究院。

多复杂的元素或价值观，以协助阐述该项产品。例如，当出售保温瓶时，若诉求为"保温时间可长达 8 小时"则属局限型；而若强调"环保材质制成，天人合一"则属于精致型。

消费现场

你累了吗?

从电视广告中我们也可以发现，营销人员通过不同的编码方式及沟通手法来传递信息。举例而言，当与劳工或中下阶层沟通时，多使用局限型语言编码，像是保力达蛮牛广告中的"你累了吗"，以浅显的语句和消费者做直接沟通，强调产品提神的功能性。白马马力的"不让你睡"，也为提神类商品使用局限型语言的案例。

302

图 12 - 3 保力达与白兰氏广告图

图片来源：http：//www. youtube. com/watch？v = 4qIExo9RHxw，http：//www. youtube. com/watch？v = D_ EDf2lFmx4。

相对地，同样为提神系列的产品，白兰氏鸡精的诉求则为"让你整天思绪清晰"，更精准地描绘给大脑带来的益处，通过较精致的语言诠释产品，与中高阶层的人沟通。因此，适时因应各个阶层消费者对编码不同的理解，拟定出相异的营销语言，将能有效刺激消费者，做有效的沟通。

12.2.2.3 文化资本

文化资本也能用以区辨不同的社会阶层。如同上文所述，中高阶层的人无论经济、人脉资产的累积都较为丰厚，自然文化资本也不例外。文化资本的累积，通常是经由从小对品位高尚或艺术对象进行接触、培养，进而接受、服从社会的一定规范。此外，中高阶层的家庭通常对教育相当重视，通过知识的熏陶，也可逐步累积文化资产。像通过礼仪训练班课程学习西餐礼仪，学习芭蕾舞、琴棋书画等，这些皆能提升修养，都是文化资本形成、累积的方式，能够帮助此阶层的人形塑出优雅、精练的行为，达成上流社会的期待。

除了上述几项指标外，也有用物品来表达身份象征或凸显所属的社会阶层者。我们常常会说"开双 B 喔"，此时车子的品牌即代表特定的中高阶层身份。这些代表身份象征产品的出现，是始于个体对身份、阶层的追求。消费者希望其所使用的产品能够传达某种身份、含义，以彰显其所属阶层。而这些彰显地位的产品会因为所属场域不同及文化差异，随着时间改变。例如，中国台湾以劳力士表象征阶层；巴西则以拥有私人直升机，以抵御繁忙紊乱的交通作为身份表征；俄罗斯则会在移动电话上镶钻或宝石显示其地位。近年来在中国，掀起一波以小孩作为阶层象征的现象，通过小孩所就读学校的学费、公私立性质、所学的才艺、吃穿用度等作为与他人比较的基准。

因此，为了传达身份象征，消费者可能会进行彰显性消费（Conspicuous Consumption），意即消费者以外显的证据、商品使用，以引起他人的羡慕，显示自我的地位。例如，在宴会中，丈夫带着穿着高雅、时尚的太太一同出席，以太太的穿着打扮，来衬托先生的身份地位高崇。

一种值得注意的现象为富裕病（Affluenza）的产生，随着时代的转变，越来越多父母对小孩过度溺爱造成小孩的富裕病，使小孩失去为人生目标奋斗的能力。由于想要的东西皆唾手可得，他们越来越难以满足，间接地对新鲜事物的兴奋及期待感也消失殆尽。富裕病的出现，也促使西方国家、中国台湾及中国香港等地的父母开始成立信托基金，避免富不过三代的情况产生。当一部分的上流社会努力使用象征性商品来展现其地位时，另外一部分的上流阶层却在反其道而行，进行嘲讽展示（Parody Display）。这是通过避免使用具有上流社会象征含义的产品或戏谑性地模仿具有某阶层象征意义的行为，以讽刺其他上流社会的人。例如，在身体上打洞穿环、刺青、穿人字拖或破损的牛仔裤等。但他们却忽略流行是具有上行下效的特性，因此，当高阶层的人开始穿人字拖后，反而会带动一股流行风潮。

本章习题

1. 家庭在社会中的地位往往受其成员所处社会阶层的影响。传统上女性往往依附于其父亲、丈夫或儿子，而缺乏自己的社会阶层。但随着男女平等以及女性社会地位的提升，我们发现女性逐渐取得自己的社会地位和社会阶层。您认为在未来我们应该如何去衡量一个家庭在社会中的地位呢？是依家长的社会阶层来衡量。还是依家庭中具有最高社会阶层的成员来衡量。抑或是采取家庭中主要所得成员的社会阶层平均值来衡量呢？请试着说明您的看法。

2. 如果某家餐厅以社会阶层作为其市场区分的变量，而将目标顾客设定为上流阶层的人们。此时，他们采取了很多措施吸引上流阶层的消费者，但同时他们也不大欢迎中、下阶层的消费者上门（例如，对于他们所认可的顾客，随时欢迎其光临，但对于他们的非主要顾客，则要求顾客必须先预约）。请问这样的行为是否会造成歧视嫌疑？同时，市场区分与歧视的界限究竟何在？

3. 试就下列产品类别，列举出在该产品类中有哪些您所知的产品品牌是用社会阶层来作为市场区分的变量：①杂志；②汽车；③餐厅；④EM-BA。

4. 有些营销人员表示他们希望能吸引高品位的客人，而有些营销人员则说他们的顾客是来自上流社会阶层的客人。究竟是"品位影响社会阶层"，还是"社会阶层影响品位"呢？请试讨论之。

5. 请问所得和社会阶层有何关系？为什么不常被用来当作衡量社会阶层的指标？而用以衡量社会阶层适宜且有效的指标又该是哪些？为什么？

消费者了没

中外啤酒大 PK[①]

"啥米尚青，台湾啤酒尚青。"这句强而有力的台词，相信许多台湾人都不陌生。成立于日本占领时代 1920 年的中国台湾啤酒，前身为高砂麦酒，是台北地区成立的高砂麦酒株式会社的产品。1945 年台湾"光复"后，是由台湾省"专卖局"接收，改为台湾省"专卖局"台北啤酒公司，后来也正式将高砂麦酒改名为台湾啤酒并开始批量生产。

台啤陪伴不少台湾人度过艰辛的岁月，也以其独到的品牌定位，在中国台湾市场占有一席之地，但由于其较为朴实的品牌形象，加上近年来国际品牌大举进入中国台湾，其稳固的市场地位渐渐受到威胁。因此，台啤积极改造以往品牌老气的形象，不仅瓶身改头换面，推出金牌台湾啤酒，诉求上也更加注重产品的"新鲜度"。一改过去苦涩的口感，强调清顺爽口的特性及"现做的最青"，以原产地生产的优势，保持产品的快速周转，又由于拥有地利之便，加上自产自销的优势，促成价格上的领先地位。金

---

① 资料来源：http：//www.youtube.com/watch？v = ESZq5fHVZQY，http：//www.youtube.com/watch？v = sfKKvXX5HSk。

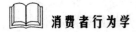

牌啤酒的出现，也成功地使台啤市场占有率回稳至80%的水平。台啤还借由具中国台湾本土风格的超级明星伍佰以及"天后歌手"张惠妹的代言，拉近与消费者的距离，不时也通过 SBL 超级篮球联赛等创造话题，与消费者进行不同层面的沟通。

与台湾啤酒互为竞争对手的喜力，在引进中国台湾后也成功吸引不少消费者的目光。喜力啤酒拥有相当悠久的历史，自1863年于荷兰阿姆斯特丹创立。喜力对制造流程及质量的注重亦不容小觑，每年自世界各地选购超过1000000吨的100%优质大麦，使用纯净酿造用水，搭配专利 A 酵母菌，从原料确保质量，要求生产出瓶瓶相同的喜力，成就第一国际啤酒出口品牌的地位。在消费者沟通层面上，长久以来以"就是要喜力"作为营销主题，更以具创意的手法，呈现出品牌的特色；广告方面，则以隐喻的方式说明非喜力不可的诉求，像展现出男性为了喜力而失声尖叫的疯狂，用夸张的手法及共同的生活体验，联系与消费者的情感。自2008年起，也以冰封体验车巡回，让中国台湾的消费者能亲自体验产品的品质，加强与消费者间的互动。每年7月，喜力也会通过举办"喜力夏日原装体验巡回派对"，邀请不同的国际团体，如艾薇儿、阿瑟小子等，为品牌注入年轻、时尚的元素，活化品牌的形象。

比较本土的中国台湾啤酒以及外来的喜力，我们发现在营销上的手法及诉求是有所差异的，也发现其所吸引到的客群在生活形态上有所不同。

问题讨论

1. 社会阶层如何影响消费者购买啤酒的行为？

2. 啤酒营销人员在接触不同族群、阶层相异的消费者时，应采取怎样的沟通手法？定位不同的酒类在进行营销时，是否存在策略上的差异？

第13章 文化与消费者行为

电动车的崛起

"节能减排"无疑是21世纪最强的价值观，随着《不愿面对的真相》、《明天过后》等电影上映后，相关的环保议题更成为全球焦点。抱持节能减排价值观的人注重环保、珍惜资源，以搭乘大众运输工具、随手关灯、自备环保筷等方式减少对环境的污染。近年来，由于异常天气的频繁出现，开始遵行节能减排的人也越来越多。正因如此，众家厂商开始推出各式各样的环保概念商品，并以碳足迹、包装减量等标语作为广告诉求，欲借此吸引消费者的目光。

Nissan的汽车广告即为其中一例，舍弃传统汽车广告以汽车性能作为宣传重点的方式，而以节能环保为其主要诉求。

Nissan Leaf为2010年Nissan汽车所推出的环保电动车，强调百分之百电力驱动、完全无须添加汽油。广告的开端，北极熊从冰川爬出，一路找寻到开着节能车款的Nissan Leaf车主，并给他一个深深的拥抱，以简洁、易懂的方式点出Nissan Leaf的环保诉求。如图13-1所示。

节能减排本身是相当新颖的价值观，并不属于任何文化的核心价值。过去，在经济尚未起步前，人类追求的是如何突破既有规格，创造出性能更加卓越的商品，以满足市场大众的需求，希望不断改善物质生活的质

307

量。然而，随着科技进步，人类的生活质量显著提升，但进步的结果却是以破坏大自然作为交换的代价。近年来，各种地震、海啸灾害事件的发生，都一再地警示人类大自然反扑的严重性。因此，全球消费者开始重新检视大自然与人类发展之间的关系，节能减排也成了全球公民越趋重视的价值观。

图 13 - 1　Nissan Leaf 广告片段

图片来源：http：//www. youtube. com/watch? v = GyX7HuaP7cc。

翻开历史的一页，我们不难发现可持续经营、人与自然和谐共存等观念，是印第安等古老文化所崇敬的重要价值，中国的《孟子》书中也有类似的论述。然而在工业化进步的过程中，人类却渐渐忘了饮水思源的重要性。直到大自然的浩劫浮上台面，人类才又开始思考环境保护的重要性。究竟文化的转变及其形成的过程为何？文化改变的当下，消费者行为是否也会随之改变呢？营销人员又该如何依循着文化的趋势，进而调整其营销策略呢？

资料来源：http：//www. nissanusa. com/leaf - electric - car/index。

谢老板眉头一皱,发现消费者并不单纯:

1. 文化形塑的过程是什么?其如何影响消费者行为?

2. 神话的定义是什么?营销人员如何利用神话概念传递商品价值?

3. 仪式的定义是什么?它如何影响消费者行为?

4. 神圣与世俗消费分别具有何意义?

13.1 文化

13.1.1 文化的定义

文化(Culture)指一群人所共享的信念、价值观、仪式、规范以及传统,其中也包含了社会所流传的神话、宗教信仰或风俗习惯。它是一种经过学习而得来的信仰、价值以及习惯,可用以规范或约束特定社会中成员的行为。也有人认为,文化是一个社会的性格,就像我们常说欧洲是个浪漫的民族、美国是自由开放的国家等。除此之外,文化也被认为是一种生活方式,像华人早餐喜欢吃烧饼、油条,欧美人士则喜欢在起床后喝一杯咖啡提振精神等,这些多元的生活习惯都是源自于各自文化的不同。

然而,文化对于消费者行为的重要性究竟何在?文化就好比一副副不同颜色的镜片,造成了不同群体对不同产品的相异看法。一个人的文化背景不仅影响其对产品的喜好,也会影响产品的成败。然而,有时候新产品的问世却可能带动新文化的出现。举例而言,近年来由于智能型行动装置的逐渐普及,出现了所谓的"低头族文化",这便是新产品影响消费者形成新文化的案例。因此,新产品的推出若能充分吻合该国家或社会的文化背景,其成功的机会也将大幅提高。

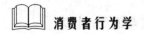

消费现场

康宝浓汤于台湾的经营

康宝浓汤曾于中国台湾便利超商推出随身包、随冲即泡的汤品，看准中国台湾民众生活忙碌、工时长所带动的外食市场，预计冲泡式汤品应该能够为消费者节省用餐时间。然而，事实上即冲即饮的随身包却无法成功获得消费者的喜爱，最后导致康宝浓汤的业绩低落。推测该产品失败的原因，大抵是因为其未能对中国台湾的饮食文化深入分析与了解。

近年来，全球化的脚步加快，中国台湾餐饮业也反映了这股全球化的浪潮。许多西方食物，像汉堡、意大利面、比萨、沙拉等逐渐成为中国台湾人饮食的热门选择。然而，探究中国台湾人的饮食习惯，多半还是以热食为主，西方国家盛行的三明治、沙拉等冷食仍有待进一步地推广。因此，在汤品的选择上，台湾消费者倾向于选择热汤，再加上热汤等食物对中国台湾消费者而言并非主食，不像西方国家，午餐多半是简单的面包配汤。另外，温热的康宝汤品，虽然即冲即食相当便利，但是中国台湾的小吃外食店林立，要取得热汤的成本远低于西方国家的消费者，因此这样的汤品随身杯自然难以获得台湾消费者的青睐。

新商品的推出，有时也反映当时的生活环境改变或文化推移。20世纪50年代，随着职业妇女的人数增加、社会价值观的改变，家庭聚会的正式性下降，晚餐不再是家庭围坐在餐桌前，而是边看电视边享用晚餐。适应由厨房走到客厅的风潮，各类微波、冷冻食品开始盛行。由此可见，新产品或新文化的形成，并非都是新兴族群出现所造成，在这之中，社会价值观的演变，也扮演相当重要的角色。

除此之外，社会事件的出现，也可能促使消费者的消费文化转变。前几年，中国台湾相继爆发三聚氰胺、塑化剂等食品安全事件，不仅唤醒消费者对食品安全的重视，更让消费者对于天然食品或商品的需求提升。强调有机、天然的食材销路大开，甚至在其他品类，消费者也越来越倾向购买成分天然的商品，像保养品、清洁剂等。

310

消费现场

那些年，我们一起追的女孩

2011 年，电影市场进入前所未有的高峰期，《杀手欧阳盆栽》、《那些年，我们一起追的女孩》、《翻滚吧！阿信》、《赛德克·巴莱》等各种主题电影接续上映，票房更是屡创新高。在这之中，《那些年，我们一起追的女孩》为中国台湾作家九把刀自小说改编而成的电影，由九把刀亲自执导。内容主要描述高中生活的青涩时光，情节主线围绕在男女主角之间一段纯纯的爱恋。这样青涩的爱恋成功勾起台湾地区消费者初高中时期的回忆，因此电影一上映，票房立即开出佳绩，并刷新暑假影片的新纪录，上映 4 天，票房立刻破亿元。

图片来源：维基共享资源。

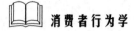

2012 年，这部电影更是在第三十一届香港电影金像奖中被票选为最佳两岸华语电影。这部电影的成功，其实相当程度反映出当下社会中怀旧文化的盛行，尤其是在 2008 年金融风暴后，亚洲地区的经济普遍处于低迷的状况，更会引发消费者对往日美好时光的怀念之情。九把刀将自己高中青涩岁月搬上屏幕，勾起许多走过相似岁月的人，那懵懵懂懂、苦涩又带着甜美的回忆，让人重温过去年少轻狂的腼腆爱恋与洒脱。

资料来源：http：//zh. wikipedia. org/wiki/那些年，我们一起追的女孩，http：//blog. udn. com/supergogo1999/5579122。

当消费者受到同一种社会文化长时间的熏陶，潜移默化之中，个体便会受该特定文化的影响，因而形成特定的行为或信仰。值得注意的是，当消费者离开自身熟悉的社会文化，踏入其他异国文化时，即可能发生文化冲击（Culture Shock），带来种种不适的反应。文化冲击的发生源于当个体对于异文化的了解或认识不深，因而产生焦虑或困惑的反应。例如，亚洲人可能无法理解法国人食用蜗牛的饮食习惯，而欧洲人一样难以理解韩国或某些亚洲国家食用狗肉的情况。由于不同的环境因素，会造就出不同的文化，因而若能深入了解、摒除成见，则能降低异文化所带来的冲击。

消费者开讲

拍照大不同

回想一下，三五好友聚会时，是否总有人喜欢在开动前，以相机记录下食物的外观，并立即上传 Facebook 分享呢？或者一同出游时，总有人低着头不断地打开手机，发布并记录旅游的踪迹呢？这些行为或许在你我眼中司空见惯，但对许多外国人而言，却是难以理解的怪现象。除此之外，在你出国或认识异国朋友时，有没有感受到其他的文化冲击呢？想过这些冲击发生的原因吗？

13.1.2　文化中的规范

规范是一种处世行为及做事的规则，不同文化自然会形成不同的规范，主要可以区分为外显性规范（Enacted Norms）及内隐性规范（Crescive Norms）。

外显性规范通常是显而易见的，像法律规章这种被明文规定的规范，或是能够直接通过观察外显行为而理解的规范。举例来说，新加坡法律规定国人不得嚼食口香糖以免损害市容，因此到新加坡旅游时，不会看到有人在街上边嚼口香糖边走路，这便属于外显性规范的一种。

内隐性规范则是必须要透彻且深入了解当地文化，才能够理解的规范，可再细分为以下三种：

13.1.2.1　风俗习惯（Custom）

通常是由过去传承到现在的一种规范。举例来说，除夕要大扫除、放鞭炮等习俗，或者像台湾庙里的收惊仪式，都属于中国的风俗习惯。

13.1.2.2　禁忌（More）

禁忌则是具有深刻寓意的传统。小时候是不是常听父母说："不可以用手指月亮，否则会被割耳朵！"这样的禁忌对于生长在其他文化的个体是难以通过文字规范或观察了解到的，必须深入了解该文化才能理解。

13.1.2.3　文化惯例（Convention）

文化惯例系指日常生活中的公约及行事规范。例如，日本人对名片的重视、独特的用餐礼仪、与长辈吃饭时座位的安排等。

若能同时遵守这三种内隐性的规范，将能够帮助个体表现出有礼且合乎文化规范的行为。对营销人员而言，除了外显性规范外，在广告沟通上更须注意内隐性规范的存在，以避免某些不宜的广告内容。

▶▶ 13.2　神话

不同的文化通常会通过创造故事或者神话的方式，帮助其所属的群体对世界有更清楚的了解及掌握。从主观的角度出发，不同文化所流传的神话或者是仪式可能会令人匪夷所思。举例来说，在西方世界，蝙蝠是吸血鬼的化身，为阴暗邪恶的生物；相反地，华人则认为蝙蝠飞入家门是福气临门的预兆。这些仪式或神话看似缥缈且遥远，但若将其附加于商品上，使商品蕴含文化价值，则能帮助企业创造更大的经济价值。

回顾人类经济发展的起源，最早是通过农耕活动来实现的，以各种自然资源进而创造财富。随着工业革命后，经济重心开始转移至工厂，以专业分工、标准化及低成本为着眼点，通过技术、资本、工业材料等将初级产品加工，提升产品附加价值。随后的服务经济时代，市场成为创造经济的核心，由产品生产加工转向服务性经济，于所生产的商品中增添服务价值或进行商品的客制化，借以提升整体经济附加价值。近年来，服务经济已不足为奇，备受瞩目的是新一波的体验经济，在产品及服务提供外，更强调服务过程中的情境体验与感受，注重消费者感官体会，附加价值也进一步提高。到最后经济的来源转移至道场的阶层，而这与文化含义息息相关，厂商及企业试图传递一种文化价值给消费者，进而转变消费者的态度，而此时产品的附加价值则由文化所提供。因而，由农场、工厂、市场、剧场到道场的演变，我们可以看出经济重心的转移，以及消费者需求的变化，而商品的附加价值也在此波变革推进中不断提升。

13.2.1 神话的定义

神话（Myth）泛指具有指针性、代表性元素的故事，并且能传递出特定民族所共享的情绪以及对文化的想法。神话除了代代相传，同时也是一种共同创造的过程，传递的过程中或有添加修改，故造就了不同版本的神话。

神话故事中，通常隐含着对立的势力，由正反两方的角力，及邪不胜正的道理，以传递道德规范的重要性。同时，神话也提供了得以遵循的法则及规范，因而也降低了人们在抉择时所产生的焦虑不安心情。

不同的文化、时空背景下，对于同一则神话故事也会有不同的诠释。世界著名神话《小红帽》即为一例，在17世纪作家贝洛的笔下，小红帽的故事是为了讽刺当时过着糜烂奢华生活的太阳王路易十四所写的。当时，路易十四为了避免贵族反叛，建立了凡尔赛宫，让贵族在宫内过着纸醉金迷的生活，而妓女也常在宫中出现，性生活的淫乱程度可见一斑。当初，贝洛笔下的小红帽故事，即是以小红帽暗喻妓女，描绘的故事充满了性暗示以及道德上的告诫，甚至在贝洛的插图中可以发现，小红帽与大野狼同床共眠，其中小红帽的手还轻摸着大野狼，反映出当时乱伦的社会现象。至 18 世纪，小红帽故事中加入了猎人的角色，猎人拯救小红帽免于大野狼的侵袭，凸显了当时社会对男子气概的重视。回到现代社会，小红帽的故事不再如以往辛辣，故事的场景转为家庭，母亲为了避免小红帽误入歧途而给予告诫，而小红帽勾引大野狼的情节也被删除，故事寓意着小孩应该要机警顺从并随时保持警戒心。由此不难了解，在不同时代背景下，会有不同版本的神话故事出现，而这些故事不仅反映出当下的生活环境，也能让我们充分理解当时社会中人们的不同思维。

社会中所流传的神话，能够帮助传达该社会群体的价值观，也由于这样的特性，企业会运用同样的手法创造企业专属的神话，将企业的价值观与品牌精神以神话的手法建构。例如，名牌包 LV 的神话故事描述在泰坦尼克号沉船后多年的一次探勘活动中，打捞人员从海底寻获了一只硬式 LV 皮箱，据传该皮箱未渗漏入一滴水，即显示出 LV 商品的质量及坚固耐用的特性。LV 商品重视质量及技法的精神，也因此表露无遗。另外，本土品牌阿瘦皮鞋也有一段专属的企业故事，阿瘦创办人罗水木先生原为台湾南部的一个擦鞋匠，对于擦鞋他坚持"擦三遍，亮三天"的信念，也因为敬业的态度，为其赢得相当多忠实客户。又由于他的身形瘦小，客人帮他取了"阿瘦"的绰号，因此开启了他创立阿瘦皮鞋的契机。

通过这些故事的传播，不仅能传递品牌精神，更能让消费者感受到企业对商品一丝不苟的态度。对于企业内部而言，也能够凝聚员工或新进人员之向心力及团结合作的精神，进而对企业产生正向作用。

13.2.2 神话的功能

神话对于一种文化而言，有相当重要的含义，主要可以通过以下四大面向来讨论。

13.2.2.1 抽象哲学（Metaphysical）

通过抽象哲学观点，神话能够帮助解释万物的起源。例如，西方的诺亚方舟传奇及东方的盘古开天神话。

13.2.2.2 宇宙论（Cosmological）

神话是为了表明个体与宇宙间的关系，以及人与大自然的共存之道。

315

中国神话中，大禹顺应河道治水，传达尊重大自然的宇宙观；反之，愚公移山则传达出人定胜天的价值观。

13.2.2.3　社会性（Sociological）

神话能指出群体应遵守的社会规范。例如，连续剧《戏说台湾》以神话故事的手法，传递出不可做坏事的寓意，以及"好人会上天堂、坏人会下地狱"的道德警示。

13.2.2.4　心理层面（Psychological）

提供给人们心灵上的安抚慰藉，激发人心、树立学习楷模，另外也提供励志、教育的功能。举例而言，《精卫填海》的故事，即传达有志者事竟成的道理。因而，神话故事不仅是提供消遣或博君一笑的故事，其背后可能隐含更深一层的含义，值得我们进一步去探究。

13.2.3　现代流行文化中的神话

营销人员常常将神话的元素放置在商品设计中，故神话常常在漫画、电影或商品中被发现，因为它能够吸引消费者的注意，进而让消费者产生共鸣。尤其通过单一神话（Monomyths），能够引起更多消费者的目光以及讨论。单一神话指能够引发跨文化消费者共鸣的神话故事，例如蝙蝠侠、蜘蛛侠或者超人等英雄故事，皆为全球消费者耳熟能详的，因此若能从中撷取出吸引消费者的元素，并将之放置于商品营销中，往往能带动商品热卖。近年来，不仅是厂商会希望创造神话带动销售，消费者有时也会创造属于自己的神话或是童话故事。举例来说，许多新人结婚会打造如同迪士尼世界一般的梦幻婚礼，以制造属于两人的回忆。这些都是属于流行文化中所出现的现代神话。

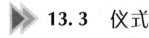　## 13.3　仪式

13.3.1　仪式的定义

农历新年时，传统上会以年夜饭、放鞭炮、发红包等活动庆贺，这些

都是从古流传至今的仪式。实际上，仪式的范畴不仅局限在宗教或者是特定节日，举凡每日生活的行为或者是送礼给他人，都有可能是仪式的一环。

仪式（Ritual）是一连串、具有象征意义的行为，而其展开也具有顺序性，且会重复、周期性地循环发生。举例而言，许多大学有其专属的仪式，像庆祝足球比赛开幕的营火晚会、新生入学时的裸奔校园等。这些仪式的背后，通常有其意义存在。例如上述的新生裸奔校园，象征的是一种重生，大家皆脱去外在的束缚，在校园内人人平等，重新出发，展开新的求学旅程。营销人员也常常通过将各种仪式神圣化，以提高商品的正统性。例如，卖烤鸭的店家会强调其每一只烤鸭皆是经过"七七四十九天"的腌制及烘烤才得以完成。这样的信息传递，不仅能让消费者了解其烤鸭的高质量，通过仪式的神圣化，也提高了商品的价值及附加意义。

仪式的背后固然有其意义，然而，消费者在仪式当中又扮演着什么样的角色呢？消费者通常是按着仪式脚本（Ritual Script）来产生并演出相应的行为。在仪式脚本当中，除了人之外，也会有文化对象的存在。上面农历新年的案例，除夕夜人们会放鞭炮。其中，鞭炮即为文化对象，而放炮的动作则是人们依照传统习俗，按着仪式脚本所产生的行为。

对企业而言，文化对象就是企业所能提供的产品及服务，而顺序就是在特定时机，推出符合消费者需求的商品，人则是其欲锁定的目标客群。因此，企业常常通过塑造仪式脚本，并提供文化物件给消费者，以换取利益。举例来说，情人节的时候，市场上会大量出现各式精心设计的巧克力及花束。这些巧克力、花束等文化对象，以及在情人节这个特定时点所产生的行为，共同组合成仪式脚本的一部分，而消费者会按照脚本演出，通过商品的购买完成特定的仪式。

仪式的产生或形成，往往是与时俱进的，仪式会随着时代的演进而有所转变。回想每年中秋节，除了赏月团圆之外，是不是一定要吃上一块月饼才像过中秋呢？事实上，追溯月饼的由来，是始自于明朝朱元璋想推翻蒙古人的统治，因而将"八月十五夜起义"的字条包入月饼之中，借此传递信息。时至今日，我们并无秘密传递信息的需求，却仍承袭着中秋节吃月饼的习俗，其寓意也转变为月圆人团圆。

除了意义上的转变，有些仪式中的物品也会随着时代的进步而被替换。近年来，随着环保意识抬头，过年时放鞭炮的传统习俗，有些人开始用电子鞭炮的音效来取代以减少空气污染。不仅如此，华人在为儿童举办的满周岁抓周活动，已由过去的琴、棋、书、画、算盘等物品，替换为计算器、听筒、汽车模型、笔记本电脑、针线包等品项，随着现代职业类别的增加，准备的物品也越趋多元化。

13.3.2 仪式的类别

造就特定行为或仪式的根源，主要可区分为宇宙论、文化价值、群体学习、个人目标及情绪四大类，根据这四大分类，可再细分成不同的仪式类别。以下将依照此四大分类，将仪式种类整理如表 13 – 1 所示。

表 13 – 1 仪式的分类

主要行为来源	仪式类别	案例
宇宙论	宗教性	洗礼、冥想
文化价值	蜕变历程	毕业典礼、超级杯
群体学习	公民	游行、选举
	群体	兄弟会、办公室聚餐
	家庭	圣诞节、农历新年
个人目标与情绪	个人	穿戴仪式、家庭仪式

资料来源：Solomon, Michael R., "Consumer Behavior: Buying, Having, and Being", Pearson Education LTD, 8th Edition, 2009, P. 615.

以下将分别针对穿戴仪式、送礼仪式、假期仪式以及蜕变历程等特定仪式做深入探讨：

13.3.2.1 穿戴仪式（Grooming Rituals）

想想一天从早上起床到出门前，会出现哪些动作呢？洗脸刷牙、穿衣服、喷香水这些每日上演的行为，其实都属于穿戴仪式的一部分。每个消费者都会有自己专属的穿戴仪式，它是一种具有顺序的行为，能够帮助个体形成转变。例如，女性化妆的仪式，可帮助其由私下我转变为大众我，或者由自然素颜的状态，转变为适合社交的妆扮。

穿戴仪式中出现的刮胡刀、领带、乳液、香水等，就是用以帮助消费者形成转变的文化对象，也是进行穿戴仪式时不可或缺的物品，营销人员可能会通过文化对象象征意义的传达，以协助商品或服务销售。举例来说，曾经有刮胡刀的广告强调："刮别人胡子前，先刮自己的"，通过双关语的含义，传递出须先好好整顿自己，才能有充分的力量去面对外在世界。借此象征意义的传达，消费者会假定只要使用该文化对象，就能帮助其带来正面的效果，故能引发消费者产生自信，以及变美丽、变干净的动机，产品的销售量也能因此提升。

13.3.2.2　送礼仪式（Gift – Giving Rituals）

当消费者购买特定对象，小心翼翼地撕下标签，将它精心包装，最后放上卡片、写下祝福，并送到收礼者的手中，这样的过程即是包含多重步骤的行为及一种仪式。其中，该特定的物品也由单纯的商品转化为独特的对象。送礼仪式通常会通过两种形式呈现，一是经济上的交换（Economic Exchange），二是象征性的交换（Symbolic Exchange）。经济上的交换隐含着一种对价关系，收礼者通常具有义务给予送礼者等价报偿。例如，结婚新人会请人在礼金簿上做红包金额的记录，除了利于统计外，也能利于以后的回礼。象征性的交换则是送礼者通过送礼仪式，感谢收礼者的支持及照顾，并表达感激之意。像谢师宴的举办，即是感谢师长平日间的照顾与协助。通常在个体间关系形成的早期，送礼仪式是以交换为基础，随着时间的推移，关系逐渐巩固，则会开始出现利他行为，即送礼仪式的出现并不求回报，而仅表达对收礼者的关心之情。

送礼仪式还可以被分为不同阶段，第一个阶段是酝酿期（Gestation），送礼者开始形成送礼的动机以及送礼的构思。送礼的原因可能是因为结构性的事件，像遇上情人节、圣诞节等与文化相关的特定时点。此外，送礼也可能是突发性的事件，好比明天要到朋友家拜访，临时去买礼品等状况。

构思结束后，就进入了送礼的下一阶段——呈现（Presentation）。在呈现的阶段，送礼者将礼物送到收礼者的手中，并观察收礼者对礼物的喜好程度及反应，并揣测所送的礼品是否妥当。最后一个阶段为重新建构（Reformulation），送礼者和收礼者会因为送礼仪式的时机及礼物等是否妥适，因而重新评估并调整两人之间的关系。

319

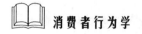

消费现场

女人啊！我的德芙时刻！

巧克力的广告操作通常与爱情或幸福感有关，但是不同于大多品牌展现出男人宠爱女人的浪漫，德芙（Dove）巧克力的广告，通常是以单一女性为主角，宣告一个人也可以很宠爱自己的新价值。广告传达的是女人可以陶醉在享受私密的自我时光中，不需要等待男人接送以及公开的羡慕眼光。

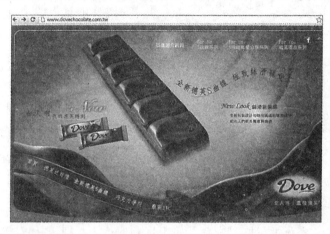

图片来源：http：//www.dovechocolate.com.tw/。

以2006年的广告为例，广告内容中描绘一位女子穿着轻便丝柔的衣着，在家中轻松地随着音乐起舞，并缓缓解下身上所有的束缚，准备进入浴室洗澡。在脚趾头踏入水中的那一刻，却突然临时包着浴巾，冲往客厅寻找巧克力。最后，则以一边沐浴、一边吃巧克力的满足表情做结尾，并出现"女人啊！我的德芙时刻！"的幸福喟叹标语。

这则广告中，厂商以女性为目标客群，内容并不强调德芙的口感或滋味，而是企图渲染出一股幸福的氛围，同时也强调女人要懂得犒赏自己、疼爱自己，而德芙巧克力就是犒赏自己的最佳礼物与享受。因此，购买巧克力并不一定需要在特定的时刻或特定节日作为送礼用途，通过品牌厂商广告的操作，送礼与吃巧克力也可以变成一种消费者自我犒赏的方式，通过送礼物（德芙巧克力）给自己，以消除负面情绪或一身的疲惫，并且激

320

励自己重新获得正面的能量。

资料来源：http：//www. youtube. com/watch? v = - V7eYyCmCIg，http：//tw. my-blog. yahoo. com/fcuinway/article? mid = - 2&next = 846&l = f&fid = 7。

13. 3. 2. 3　假期仪式（Holiday Rituals）

假期仪式泛指过年、过节，以单一假期而言，通常每隔一段时间就会出现一次。多数的假期，通常是源于某一神话或以其为基础，在神话当中，会出现一位核心角色。例如，端午节是纪念屈原，中秋节则有"嫦娥奔月"的故事在背后做支撑。

在这些特定节日中，消费者会表现出专属于该假期仪式的相关行为，因此，营销人员必须找出特定节日所需的特定文化对象，以帮助消费者完成不同的假期仪式，同时也鼓励消费者进行送礼仪式，以促进商品的销售。举例而言，中国台湾西洋情人节、白色情人节及七夕情人节的出现，都是经过厂商及营销人员的大力推广，才会出现相应的送巧克力、玫瑰花等行为。为了抢占节日商机，即使出售非属该节庆商品的厂商，也会设法使商品与该假期有所联结。像端午节时，咖啡连锁品牌星巴克会推出星冰粽，加入咖啡口味的内馅，不失品牌专属的特性，也能吻合该假期文化所专属的含义。

营销人员除了通过强化小节日的重要性，以提升商品被售出的机会外，也可通过创造或宣传新节庆的重要性，以提升消费者对仪式对象的需求。过去台湾当局曾经为了推动孝顺及敬老尊贤等伦理观念，倡导每年8月的第四个星期日为"祖父母节"。若厂商或企业能找到推广的切入点，创造出该节日专属的文化对象，便能开创新商机。

另外，由于文化具有共创及动态的特性，因此假日所专属的仪式也会与时俱进。早期在西方国家，圣诞节是为了庆祝耶稣诞生，宗教的意味浓厚，同时传达家庭及教会的重要价值。随着时代演进，受到厂商与商业环境的推动，圣诞节渐渐变成与好友、家人互送卡片及礼物，或者一同享受圣诞大餐的节日。节日的仪式自此被商业化，宗教意味被淡化。故假日仪式的内容并非僵固不变，反倒是会随着社会价值观及文化的变迁而演进。

13. 3. 2. 4　蜕变历程（Rites of Passage）

蜕变历程是指人类由生命中的某一阶段转移到另一阶段的过程。像从

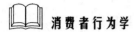

出生到满周岁、从青少年变成成年、由成年到结婚等过程。有些蜕变过程是生命周期中的一部分，如青春期或者死亡，是人类不可避免的蜕变阶段。也有些蜕变历程的产生则因人而异，像结婚或离婚等。通常在蜕变过程中，个体的社会状态也会随之转变，但并非每一阶段的转移都能够被清楚划分，期间可能还会历经几个过渡阶段才能充分完成一段蜕变过程。

因此，蜕变历程可再细分为三个步骤，分别为分离期（Separation）、过渡期（Liminality）及统合期（Aggregation）。以高中升大学的例子来说，由高中毕业到进入大学，即是一个分离的过程，个体由原属的团体中分离，进入到另一个陌生的环境当中。而在大一入学、迎新的阶段，则属于过渡期，新生还试图在寻找自己所属的定位以及思考大学生所应做的事或承担的责任。最后，进入到统合期，个体逐渐熟悉大学的环境，结交了另一群新朋友，并找寻到自己所拥有的归属感，蜕变历程宣告完成，个体也重新进入到下一阶段，正式地成为大学生。

蜕变过程中所进行的仪式虽然会因社会、文化的不同而有所差异，但值得注意的是，它们皆富有丰富的象征性含义。例如，葬礼仪式的进行，是要传递出死者生前的社会身份及地位，同时也借此安抚家属的心灵。当然随着时间的推移，在蜕变过程中所举行仪式的形式也会有所转变。举例而言，台湾传统信仰下，会以烧纸钱或者是纸扎祭品的方式，期望死者在另一个世界也能过着衣食无忧的生活，而随着科技的进步，纸扎祭品也由过去的房子、金钱等单一品项，发展成有智能手机或笔记本电脑等新产品。

 ## 13.4　神圣与世俗消费

人类的消费行为可分为神圣消费（Sacred Consumption）与世俗消费（Profane Consumption）。有别于普通消费，神圣消费是指消费的过程中，对所消费的物品或事件带有一种尊敬或敬畏。通过对特定世俗对象赋予神圣的特质，普通的物品、事件或人物，即会产生神圣化（Sacralization）的现象。例如，美国歌手埃尔维斯·普雷斯利，因为其在美国摇滚乐界的崇高地位，而有"猫王"的美誉，受到大量粉丝的爱戴。通过神圣化的过程，物品、事件或人物会被赋予神圣的意义。营销人员也可就被神圣化的品项，像"猫王"的亲笔签名海报或演唱会服饰等对消费者进行差别取价，以实现其附加价值；相反地，世俗消费则是相对于神圣消费的行为，泛指一般日常生活中普通而未带有特殊意义的消费行为。

　　神圣消费可借由对场所、人物、事件、时间的崇拜而产生。以场所崇拜而言，可能是源于对宗教的信仰或是历史的缅怀，像参访柏林围墙会让人心生崇敬，对历史留下的轨迹产生畏戒；造访万里长城，也令人产生思古的幽情，而对长城的宏伟产生尊敬。

　　人物崇拜部分，可能是因为名人的特定英雄事迹或行为表现所造成的，故消费者会对特定名人所使用过或是带有签名的商品产生消费的冲动。例如，贝克汉姆的签名足球、林书豪的纪念球衣、杰克逊的纪念唱片、"宅男女神"代言的电玩游戏等，通常都能成为热卖的商品。

　　事件崇拜的部分，则包含了球迷对体育盛事的崇拜，或者个体对旅行本身意义的崇拜。在美国及其他许多西方国家，各类体育赛事相当盛行，球迷们为了盛大的赛局，常常包下酒吧同乐助阵，这便是事件崇拜的一种。除此之外，旅行本身也可被视为一种神圣消费，消费者通过旅行，能够脱离日常平凡的生活，在旅程中找到不同的价值。像前往法国是一种对时尚的朝圣，旅途中，为了对旅程的点点滴滴能有所记忆，通常会购买纪念品，包括土产、纪念照片、当地的沙土或当地特殊标志的仿真雕像等，都能记录下旅行神圣的过程，也形成神圣消费的一环。

　　最后，对时间的崇拜是指消费者在进行特定消费行为时，会依照时间为依据而行。传统上，华人常说要看好吉时才能搬家或是开工动土，皆是属于对时间崇敬的一种消费行为。

　　相对于神圣化的概念为去神圣化（Desacralization）。当一项神圣的物品或代表象征，从其原本应属的位置上被移除或者被大量复制时，称之为去神圣化。举例而言，国旗本应高挂天空，当国旗的图腾被制作为衣服、围巾等进行出售时，则国旗即被去神圣化。另外，十字架原本象征耶稣与世人共同承担罪责及其伟大情操，但当十字架变成了衣服的配饰或是项链，亦即同时产生了去神圣化的现象。除了物品或精神象征会有去神圣化

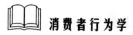

的发生外，一些宗教信仰或传统习俗，也有逐渐被去神圣化的趋势。上述曾提及的圣诞节，原为庆祝耶稣诞生的宗教庆典，至今则转变为亲友聚会或是朋友交换礼物的节日，原本的宗教意味渐渐消失，反而在厂商的炒作下变成充满物质享受的日子。

本章习题

1. 请回想您所参加过的婚礼，并试以仪式的四个因素：象征物、仪式脚本、扮演角色以及观众加以说明典型的婚礼仪式内涵为何。

2. 产品的符号意义大致可归为功利意义、享乐意义、社会意义、神圣意义与世俗意义四种类型，请分别就下列三种产品说明营销人员该以何种营销手法向消费者提供这四种意义：①东京五天四夜自助旅行套装行程；②《消费者行为学》教科书；③智慧型节能家电。

3. 亚裔美国人的比例尽管只占美国总人口之中的少数，但为什么其在营销研究与策略中仍然是非常重要的族群？该族群是否具有与一般美国人不同的消费者行为？厂商针对该族群的营销方案应做哪些调整，才能准确且有效地触及该族群？

4. 以"杀很大"一夕爆红的"瑶瑶"，目前在中国台湾造成一股风潮。试从文化制造程序的观点，并以台湾宅男为目标消费者，探讨存在于厂商与目标消费者之间，有关"瑶瑶"此产品的文化制造程序内涵为何。

5. 请问在您的班级（或公司内）是否存在着次文化？请归纳出您班级（或公司内）的次文化类型为何？属于该种次文化族群的消费特性为何？其消费决策方式与一般人是否有所不同？

消费者了没

Levi's 传奇故事

Levi's，来自美国西部极负盛名的品牌，是依据其创始人同时也是全球第一件牛仔裤发明者 Levi Strauss 而命名。在 Levi's 品牌的背后，也有着一段为人津津乐道的传奇故事。

324

图 13 - 2 Levi's 牛仔裤平面广告

图片来源：http：//us. levi. com/home/index. jsp? clickid = header_ logo。

1853 年，Levi Strauss 离开纽约，像许多怀抱着发财梦的年轻人一般，带着热情与憧憬前往西部淘金，当时他并没有想过有一天，他会发明牛仔裤并且成为世界上最大、最成功的牛仔裤制造商。而抵达旧金山后，Levi Strauss 原本打算经营干货生意，而且还从纽约带了一批帆布，准备卖给淘金客充当帐篷，但却在与淘金客聊天的过程中，意外激发出新的灵感。"我们现在最需要的不是那些，而是耐穿、质地坚韧的长裤。"看着加州淘金热吸引着无数的探矿者络绎不绝前来，Levi Strauss 以其独到的眼光及创意，将原本准备的粗糙帆布制成长裤，并在裤子上钉上铆钉作为补充，世界上第一条牛仔裤于是诞生。

淘金客们一试之下，发现牛仔布料的耐用度极佳，即使下到矿坑内亦不易磨破，其口袋更可承载金块重量。于是一传十、十传百，Levi Strauss 牛仔裤迅速获得采矿工人的欢迎，Levi Strauss 的牛仔裤就此打响名号，即便在 150 多年后的今天，仍然风靡全球。

Levi Strauss 的传奇故事与 Levi's 牛仔裤的品牌精神紧密联结，Levi Strauss 的创意与矿工对品质的肯定，让 Levi's 牛仔裤成为原创、可靠的代名词，也成为 Levi's 经营近几世纪的一贯指导原则。另外，淘金梦的故事背景，似乎也成为 Levi's 牛仔裤风格衍生的源头，意味着当消费者穿上 Levi's 牛仔裤，就能凸显出自由、率性的个人风格，也能充分展现勇敢向前追梦的自信。

Levi's 牛仔裤的传奇，除了诉说着品牌创始人独到的眼光之外，更传递着该品牌牛仔裤的历史渊源及质量。故事流传的过程中，消费者将认知到 Levi's 是牛仔裤的发明者，对该品牌产生一定的信心。此外，该品牌牛仔裤即使在采矿的恶劣环境中仍可耐磨、耐刮、承重，也显示出 Levi's 的超凡质量，让消费者对其商品更具有信心，同时也提升了消费者对于品牌与商品的认同感。

📖 问题讨论

1. 你认为 Levi's 的传奇故事流传，对于该公司/品牌有帮助吗？

2. 描述并讨论两家企业的传奇故事，并分析两则故事的意义。你认为这两则故事的流传，对于该公司/品牌有帮助吗？哪一则故事较具效果？为什么？

第14章 全球消费者文化

消费奇案

MUJI 无印良品

随着大环境的变迁及演进，人们的生活形态亦日渐改变。在早期供不应求的社会环境下，消费者对于物质生活不甚在意，重要的是如何填补并满足最低的生活需求，因此，拥有制造生产能力者即掌握了市场的主控权。随着社会演进至供过于求的情况时，消费者重掌主导的地位，众多厂商开始在市场上展开激烈竞争，品牌资产的重要性备受重视，因为它能帮助企业与其他竞争对手表现出差异化，通过产品与品牌的紧密结合，赋予产品额外的附加价值。

MUJI 无印良品发展初期的主要概念是"不添加品牌"于产品之上，欲以其对产品素材的坚持，以及质量精细但却拥有合理价格的特性，取得消费者的青睐。另外，其产品没有多余的设计，也不邀请名人及设计师为其代言，将主导权交到消费者手上，让消费者能最大化发挥产品的价值，通过消费者的自行设计及创造，打造产品的独特性。另外，MUJI 的营运思维是市场导向的，企业组织内部会通过大量数据的搜集并归纳，借此了解市场动态，进而挖掘出消费者未被满足的需求。随着市场趋势的变迁，MUJI 也会推出新品作为因应。以日本"3·11地震"为例，为了响应环保概念，公司提出珍惜资源的概念，欲以"物·八分目"作为公司的营运方向，推出原体积80%的产品，并以"这样就好"的概念呈现产品简单、淳朴的诉求。也由于如此独到的产品定位，使之成功与市场上的竞争对手做出区隔，创造了MUJI的独特"品牌"定位。

图14-1　无印良品中文官网

图片来源：http://www.muji.com/。

经过日本日经流通新闻调查显示，在消费者心中，"无印良品"是能够带给客户购物的安心感、商品的流行感及合理价格的品牌，因而在消费者心中具有相当高的好感度。无印良品所生产的产品，不仅成为日常生活中不可或缺的伙伴，更成为一种流行文化，是一种简约、自然、富质感的MUJI式现代生活哲学。通过无印良品商品的使用，消费者追求简朴却又不失流行的价值观，得以充分展现。同学们可以想想看，企业如何使其商品的使用成为一种潮流，并带动流行文化，又有哪些因素能帮助流行产生长远的影响呢？

谢老板眉头一皱，发现消费者并不单纯：

1. 文化产生过程是什么？

2. 文化如何通过集体筛选过程得以保存？

3. 如何以行为科学角度解释流行？

4. 流行的生命周期长短受到哪些因素影响？

14.1　文化的创造与选择

14.1.1　文化的创造

文化的发展是情境、脉络相依的，正因如此，文化的形成会因环境不同而产生差异。通过故事的了解，我们可以认识文化从哪里来，也可以找到其发展的渊源。

图片来源：维基共享资源。

以嘻哈文化（Hip - Hop Culture）为例，其风格可以表现在言语、穿着、音乐或行为之上。最初，嘻哈文化起源于 20 世纪 60 年代的纽约布鲁克林区，当时多数生活贫困的非裔及拉丁裔青年，由于受到白人的种族歧视，故在此以饶舌音乐的方式，表达被社会边缘化及疏离的不满。20 世纪 60 年代末期，这样的嘻哈音乐开始被广播或派对的 DJ 播送，自此崭露头角。20 世纪 70 年代，唱片公司开始发行与嘻哈音乐相关的唱片，使嘻哈音乐更容易渗透到一般消费者的日常生活中。到了 20 世纪 80 年代，与嘻哈相关的 MTV 出现。然而，嘻哈文化真正普及约在 2000 年左右，嘻哈元素开始出现在好莱坞电影中，许多服饰品牌也会采用嘻哈文化的概念在配饰之上。搭载好莱坞电影在全球的知名度，嘻哈文化及音乐自此在全球各地广为流行。

嘻哈文化包含的不只是服饰或音乐，其他像涂鸦艺术、街舞、黑胶唱片、创作音乐的 DJ 等，都是嘻哈文化的一环。铁皮卷门或地铁车厢上的涂鸦，能够彰显出不同地区、不同族群特有的嘻哈文化，DJ 创作的音乐也可宣示自己的地位及自主性，并且获取黑人族群的认同。此外，各个嘻哈团体也会创造出其专属的手势，以表现其对嘻哈文化的热忱。时至今日，嘻哈文化变得愈来愈普及，但当初对主流文化所压抑的反动已逐渐消失，而有了不同的诠释，嘻哈文化已经渐渐地被社会所吸纳（Co – Optation）。

当社会的营销、传播体系了解嘻哈文化含义后，为了将其应用在营销传播活动上，营销人员也进一步萃取出嘻哈文化的原始含义，并尝试和大众沟通，以取得消费者的认同。因此，嘻哈文化由被白人压抑的反动，渐渐演化为青少年思想不被年长者接受的精神寄托。

然而，对于嘻哈文化被社会所吸纳的过程，原先的黑人族群却持有不同的解读。有些人认为通过社会媒体的传播，嘻哈文化得以被广泛地接受及宣传，因而对于吸纳的过程持有正面态度；相反地，其他黑人族群则认为经过吸纳过程，嘻哈文化已被重新诠释，次文化的独特性被消弭，因此持有负面观感。尽管如此，由于文化的形成是一种共创过程，随着时间转移，其意义难免产生些微转变或掺杂新的附加含义，进而使原先的文化更显丰富。

14.1.2 意义移转

文化的价值或者象征含义，可以通过转移的方式，将其意义附加到产品之上，进而促使消费者购买该产品，让消费者可通过使用该商品进而体现文化价值。

为获得消费者的青睐，企业及营销人员会通过广告或者是流行系统，将流行文化中的元素加以萃取，并将其文化含义，通过象征性手法，附加于所欲出售的产品上。消费者在接收到商品所欲传达的信息后，即会依照自身的喜好，通过消费仪式产生购买行为，并通过使用商品展现其价值观及身份。简言之，整个文化含义的移转过程如图 14 – 2 所示。

移转手法　　　　　　　　移转目的地

广告及
流行系统

文化价值及象征

通过象征含义与商品的联
结，将意义转移

消费品

消费仪式

通过商品使用，表达消费
者身份。其意义与价值得
以深植于消费者身上

消费个体

图 14 - 2　意义转移

资料来源：Solomon, Michael R., "Consumer Behavior: Buying, Having, and Being", Pearson Education LTD, 8th Edition, 2009, P. 636.

消费现场

Quietly Brilliant

2011 年 Inter Brand 品牌鉴价中，HTC 成为首个进入全球百大品牌的台湾企业。试回想 HTC 的广告，是否注意到伴随品牌名称下方的小标语："Quietly Brilliant"？事实上这是 HTC 的经营理念，Quietly Brilliant 是谦逊加上创新的意思，意即 HTC 用最谦卑的态度了解消费者的需求，再以优异的技术创新产品。

举例来说，HTC 手机在来电时，只要反转手机即可转为安静模式。手机拿起时，铃声会渐渐变小以避免打扰旁人；相反地，若手机放在背包中，铃声会变大。这些都是从安静的角度观察消费者的需求，再以创新的方式实践功能。

HTC 的 YOU 系列广告，也传递 HTC 产品以消费者为主体而存在，将产品功能的实用性，充分体现在消费者身上。你认为 HTC 能有效将文化含义转移到产品上吗？消费者是否能够通过产品的消费仪式体验到这样的文

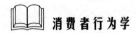

化含义呢?

资料来源: http: //www.youtube.com/watch? v = md52PdldJ1U&feature = autoplay&list = PL9E7D4125814388F9&playnext = 2。

14.1.3 文化产置系统

文化产置系统 (Culture Production System) 是创造及营销文化对象或商品时不可或缺的依循准则,其路径推移需通过群体或组织合力完成。文化产置系统包括三个子系统,分别为:创意子系统 (Creative Subsystem)、管理子系统 (Managerial Subsystem) 及沟通子系统 (Communication Subsystem),如图 14 - 3 所示。

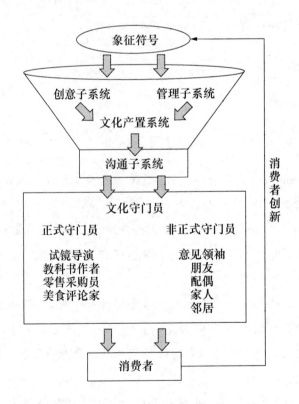

图 14 - 3　文化产置系统

资料来源: Solomon, Michael R., "Consumer Behavior: Buying, Having, and Being", Pearson Education LTD, 8th Edition, 2009, P.637.

14.1.3.1　创意子系统

创意子系统相当于企业的营销研发部门，是创意及灵感创作的来源。例如，制作人王伟忠、作词作曲者方文山、作家蔡康永等人，皆属于创意子系统的一环。

14.1.3.2　管理子系统

要制造或实现这些创意或理想，则须仰赖于管理子系统的运作。管理子系统相当于企业的制造部门，必须将理想付诸行动而有实际产出，像唱片公司、书籍印刷厂，即属管理子系统的一部分。

14.1.3.3　沟通子系统

概念具体化后，需要进一步将其递送给消费者。沟通子系统能将信息传达给消费者，并与消费者沟通其中所蕴含的意义，相当于公司的营销部门。例如，公关、经纪公司、传播媒体等，都属于沟通子系统的一员。通过三个子系统的共同运作，文化才得以产出。

文化产物要在市场上发挥长久的影响力，需仰赖创意子系统中个体的创造能力，此即社会环境中萃取象征性元素的能力。举例来说，制作人王伟忠监制许多长寿的综艺节目，其中的《全民最大党》，就是经过无数报纸、新闻的阅览，通过观察并迎合当下政治趋势所精制而出。此外，制作人薛圣棻所制作的"百万大歌星"节目，也是看准中国台湾消费者热爱唱KTV的文化，进而制作出具有互动性质的歌唱节目。这些灵感被创意子系统中的个体萃取后，再经由无数的制作、经营团队，以及企划、公关等人员的协力合作，特定的节目或流行文化才得以成形。

当企划、公关部门将产品正式呈现出来时，有时无法立即接触到消费者，而会受到"文化守门员"（Cultural Gatekeepers）的把关及过滤。"文化守门员"的责任在于过滤欲传递给消费者的信息，以确保信息的质量受到控制。简言之，乐评家对音乐的审核、美食专家食记的撰写、影评家对电影的评审、杂志的编辑、DJ对所播放音乐的选择、零售店采购者对采购产品的评估等，都属于文化守门员的职责范畴。其他非正式的守门员还包含有意见领袖、朋友、邻居等人，都能直接或间接影响消费者对文化或特定信息的接纳程度。

最后，消费者接收到信息后，也会在所接触到的文化中，加入一些创新元素，通过共创过程，进一步丰富文化所蕴含的含义及元素，使其再度

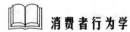

进入文化产置系统的循环中。使文化能够随着时代的步伐有所调整、与时俱进，并产出更符合时宜的文化产物。

14.1.4 文化筛选

嘻哈在其演化过程中经过文化筛选（Cultural Selection），才得以成就为一种流行。进一步说，这些流行文化要能形成，其背后须拥有几项支撑元素。

流行文化的形成，是一种共创的过程，该文化特定专属对象的出现或使用，会依据消费者的不同需求做出调整。就像穿着垮裤是嘻哈文化的一种表现，但消费者会依照其需求，调整其宽松程度。此外，流行文化的成功高度仰赖媒体的青睐，媒体能够主导某特定次文化的成功，并帮助该文化的流行对象或商品扩散至全球。值得注意的是，文化的发展或扩散仍有其局限性，若不能随着趋势调整或者加入新元素，最终也可能销声匿迹。

 # 14.2 流行现象

14.2.1 流行系统与时尚

流行系统（Fashion System）包含了所有协助创建具象征性含义，并将这些象征性含义转变为文化性商品的人与组织。实际上，流行的产生或形成与文化相同，皆为情境相依的，会受到当下大环境中的人、事、物所影响。举例来说，过去人字拖被认为无法登上大雅之堂，随着孙芸芸等贵妇或名人开始穿人字拖，它反而成为一种时尚象征。

流行的概念较为空泛，探究其定义，主要可从以下三种观点进行诠释。

14.2.1.1 流行（Fashion）

流行可以是一种过程、一种通过社会扩散的效果，使特定风格被一群消费者所接受，像嘻哈文化的传递。

334

14.2.1.2　一种流行（A Fashion）

另外，流行也可以是特定属性的结合所造成。例如，轻薄短小为目前的流行元素，具有这几项综合元素的产品，则可称为流行。这些特定风格或流行元素的出现，也会影响到与该文化构面相关的面向，像音乐、艺术、建筑、科学、衣着等，使这些面向都会倾向于呈现特定的流行风格。

14.2.1.3　跟得上流行（To Be in Fashion）

此指个体能否迎合被参考团体予以正面评价的流行元素，以使自身处于流行之中。因此，在探讨流行时，需找对角度，才能理解流行的真正意义。

14.2.2　流行现象的诠释

流行现象的产生依照不同学派的解释，各有相异。以下将通过行为科学中心理学、社会学、经济学、医学四种角度解释流行现象的形成。

14.2.2.1　心理学

由心理学的角度出发，个体跟随流行的原因可能如下。首先，个体具有从众性，因此当同伴或朋友开始使用某种产品时，多少会产生跟随现象。想想看，当身旁的亲朋好友人手一部智能手机时，是否会影响你也想要换成智能手机呢？

另外，个体对于新鲜事物具有追求动机，会不断地寻找多元性，遂跟随流行。值得注意的是，个体虽然有从众趋向，却常想在同中求异，以展现自我价值。回应上述的智能手机案例，当身旁的人都拿 iPhone，是否会促使你选取其他手机品牌呢？或者你会选择在 iPhone 的手机外壳上做点文章，以贴钻、刻字等方式让自己独树一帜呢？心理学家弗洛伊德也曾提出流行理论（Theory of Fashion），解释流行现象的形成。弗洛伊德认为女性性感部位的转移，会带动流行的转变。在特定年代，大腿的展露为流行特征时，便流行迷你裙；当背部成为重心时，露背装就会成为主流。根据其理论，当女性希望增进性方面的吸引力时，也会趋使其跟进大众的脚步，间接促进流行的形成。过去，流行理论所探讨的范围都局限于女性之上，直到近年才有所转变，男性在流行当中所扮演的角色也越趋重要。

14.2.2.2　社会学

依社会学的观点来看，流行的形成是一种推移的过程。根据集体选择模型（Collective Selection Model），流行形成的初始，是先被社会上的次群体所创造并接纳，进而形成一种次文化，再渐渐扩散到整个社会，进而形成主流文化或流行。前述的嘻哈文化即属此例，先由黑人族群创造，再逐渐被外围的人所接受。

除此之外，社会学中的涓滴理论（Trickle – Down Theory）也能用来解释流行现象的产生。涓滴理论提出，流行文化的形成是由上而下的，底层的群体会接纳来自上层群体的地位代表象征或行为，进而模仿之；而上层群体为了避免被模仿，会不断地创建并接纳更稀有的流行文化，流行文化便是在这样的循环过程中形成。然而，此种现象较易发生于社会阶层明显且封闭的社会。现代社会中，由于媒体的发达及网络的普及，消费者要接触新信息变得十分容易，不需再通过阶层间的传递模仿，故既有的涓滴理论若要运用在现今社会，将有所不足。

更重要的是，通过发达的网络与媒体，大众流行逐渐取代精英流行。流行的形成不再是单纯由上而下的影响，反而变成一种平行或是由下而上的概念，通过口耳相传或是同侪间及意见领袖信息的提供，流行能在同一阶层间形成。甚至来自下层草根文化的力量，也足以影响上层社会，带动新的流行发展趋势。

14.2.2.3 经济学

经济学的观点，是以供需角度解释流行现象的形成。一般而言，供给少的对象，会具有较高的价值，例如许多季节限定或限量发行的商品，都能造成抢购热潮。此外，消费者也倾向认为商品越贵越具有价值，而便宜则被认定不会有好货，故较昂贵的品项也常成为流行的物件。

14.2.2.4 医学

医学的观点，是以隐喻的手法，通过历史演化角度做流行现象的诠释。其中，模因理论（Meme Theory）提出一种文化遗传的概念。模因是类似于人类遗传因子的基因，是一种文化的遗传因子，有些模因会一代一代地被保存下来，而有些模因则随着时代的转变而消逝。模因的传递要经过学习及模仿，因此在传递的过程中会形成变异，致使被传承的文化有所调整。

通过模因观点，能够诠释华人世界的几个现象。举例而言，亚洲人常在观光景点刻下"到此一游"的字迹，即是受到古代文人雅士喜欢在岩石或牌坊上题诗的影响。另外，中国山寨文化的风行，也是古代临摹书法等技艺之文化基因传承与转变。由此可以发现，文化形成或推演的背后，有其道理存在，经过代代相传，文化的形貌或许有所转变，但其精髓及深刻含义仍得以被保存下来。

14.2.3　流行生命周期

如同产品具有生命周期一般，流行的延续亦有其消长。流行被传递及接纳的周期大致可分为三大阶段：引入期、接受期及衰退期。流行生命周期（Fashion Life Cycle）如图 14 - 4 所示。

14.2.3.1　引入期

引入期阶段仅有少部分的群体认同并接受该文化，其余的个体对于该流行或文化仍不甚了解，属于流行的初步形成阶段。

14.2.3.2　接受期

流行文化被引入之后，会有越来越多的个体对该流行有所理解，在充分的信息背景下，接纳该文化的风险降低，社会大众对于特定流行的接受度也会提高，该文化也能迅速普及。若再加上有效的传达，像媒体或报纸杂志的宣传，该流行的普及度甚至会在市场上逐渐饱和。

14.2.3.3　衰退期

衰退期是指流行文化已经进入被淘汰的阶段。当流行被过度操作、新趋势出现或消费习惯改变等，既有的流行文化可能渐渐无法满足消费者的需求，因而进入衰退阶段。

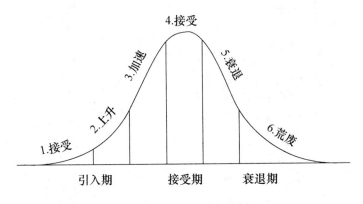

图 14 - 4　流行生命周期

资料来源：Solomon, Michael R. , "Consumer Behavior: Buying, Having, and Being", Pearson Education LTD, 8th Edition, 2009, P. 659.

虽然流行有其生命周期，但周期的长短或有不一。有些流行的出现仅是昙花一现，然而有些流行却能成为经典。

简言之，生命周期较短的流行，被称为一时狂热（Fad）。对消费者而言，这样的狂热现象不具长时间的影响力，往往是一窝蜂地出现，而后又快速地消失。回想十年前，葡式蛋塔曾在中国台湾造成轰动，专卖店、面包店、早餐坊或餐厅争相出售，但好景不长，很多店铺在浪潮退去后纷纷关闭。探究其消失的背后原因，由于该流行的形成，是在一股冲动热潮下所推动，扩散速度虽然很快，但未能带给消费者实质性的意义，因此并无法成为永久的经典。

另外，具有极长生命周期的流行，被称为经典（Classic）。经典能被更多的个体所采纳、接受。以服装的发展史看，牛仔裤的流行即为一种经典，虽然历经各个时期，其款式或有变动、调整，但却一直受到消费者的青睐。

LV 的品牌印花格纹皮件一直为其经典款式，虽然皮包造型设计上有所调整，但基本的皮革印花皆为经典的品牌印花图样。反观数年前一度流行的 LV 樱桃包，虽然成为话题，但却快速消失在 LV 的品牌架上，并未成为经典图样。

以下将一时狂热、流行及经典三者的接纳度比较显示如图 14 – 5 所示：

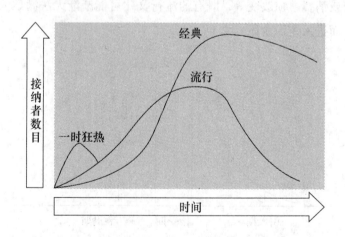

图 14 – 5 一时狂热、流行及经典之接纳度比较

资料来源：Solomon, Michael R., "Consumer Behavior: Buying, Having, and Being", Pearson Education LTD, 8th Edition, 2009, P. 660.

当今的流行，究竟该如何判断它能否成为一种长期的经典，抑或只能沦为一时热潮呢？我们可以通过以下几个指标来理解。首先，流行要成为经典，除了要有媒体的支持外，还须吻合消费者生活形态的转变及时代的需求。例如，黑人的辫子头，在其他地区无法流行，就是因为它未能符合现代人追求快速的生活形态。其次，欲成为经典的流行需能提供实质上明显的益处。例如，随着油价较高以及环保意识的高涨，脚踏车运动近来成为风潮，正因其能够提供健身与环保的实质益处，脚踏车热潮一时之间尚未有减弱之势。

　　流行虽然部分是消费者从众性的展现，但流行亦须能提供个人化的空间，以满足个体欲凸显独特性的需求，才容易成为经典。例如，嘻哈穿着的流行，是因为除了垮裤或宽松衣服的装扮，个体还可以在配件上加以变化，以展现个人独一无二的风格。此外，流行若欲成为经典，必须具有能独立存在的特性。延续上述提及的脚踏车风潮案例，顺道带动了其周边配件的热卖，但由于这些配件的流行需搭配脚踏车运动的热潮，并不能单独存在，遂无法成为一种经典。

　　不仅如此，流行若能配合周围互补性商品或设施，则能加长其生命周期。例如，脚踏车流行虽能独立存在，但若能有周边互补性服务的出现，像政府建置脚踏车步道、快递提供承载脚踏车的服务、各县市提供驿站等服务，更能促使其成为一种长久性的流行。厂商若希望其推出的商品能够成为一股流行趋势，则必须锁定对的族群。举例来说，乐活主义是近来流行的生活态度，也是厂商争食的一块"大饼"。因为崇尚乐活主义的消费者多半有钱、有闲，且自己即为购买决策者。若能锁定到正确族群，便能快速达成商品的经济规模，并扩增产品使用的人数，使厂商能有长久的收益。

消费者开讲

乐活主义

　　体会到环境保护的重要性，乐活主义的概念遂逐渐萌芽。"乐活"起源自西方国家，为英文"LOHAS"的直译，LOHAS 则为"Lifestyles of Health and Sustainability"的缩写，指健康及持续经营的方式生活。健康的

339

体现，能在饮食、生活、身体心灵方面展现出来，如食用有机米、购买100%天然棉制品、练习瑜伽健身等，都属于乐活生活的一环。持续经营则是怀抱着支持生态持续发展的精神，以替地球尽一分力，像使用二手用品、骑自行车代替开车等，都能免于环境的破坏，也能发挥资源的最大价值。

你认为乐活主义这种生活态度，会是一时的热潮还是可能成为延续性的经典呢？其背后可能的原因为何？

本章习题

1. 文化的价值或象征含义可通过意义转移的方式，将意义附加到产品之上，进而促使消费者购买该项产品，并让消费者可通过使用该项产品而体现某种文化价值。在您的生活中，是否也曾发现过这样的产品呢？请试着举出两个实际案例，并说明其文化含义的意义转移过程（可参考图14-2）。

2. 由本章内容可知流行如同产品是具有生命周期的，其大致上可分为三个阶段，包含"引入期"、"接受期"及"衰退期"。请列举出三种产品来分别说明该产品的流行生命周期的转变，并辨别该产品究竟是属于"一时狂热"、"流行"，还是"经典"。

3. 您认识其他国家的朋友吗？他们的思想观念与价值观是否与您有所不同？您是否观察过他们的消费习惯与行为与您是否有差异呢？您是否能辨别出这些差异中有哪些是因为文化因素而造成的呢？

4. 请以Hofstede所提出的文化五方面（雄性/雌性取向、集体/个人主义、权力距离、规避不确定感、长期/短期导向）比较东西方文化之异同为何？这样的异同将会如何影响东西方消费者的购物决策？

5. 请试着举出两个不同的例子，说明文化异同所造成的广告与营销手法的差异。

消费者了没

Converse 帆布鞋

第一次世界大战之后，全球经济陷入一片低潮，商业活动的热度大幅下降，直接冲击到各消费品类市场，当时各鞋业品牌也由于这次冲击而纷纷面临倒闭的危机。在此背景下，世界第一双 Converse 帆布鞋在 1917 年于美国诞生，借此 Converse 顺利杀出重围，不仅为公司带来收益，更带动了消费商机。Converse 鞋款的畅销，其实得力于美国职篮巨星 Chunk Taylor 对其鞋款的喜好。他不仅穿着 Converse 球鞋驰骋球场，更向队友们及教练推荐 Converse 球鞋。1923 年，为了表达 Chunk Taylor 对 Converse 的贡献，他的签名自此成为 Converse All－Star 商标的一部分。1936 年，美国篮球代表队开始穿着 Converse 球鞋参加奥运会。1948 年，Converse 更成为洛杉矶奥运大会指定的鞋款。搭上这一波运动风潮，Converse 顺利成为时尚潮流，当时也相当受到高中和大学体育生的欢迎。1966 年，All－Star 推出彩色系列，打破传统单一色彩的陈规，并采用更多材质，像皮革、橡胶等作为制鞋原料，而鞋子的外观，仍承袭一贯自然、简单、原始的风格，以方便消费者的穿搭。然而于 20 世纪 70 年代，Converse 市场占有率大幅下滑，其市场逐渐被 Nike、Adidas 等运动品牌所瓜分。经营至 2003 年，Converse 遂以 30500 万美元被 Nike 并购。其后，通过 Nike 的营销网络，Converse 进入全新发展阶段。

Converse 的鞋款不仅适于运动休闲，同时也是流行时尚的指标，其五芒星的标志，加上显眼的 "Converse All－Star" 字样，相较于一般球鞋或运动鞋，辨识度较高。除了设计上的差异外，Converse 在代言人的选择上，常常以非主流团体为主。以台湾市场为例，独立乐团 "苏打绿" 曾为该品牌产品代言，不仅传递出独特、自我的风格，也能吸引其主要目标，即 12～25 岁的年轻族群的目光，如图 14－6 所示。

Converse 的单一鞋型，曾缔造全球销售 6 亿双的销售纪录，甚至在 2004 年英国评选的影响世界五十大球鞋排行榜中拿下冠军。与麦当劳、可口可乐、福特汽车以及 Levi's 牛仔裤品牌并驾齐驱，Converse 成为美国传统文化精神的象征及代表，也帮助消费者传递一种自由不羁、勇于追求的自我价值。不论是起源于篮球运动或是至今与音乐、艺术、时尚脉动相连，Converse 的品牌精神一贯地传达一股绵延不绝、颠覆传统的原创精神。随着时代背景的演进，Converse 皆能适应着潮流进行更新，对产品进行微幅的调整。在不断修正的过程中，创造出更多元的品牌价值。

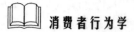

图 14 – 6　Converse 台湾官网

图片来源：http：//converse. pauyuen. com. tw/。

问题讨论

1. 根据本章图 14 – 2，你认为 Converse 产品所欲传递的文化含义是什么？Converse 能有效赋予产品特定的文化含义吗？

2. 你认为其目标市场能够从消费该产品的仪式中体验到 Converse 所欲传递的文化含义吗？为什么？